Bildungsökonomie
und Neue Steuerung

BEITRÄGE ZUR BILDUNGSPLANUNG UND BILDUNGSÖKONOMIE

Herausgegeben von Dieter Timmermann

Band 9

PETER LANG
Frankfurt am Main · Berlin · Bern · Bruxelles · New York · Oxford · Wien

Manfred Weiß/Horst Weishaupt
(Hrsg.)

Bildungsökonomie und Neue Steuerung

PETER LANG
Europäischer Verlag der Wissenschaften

Die Deutsche Bibliothek - CIP-Einheitsaufnahme

Bildungsökonomie und neue Steuerung / Manfred Weiß / Horst Weishaupt (Hrsg.). - Frankfurt am Main ; Berlin ; Bern ; Bruxelles ; New York ; Oxford ; Wien : Lang, 2000
(Beiträge zur Bildungsplanung und Bildungsökonomie ; Bd. 9)
ISBN 3-631-36239-0

ISSN 0724-7583
ISBN 3-631-36239-0

Vorwort

Der vorliegende Sammelband dokumentiert die Vorträge einer internationalen Fachtagung, die gemeinsam von der Kommission „Bildungsorganisation, Bildungsplanung, Bildungsrecht" der Deutschen Gesellschaft für Erziehungswissenschaft und dem Forschungs- und Servicebereich „Finanzierung und Steuerung" des Deutschen Instituts für Internationale Pädagogische Forschung (DIPF) im September 1999 in Frankfurt am Main durchgeführt wurde. Mit der Präsentation von neuen Entwicklungen und Forschungsbefunden zu aktuellen bildungspolitisch relevanten Themen der Bildungsökonomie verfolgte die Tagung insbesondere die Absicht, den Diskurs zwischen Wirtschafts- und Erziehungswissenschaft zu intensivieren.

Im letzten Jahrzehnt hat die Erziehungswissenschaft die „Ökonomisierung" der Bildungspolitik widerstrebend zur Kenntnis nehmen müssen. Sie hat sich bisher kaum mit eigenen Beiträgen in die Diskussion eingeschaltet. Doch kann sie sich nicht der Tatsache entziehen, dass die staatliche Finanzkrise den Kontext der Bildungswirklichkeit nachhaltig verändert hat. Knappheit muss als Randbedingung für die Organisation pädagogischer Prozesse anerkannt und mitreflektiert werden. Die aus dem Zusammentreffen von expansionsinflexibel gewordenen Bildungsbudgets und tendenziell weiter steigenden Anforderungen an die Bildungssysteme entstandene Verschärfung der finanziellen Engpasssituation hat die Frage nach dem optimalen Einsatz der zur Verfügung stehenden Mittel immer dringender werden lassen. Dabei geht es nicht nur darum, auf die Gestaltung der Rahmenbedingung Einfluss zu nehmen, sondern auch um die Bewältigung von Allokationsproblemen innerhalb des Bildungssektors. Diesen Fragen galt das Hauptaugenmerk der Tagung. Das Spektrum der Beiträge dazu reicht von Situationsbeschreibungen und –analysen (z.B. zur Produktivitätsentwicklung im Schulbereich) über steuerungstheoretische Abhandlungen und der Evaluation neuer Steuerungskonzepte bis hin zu Problemen der Verbesserung der bildungsfinanzstatistischen Datenbasis und Erfahrungen mit Optimierungsmodellen bei der Schulstandortplanung.

Nicht zufällig wurde als Tagungsort das Deutsche Institut für Internationale Pädagogische Forschung gewählt. Zum einen wurde vor genau vierzig Jahren hier die erste bildungsökonomische Professur zusammen mit einer Forschungsabteilung eingerichtet und mit Friedrich Edding besetzt. Zum anderen bot sich damit die Gelegenheit für das DIPF, sich nach seiner Umstrukturierung als neu geschaffenes interdisziplinäres Kommunikationszentrum zu präsentieren, in dem bildungsökonomische Themen auch weiterhin ihren Platz haben.

Die Durchführung der Tagung wurde ermöglicht durch die Bereitstellung von Reise- und Sachmitteln durch die Deutsche Forschungsgemeinschaft, das Deutsche Institut für Internationale Pädagogische Forschung und den Förderverein des Instituts für Allgemeine Erziehungswissenschaft und Empirische Bildungsforschung der Pädagogischen Hochschule Erfurt e.V. Allen Geldgebern sei hier ausdrücklich nochmals gedankt. Außerdem sind wir Sigrun Dosek, Antje Brinkmann und Isolde Baumbusch für die Tagungsorganisation und die technische Vorbereitung dieses Bandes zu Dank verpflichtet.

Frankfurt am Main / Erfurt, im Juni 2000

Manfred Weiß
Horst Weishaupt

Inhalt

Manfred Weiß

Vier Jahrzehnte Bildungsökonomie: Rückblick und Ausblick – Einführung in den Tagungsband

Neuartige Problemlösungsbedürfnisse in industriegesellschaftlich und wohlfahrtsstaatlich organisierten Ländern wie in den Ländern der Dritten Welt gaben in den späten 50er Jahren Anlass zur Etablierung einer Spezialdisziplin „Bildungsökonomie“. Sie widmet sich der theoretischen und empirischen Analyse der ökonomischen Dimension von Bildungssystemen, -institutionen und -prozessen unter der Fragestellung des optimalen Mitteleinsatzes. Seit ihren Anfängen vor vier Jahrzehnten hat sich die Bildungsökonomie zu einer eigenständigen, thematisch ausdifferenzierten Disziplin mit hohem Professionalisierungsgrad entwickelt.
Die spektakulären Ergebnisse bildungsökonomischer Studien zum Zusammenhang von Bildung und Wirtschaftswachstum Anfang der 60er Jahre fanden weltweit Beachtung in Wissenschaft und Politik. Sie sorgten dafür, dass in vielen Ländern die Bildungspolitik auf einen Spitzenplatz in der politischen Rangskala vorrückte und die beträchtlichen Ressourcenforderungen im Gefolge der im Bildungswesen eingeleiteten Expansions- und Reformprozesse überzeugend legitimiert werden konnten. Wenn der Bildungsökonomie vielfach eine hohe Politikrelevanz attestiert wird, dann kann nur diese Funktionalität ihrer Forschungsergebnisse gemeint sein, war doch ihren Bemühungen, die Analysen zum Zusammenhang von Bildung und Wirtschaftswachstum in politiktaugliche Planungskonzepte umzusetzen, wenig Erfolg beschieden. So überrascht es denn auch nicht, dass das bildungspolitische Interesse an der Bildungsökonomie rasch nachließ, zumal der rapide internationale Bedeutungszuwachs der Gesellschaftspolitik als Gestaltungsmacht dafür sorgte, dass gesellschaftspolitische anstelle ökonomischer Argumente handlungsleitend für die Bildungspolitik wurden. Im bildungspolitischen Diskurs westlicher Industrienationen wurde die Bildungsökonomie nahezu bedeutungslos. In hohem Maße politikrelevant blieb sie indes in den Entwicklungsländern durch den Einfluss der Weltbank (von Recum, Weiß 2000).

Die entscheidenden wissenschaftlichen Impulse für die Entwicklung der Bildungsökonomie gingen von den Vereinigten Staaten aus. An dieser Situation hat sich bis heute wenig geändert. Sie ist dort im Wissenschaftssystem fest etabliert und kann auf einen breiten Erfahrungshintergrund rekurrieren. Mit Henry M. Levin von der Stanford University ist einer der prominentesten und einflussreichsten Vertreter des Fachs in diesem Band vertreten. Kaum ein anderer könnte uns kompetenter über jüngste Entwicklungen in der bildungsökonomischen Forschung der USA informieren.

Für die Durchsetzung der Ideen und Konzepte der Bildungsökonomie kamen – und kommen- vor allem der OECD und der Weltbank besondere Bedeutung zu. Die OECD bot zu Beginn der 60er Jahre der Bildungsökonomie privilegierte Arbeitsmöglichkeiten und Startchancen. Eine vergleichbare Rolle nahm später die Weltbank ein. Sie ermöglichte der Bildungsökonomie die empirische Erprobung ihrer Konzepte und Methoden in einem breiten politikorientierten Anwendungsfeld und trug damit maßgeblich zur Weiterentwicklung der Disziplin bei. Während bei der Weltbank die Bildungsökonomie in jüngster Zeit ihre einstmals dominante Rolle für die Politikgestaltung in Entwicklungsländern eingebüßt zu haben scheint, lässt sich für die OECD in den letzten Jahren eine verstärkte bildungsökonomische Fundierung ihrer Politikempfehlungen konstatieren. Das INES-Programm mit seinem Bestseller „Education at a Glance" ist das bekannteste Beispiel. Es reflektiert das gestiegene Interesse der OECD-Mitgliedstaaten an bildungsökonomischer Politikberatung auf einer soliden Datenbasis innerhalb eines internationalen Referenzrahmens. 1996 wurde auf einer Ministersitzung in Paris die OECD beauftragt, Indikatoren zur Verbesserung des Informationsstandes über das gesellschaftliche Humankapital und über Humankapitalinvestitionen zu entwickeln und dazu regelmäßig Daten zu erheben. Das Ergebnis dieser Bemühungen ist in dem Bericht „Human Capital Investment" (OECD 1998) dokumentiert. Der Hauptverfasser des Berichts, Thomas Healy vom Centre for Educational Research and Innovation (CERI), stellt in seinem Beitrag den konzeptionell-theoretischen Ansatz des Projekts und die wichtigsten Ergebnisse des Berichts vor. Mit der Behandlung der Humankapitalthematik knüpft die OECD an ein traditionsreiches bildungsökonomisches Forschungsfeld an, das den Ausgangspunkt der Bildungsökonomie markiert. Es war übrigens die OECD, die mit der Publikation der fünfbändigen Dokumentation der Policy Conference on Economic Growth and Investment in Education, die vom 16.-20. Oktober 1961 in Washington stattfand, der Bildungsökonomie zur Durchsetzung verhalf und mit dem Hinweis auf die fundamentale ökonomische Bedeutung von Bildung der Bildungsexpansion weltweit Schubkraft verlieh (OECD 1962).

Noch heute gilt deshalb der Humankapitalansatz vielen als das zentrale identitätsstiftende Konzept der Bildungsökonomie. Diese Sichtweise wird der Theorie- und Methodenpluralität der Disziplin nicht gerecht; sie ist zutreffend für die Frühphase der Bildungsökonomie, das Jahrzehnt des Aufbaus der Disziplin in den 60er Jahren. Im Mittelpunkt des Forschungsinteresses stand in dieser Zeit die theoretische Präzisierung und empirische Überprüfung des mit dem Humankapitalkonzept erfassten Alltagsphänomens, dass der ökonomische und gesellschaftliche Erfolg einer Person in hohem Maße durch Eigenschaften bestimmt ist, die in Bildungsprozessen erworben wurden. Sie erhöhen deren Produktivität, was im Arbeitsmarkt durch höheren Verdienst entgolten wird. Bildungsaktivitäten lassen sich demzufolge als Investitionen begreifen, die einerseits Kosten verursachen, andererseits produktivitätsinduzierte Erträge abwerfen. Mittels Renditeberechnungen lässt sich die Vorteilhaftigkeit von Bildungsinvestitionen ermitteln. Bildungsrenditen gehören mittlerweile zum Standardrepertoire an bildungsökonomischen Indikatoren. Sie bestätigen eindrucksvoll den investiven Charakter von Bildungsaufwendungen (OECD 1998).

Von der bildungsökonomischen Humankapitaltheorie wurde insbesondere die Wachstumsforschung der 50er und 60er Jahre nachhaltig inspiriert. Im Rahmen des neoklassischen Modells, das in dieser Phase den analytischen Bezugsrahmen lieferte, blieb jedoch dem Beitrag von Bildung zum Wirtschaftswachstum – vor allem aufgrund der Exogenisierung des Technischen Fortschritts – eine überzeugende theoretische und empirische Klärung versagt (z.B. Bodenhöfer/Riedel 1998). Erfolglos blieben auch die Bemühungen der Bildungsökonomie, das Humankapitalkonzept in politische Planung umzusetzen. In den restriktiven, realitätsfernen Annahmen des Arbeitskräftebedarfsansatzes der Bildungsplanung mit seiner ökonomisch-technisch verengten Sicht des Zusammenhangs von Bildung und Wirtschaftswachstum manifestiert sich augenfällig das Manko der Disziplin in der Anfangsphase: das Fehlen des für eine angemessene Problembearbeitung erforderlichen theoretischen und methodischen Rüstzeugs.

Begünstigt durch die politische Neuorientierung, die der Bildungsökonomie Entlastung von Beratungsdruck verschaffte, konnte sich die Disziplin in den 70er Jahren ganz der Weiterentwicklung ihres theoretischen und methodischen Fundaments widmen. Der innerwissenschaftliche Diskurs galt insbesondere der kritischen Überprüfung der Humankapitaltheorie und sich darauf stützender Forschungsergebnisse. Durch konkurrierende Erklärungsansätze (z.B. der Screening-Theorie) wurde die Produktivitätsprämisse der Humankapitaltheorie radikal in Frage gestellt. Aber auch innerhalb des neoklassischen Paradigmas entstanden neue Erklärungsansätze im Gefolge einer stärkeren Beachtung von Marktunvollkommenheiten und institutionellen Einflussfaktoren (Carnoy 1995). Zahlreiche Studien verweisen auf den moderierenden Einfluss etwa der technologischen und organisatorischen Arbeitsbedingungen auf den Zusammenhang zwischen Bildung und Produktivität bzw. Löhnen; andere Arbeiten liefern überzeugende Belege dafür, dass der „Bildungswert" stärker von askriptiven Merkmalen einer Person (z.B. Geschlecht, Rasse) als von ihrer Produktivität abhängen kann. Die Humankapitaltheorie hat durch diese Arbeiten wichtige Relativierungen erfahren; obsolet geworden ist sie dadurch freilich nicht.

Diese durch eine lebhafte Theoriediskussion geprägte Entwicklungsphase der Bildungsökonomie klang Anfang der 80er Jahre aus. Seitdem befindet sich die Disziplin in einer Periode der „pragmatischen Renaissance" (Orivel 1994). Stärker in den Blick genommen werden einerseits die Prozesse der Abstimmung von Bildungs- und Beschäftigungssystem – das Angebots- und Nachfrageverhalten an den Systemübergängen – zur Erforschung der Gründe für entstandene Ungleichgewichte (z.B. Timmermann 1988). Zum anderen ließ die Verschärfung der finanziellen Engpass-Situation im Bildungsbereich ein wachsendes Forschungsinteresse an Fragen der Binnenoptimierung des Ressourceneinsatzes und neuer Finanzierungskonzepte entstehen. Dies ging einher mit einer Themenverschiebung von Aspekten der externen Wirksamkeit von Bildungssystemen zu deren interner Leistungsfähigkeit.
Der als „Sieg der Marktwirtschaft über die Zentralverwaltungswirtschaft" apostrophierte Niedergang der sozialistischen Staaten, die sich weltweit verschärfenden Finanzierungsprobleme des Wohlfahrtsstaates, die nachlassende staatliche Steuerungsfähigkeit sowie unübersehbare Symptome einer Effizienzkrise staatlicher Bildungsinstitutionen stellten auch im Bildungswesen die Weichen für einen steuerungsstrategischen Paradigmenwechsel (von Recum 1997). Für dessen wissenschaftliche Fundierung sorgten insbesondere die Ergebnisse der Public Choice-Forschung und daraus hervorgegangener Theorien des Staatsversagens. Innerhalb der Bildungsökonomie führte dies zu einem Revival der Markt-Plan-Debatte (zusammenfassend Timmermann 1995). Wie wichtig dabei die Einbeziehung erfahrungswissenschaftlicher Forschungsbefunde ist, zeigen die in diesem Band dokumentierten Ergebnisse der Studie „Quasi-markets and school performance" von Rosalind Levacic und Philip A. Woods von der Open University.

Der mit der Einführung von Konzepten des New Public Management in den Bildungssystemen zahlreicher Länder eingeleitete Wechsel zu einem neuen Steuerungssystem hat der Bildungsökonomie – insbesondere dem lange Zeit stagnierenden mikroökonomischen Forschungsansatz – ein weites Feld an erfahrungswissenschaftlich zu bearbeitenden Themen geöffnet (Weiß 1998). Von ihrer Mitwirkung an der wissenschaftlichen Bearbeitung von Steuerungsproblemen im Bildungsbereich ist eine Erweiterung des Theoriearsenals – etwa um Konzepte der Neuen Institutionenökonomie (z.B. Ebers/Gotsch 1998) – zu erwarten sowie eine Verbreiterung der Argumentationsbasis im dazu geführten politischen Diskurs. Verschiedene Beiträge diese Bandes beleuchten dieses neue prosperierende Forschungsfeld der Bildungsökonomie aus unterschiedlicher Perspektive:

Hans-Joachim Bodenhöfer liefert eine theoretische Fundierung von Reformen im Hochschulbereich unter Rückgriff auf Ansätze der Neuen Institutionenökonomie, Axel G. Koetz zieht Schlussfolgerungen aus den Organisationsanalysen der Kienbaum-Unternehmensberatung im Schulbereich für ein makro-ökonomisches Schulmanagement, Jens Harms diskutiert aus der Sicht der Rechnungshöfe die Konsequenzen, die sich aus der Implementation der Neuen Steuerung für eine wirkungsvolle Finanzkontrolle ergeben.

„Klassische" Themen wie etwa Probleme der Bildungsfinanzierung stehen auch weiterhin ganz oben auf der Forschungsagenda der Bildungsökonomie. Die in diesem Kontext untersuchten Fragestellungen haben sich jedoch grundlegend gewandelt: Wurden in den 60er und 70er Jahren Finanzierungsprobleme dominant unter dem Aspekt gesamtgesellschaftlicher Erfordernisse der Ressourcenbereitstellung thematisiert, so gibt jetzt die Austeritätsproblematik die „issues" vor. Vorrangig erörtert werden Möglichkeiten einer Verbesserung der Ressourcenbasis durch Diversifikation der Finanzierungsquellen. Zugleich wird das Steuerungspotential von Finanzierungskonzepten für die Erreichung von Effizienzzielen stärker in den Blick genommen. Effizienzargumente begründen z.B. Gebühren-Darlehens-Modelle im Hochschulbereich ebenso wie Finanzierungskonzepte nach dem Modell der Bildungsgutscheine, das die Umlenkung staatlicher Finanzmittel von den Bildungsanbietern zu den Bildungsnachfragern vorsieht. Nach dem Wissenschaftsrat hat sich auch der „Sachverständigenrat Bildung" bei der Hans-Böckler-Stiftung für dieses Finanzierungskonzept nachdrücklich ausgesprochen (Sachverständigenrat Bildung 1998). In den USA ist darüber eine heftige Kontroverse entbrannt, nachdem in einigen amerikanischen Großstädten damit begonnen wurde, durch die Ausgabe von Bildungsgutscheinen Kindern aus einkommensschwachen Familien den Besuch von Privatschulen zu ermöglichen. Welche Bedeutung die Voucher-Bewegung in den USA inzwischen erlangt hat, lässt sich daran ablesen, dass an der Columbia University kürzlich ein nationales Forschungszentrum (National Center for the Study of Privatization in Education) eingerichtet wurde, dessen Hauptaufgabe in den nächsten Jahren darin bestehen wird, die im Praxistest mit Bildungsgutscheinen gewonnenen Erfahrungen wissenschaftlich auszuwerten. Die Leitung des Zentrums ist Henry M. Levin übertragen worden. Die Bildungsgutschein-Thematik steht denn auch im Mittelpunkt seines Beitrags.

Die sich in letzter Zeit verstärkenden Indizien für einen ineffizienten Ressourceneinsatz im Bildungsbereich haben dafür gesorgt, dass der Frage der Mittelverwendung inzwischen die gleiche Aufmerksamkeit zuteil wird, wie der Frage der Mittelbereitstellung. Unter Ökonomen gilt der Bildungsbereich schon lange als

Paradebeispiel für das „Phänomen der Kostenkrankheit“ im öffentlichen Sektor, d.h. kontinuierlich steigender realer Durchschnittsausgaben ohne sichtbare Verbesserung der Outputqualität. Für das Schulwesen der USA hat dies Eric Hanushek (1994) durch Gegenüberstellung der langfristigen Entwicklung von preisbereinigten unit costs und Testleistungsergebnissen belegt. Die Frage, ob sich dieser Zusammenhang auch in anderen Ländern nachweisen lässt, ist in einer Studie des Instituts für Weltwirtschaft kürzlich untersucht worden, deren Ergebnisse in dem Beitrag von Erich Gundlach und Ludger Wößmann vorgestellt werden. Bei der Wertung der zur Produktivitätsentwicklung im Schulbereich vorliegenden Befunde wird man relativierend in Betracht ziehen müssen, dass das Fehlen substantieller Potentiale für Produktivitätssteigerungen durch technischen Fortschritt ganz allgemein ein Spezifikum von Sektoren darstellt, die personenbezogene Leistungen erbringen. Um so wichtiger ist aber deshalb die konsequente Ausschöpfung vorhandener Effizienzverbesserungs-Potentiale. Wie dieser Forderung im Kontext der Schulnetzplanung Geltung verschafft werden kann, stellen Detlef Fickermann, Ursula Schulzeck und Horst Weishaupt anhand eines Optimierungsverfahrens unter Anwendung von Regionaldaten aus Mecklenburg-Vorpommern in ihrem Beitrag dar.

Im Zuge der stärkeren Profilierung der Bildungsökonomie als angewandte Wissenschaft hat die Frage der Verfügbarkeit einer angemessenen Datenbasis an Gewicht gewonnen. Nicht selten haben Datenprobleme verhindert, dass Fortschritte in der Theorie- und Methodenentwicklung für eine verbesserte erfahrungswissenschaftliche Problembearbeitung nutzbar gemacht werden konnten. Wie schwierig sich z.B. die Berechnung gesellschaftlicher Kosten im Hochschulbereich gestaltet, wird in dem Beitrag von Klaus Beckmann deutlich. Solche Berechnungen beziehen ihre Rechtfertigung dadurch, dass sie nicht aus dem Blick geraten lassen, dass der Einsatz von Ressourcen im Bildungsbereich stets den Verzicht auf alternative wohlfahrtsstiftende Verwendungen bedeutet, also Opportunitätskosten verursacht.

Besonders defizitär ist die Datenlage für bildungsökonomische Analysen im Vorschulbereich. Finanzstatistische Daten sind nur für die öffentlich finanzierten Einrichtungen verfügbar. Über den Finanzierungsbeitrag privater Träger und die Mitfinanzierung durch Bildungsnachfrager liegen indes ebenso wenig verlässliche Informationen vor wie über die Kostenstruktur. Politikempfehlungen zur Vorschulfinanzierung müssen ohne ausreichende empirische Begründung auskommen. Die wenig transparente Kosten- und Finanzsituation im Vorschulbereich gab den Anlass für ein vom BMBF initiiertes Projekt, über dessen wichtigste Ergebnisse Katrin Bock-Famulla in diesem Band berichtet.

Seit Beginn der 90er Jahre profitiert die empirische bildungsökonomische Forschung insbesondere von den Aktivitäten der OECD im Rahmen des INES-Projekts (International Network for Educational Statistics). Dessen bildungsökonomische Fundierung ist unübersehbar. Das von verschiedenen Netzwerken entwickelte Indikatoren-Tableau und die dazu zusammengestellten Statistiken haben die Datenbasis für bildungsökonomische Analysen nachhaltig verbessert. Ein ähnlicher Effekt ging vielfach von den notwendigen Adaptationen der nationalen Berichtssysteme im Zusammenhang mit der Erfüllung der OECD-Standards zur Herstellung von Datenkompatibilität aus. In der Bundesrepublik hatte dies u.a. zur Folge, dass seit 1995 vom Statistischen Bundesamt regelmäßig Daten zu den Ausgaben pro Schüler, differenziert nach Bundesländern, Schulformen und Ausgabearten, vorgelegt werden. Für die Bearbeitung der unterschiedlichsten bildungsökonomischen Fragestellungen kommt diesem Indikator zentrale Bedeutung zu. Über die vom Statistischen Bundesamt angewandte Methodik bei der Berechnung von unit costs informiert der Beitrag von Heinz-Werner Hetmeier.

„Die Bildungsökonomie lebt, und weil sie lebt, ändert sie sich" – mit diesen Worten kommentierte Friedrich Edding, der Nestor der deutschen Bildungsökonomie, Anfang der 70er Jahre sich abzeichnende Differenzierungsprozesse in der Disziplin. Die Bildungsökonomie hat sich im Rückblick auf die letzten vier Jahrzehnte – die Einschätzung Eddings bestätigend – als lebens- und entwicklungsfähig erwiesen , trotz des für hochgradig spezialisierte Disziplinen typischen Mankos einer unzureichenden Institutionalisierung im Wissenschaftssystem. Sie hat „konjunkturelle Flauten" ebenso überstanden wie Attacken der – mittlerweile nur noch historisch interessierenden – neomarxistischen Politökonomie und die systematische Ausgrenzung aus dem bildungspolitischen Diskurs. Rein quantitativ betrachtet fallen ihre Publikationsaktivitäten nicht auf: Die Auswertungen des Journal of Economic Literature und des „Fachinformationssystems Bildung" gelangen übereinstimmend zu einem Anteil bildungsökonomischer Publikationen von unter einem Prozent. Nur zwei Zeitschriften sind auf das Thema „Bildungsökonomie" spezialisiert: die seit nunmehr 18 Jahren erscheinende Zeitschrift Economics of Education Review bei Pergamon Press und die seit sieben Jahren von Carfax herausgegebene Zeitschrift Education Economics. Wenn die Bildungsökonomie mit ihren Forschungen trotzdem immer wieder „auffällig wurde", dann dürfte dazu nicht unwesentlich beigetragen haben, dass Wirtschaftswissenschaftler wie T.W. Schultz, G.S. Becker, M. Friedman und J. Tinbergen, die bildungsökonomische Pionierarbeit geleistet haben, mit dem Nobelpreis ausgezeichnet wurden.

Im Ensemble der an Bildungsforschung beteiligten Disziplinen nimmt die Bildungsökonomie nach wie vor eine randständige Position ein, auch wenn in letzter

Zeit häufig die These zu hören ist, die „neoliberale Verschwörung“ habe ihr eine „leading role“ verschafft.
Unübersehbar ist jedoch, dass ehemals bestehende Akzeptanzprobleme der Bildungsökonomie innerhalb der Bildungsforschung geringer geworden sind, dass ihr inzwischen auch jene Disziplinen die Forschungsteilhabe konzedieren, die ihr in früheren Jahren noch „Heimatrecht“ mit dem Hinweis verwehrten, die Übertragung ökonomischer Kategorien auf Bildungsvorgänge stelle einen „antihumanen Oktroy“ (E. Becker) dar. Dies gilt hierzulande insbesondere für die Erziehungswissenschaft. Es gibt Anzeichen dafür, dass sich Bildungsökonomie und Erziehungswissenschaft nach einer Phase langandauernder Distanzierung wieder einander annähern. Der Verzicht auf dogmatische Positionen auf seiten der Erziehungswissenschaft hat die Wiederaufnahme des in den 70er Jahren abgebrochenen Diskurses ebenso erleichtert wie die thematische Akzentverlagerung in der Bildungsökonomie zu Problemen der „inneren Leistungsfähigkeit“ des Bildungswesens, die eine größere Affinität zu erziehungswissenschaftlichen Fragestellungen aufweisen als die in früheren Jahren im Vordergrund des bildungsökonomischen Forschungsinteresses stehende externe Funktionalität von Bildung für die Erreichung ökonomisch definierter Wohlfahrtsziele.
Eine der größten Herausforderungen, mit denen sich der Bildungsbereich konfrontiert sieht, stellt das Problem der Qualitätssicherung unter verschärften Knappheitsbedingungen dar. Damit in Zusammenhang stehende Fragestellungen werden zunehmend Definitionsmacht über die Forschungsprogrammatik beider Disziplinen erlangen und demzufolge eine größere gemeinsame "thematische Schnittmenge" entstehen lassen. Dies bietet die Chance, durch Kooperation Synergieeffekte bei der wissenschaftlichen Problembearbeitung zu sichern. Voraussetzung dafür ist freilich, dass der lange Zeit unterbrochene Diskurs wieder in Gang kommt. Die von der Kommission "Bildungsorganisation, Bildungsplanung, Bildungsrecht" der DGfE und der Forschungs- und Serviceeinheit "Finanzierung und Steuerung des Bildungswesens" des Deutschen Instituts für Internationale Pädagogische Forschung ausgerichtete internationale Fachtagung „Neue Ansätze in der Bildungsökonomie“, deren Referate hier dokumentiert werden, soll dazu einen Beitrag leisten.

Literatur

Bodenhöfer, H.-J./Riedel, M. (1998), "Bildung und Wirtschaftswachstum", in: R.K. v. Weizsäcker (Hg.), *Bildung und Wirtschaftswachstum*. Berlin, S. 11-47

Carnoy, M. (1995), "Economics of Education, Then and Now", in: Carnoy, M. (Hg.), *International Encyclopedia of Economics of Education. 2. Aufl., S. 1-7.* Oxford: Pergamon

Ebers, M., Gotsch, W. (1999), "Institutionenökonomische Theorien der Organisation", in: *Organisationstheorien, 3. Aufl., S. 199-251.* Stuttgart: Kohlhammer

Hanushek, E.A. (1994), *Making schools work.* Washington, D.C.: The Brookings Institution

OECD (1962), *Policy conference on economic growth and investment in education. Washington 16-20 October 1967.* Paris: OECD

OECD (1998), *Human capital investment.* Paris: OECD

Orivel, F. (1994), "Stand der Forschung im Bereich der Bildungsökonomie" (32. Beiheft der Zeitschrift für Pädagogik) Weinheim, S. 135-148

v. Recum, H. (1997), "Überlegungen zur Rekonstruktion bildungspolitischer Steuerung", in: W. Böttcher/H. Weishaupt/M. Weiß, *Wege zu einer neuen Bildungsökonomie.* Weinheim/München, S. 72-83

v. Recum, H., Weiß, M. (2000), "Bildungsökonomie als Steuerungswissenschaft: Entwicklungslinien und Konjunkturen", in: *Zeitschrift für Pädagogik, 46, 1*, S. 5-17

Sachverständigenrat Bildung (1998), *Für ein verändertes System der Bildungsfinanzierung.* Düsseldorf: Hans-Böckler Stiftung

Timmermann, D. (1988), "Die Abstimmung von Bildungs- und Beschäftigungssystem: ein Systematisierungsversuch", in: Bodenhöfer, H.-J. (Hg.), *Bildung, Beruf, Arbeitsmarkt, S. 25 ff.* Berlin: Duncker & Humblot

Timmermann, D. (1995), "Abwägen heterogener bildungsökonomischer Argumente zur Schulautonomie", in: *Zeitschrift für Pädagogik, 41, 1*, S. 49-60

Weiß, M. (1998), "Schulautonomie im Licht mikroökonomischer Bildungsforschung", in: R.K. von Weizsäcker (Hg.), *Deregulierung und Finanzierung des Bildungswesens.* Berlin, S. 15-47

Thomas Healy

Investing in Human Capital – the OECD view

What is meant by "human capital investment"?

1. The concept of human capital has been in common currency in economics for at least the past thirty years (e.g. Schultz 1961; Becker 1964); some trace it back to the work of Adam Smith in the 18th century. In recent decades, the concept powerfully emphasises how important people have become, in knowledge- and competence-based economies. It is useful to distinguish between the different forms of "capital" employed in economic activity – in particular physical and human. *Human capital* can be defined in many ways. The OECD publication *Human Capital Investment – an International Comparison* (OECD 1998) adopted the following meaning:

   > the *knowledge*, *skills*, *competencies* and *other attributes* embodied in individuals that are relevant to economic activity (p. 9).

2. The above definition refers to human attributes broadly, not just in relation to the level to which a person has been educated, but also in relation to the capacity to put a wide range of skills to productive use. It acknowledges attributes that create better health insofar as this has economic or social spin-offs, for example in containing public healthcare spending, but does not regard the intrinsic personal benefit of being healthy as a return to human capital investment. In other words, it looks at the value of human capital investment for production rather than directly for consumption. This focus on the crucial role that human capital plays in economies and societies, which is a central policy concern, is in no way intended to imply that all forms of learning should be directed to economic ends. It is clear that education, for example, has high "consumption" value.

3. Human capital constitutes an intangible asset with the capacity to enhance or support productivity, innovation, and employability as well as to contribute to different types of social benefits such as greater community and social participation, higher social cohesion, lower criminality, improved health. These "spin-off" benefits in turn feed back into economic well-being. Human capital may be augmented through use or may decline or become redundant due to lack of full utilisation. It is formed through different

influences and in different settings such as the family, the school, the local community and the workplace.

4. The concept of human capital investment borrows from an economic metaphor of investment in capital where investment involves a cost, a time dimension, a benefit flow and an asset value at any point in time. National, private and public accounting systems have not sufficiently demonstrated the investment role of education and training. Instead, education and training budgets of Governments as well as businesses have been counted as if they were current consumption without any payback in terms of higher income, productivity and better functioning societies. Likewise at the enterprise level, there is increased awareness of both the importance of "intellectual capital" and the need to better account for the value of intangible assets in organisations including the skills and competencies of their workforce.

5. Human capital is understood primarily as an individual characteristic or embodiment. Human capital should be distinguished from social capital, which refers to aspects of social life – the existence of networks, norms and relationships – that enable people to act together, create synergies, and build partnerships. Coleman (1990) showed how social capital could influence the ability to acquire human capital, for example when strong communities enhance learning at school. Social capital sets the context in which human capital can grow and have an impact. Social capital needs to be distinguished from an even wider range of social arrangements and influences that impact on learning and its outcome.

Assessing the impact of human capital on economy and society

6. Knowledge and skills are key factors along with others in economic success as well as in achieving individual and social well-being. There is ample micro-level evidence for improved employability and quality of life for individuals with higher levels of skills and competencies. At the macro-level, there is some evidence that investment in human capital has beneficial impacts in terms of enhanced economic growth and social cohesion.

7. The benefits of investment in human capital can be distinguished according to whether they are direct or indirect (affecting those with higher skills and

affecting others through "spillover" effects) and monetary or "non-monetary". These types of benefits are summarised below:

Direct monetary	**Indirect monetary**
(additional productivity and earnings in the labour market)	("spillover" effects on productivity of others together with direct effects leading to higher economic growth)
Direct, non-monetary	**Indirect, non-monetary**
(better health, personal well-being, lower risk of social exclusion)	("spillover" effects on others leading to higher levels of personal and social well-being and cohesion)

8. Investors in human capital comprise individuals, families, governments and private organisations. Each actor spends time and money on learning or training to reap a reward in terms of measurable economic benefits, or harder-to-measure benefits such as personal or social well-being. Unlike some other assets, the investor in human capital may not "own" the capital which is the subject of investment. Governments pay for much of the cost of initial education which benefits both individuals and society. Likewise, enterprises spend on the training of their employees – but the skills acquired through enterprise-based training may be taken by trained workers to another enterprise. Defining and measuring a stream of benefits to an investment in human capital poses major challenges – not least because many of the benefits are experienced by others. A more literate or skilled society tends to raise the productivity or social well-being of everyone – including those who have not recently undergone training or education.

9. The evidence from analysis of educational attainment and earnings indicates a strong positive relationship, on average, between educational attainment and labour market outcomes. These positive effects of education are in many individual cases confounded, however, by differences in post-school experiences, by innate ability, by family background and by other social factors. Studies that attempt to control for such underlying factors tend to find strong evidence of improved productivity, earnings and employment chances associated with both education and work-based training.

However, a frequently asked question is whether these benefits are the direct result of education and training itself (through investment in skills and competencies), or whether educational attainment acts mainly as a screening or sorting device that enables employers to allocate individuals to high-status or high-productivity occupations.

10. Models that give undue weight to educational attainment as a motor of growth have been vulnerable to criticism by those who see education as a way of allocating jobs through "screening" (Spence 1974). Moreover, differences in income by educational attainment can partially be explained by the correlation of attainment with innate ability (Denison 1964), and so do not guarantee that higher overall attainment will contribute to growth. Research evidence (reviewed by Psacharopoulos 1994) confirms that education appears to play a significant role in human capital formation, over and above any role it plays as a screening device. However, it shows that productivity-enhancing factors other than education and training play a parallel role.

11. Recent empirical analysis (Altonji and Pierret 1996) has examined how quickly employers learn about the true productivity of workers, and adjust their relative wages accordingly. This work suggests that the value of education in predicting future wages does not decline over time, because the increased information about individuals' productivity that employers acquire by observing them on the job confirms the expected relationship between productivity and education levels. Over time, they claim that the "signalling component" of educational qualifications accounts for a relatively small part of the wage differential associated with education.

12. Studies of identical twins such as that of Ashenfelter and Krueger (1994) have shown that the effects of controlling for ability, race, social class and family background are to lower estimated returns to education by about 25 per cent. However, other studies such as that by Ashenfelter and Rouse (forthcoming) show that error in the measurement of human capital acquired may lead to an under-estimation of rates of return by as much as 30 per cent (through for example omission of quality of education in the use of years of schooling as an explanatory variable). Therefore, measurement error and the omission of control variables in less sophisticated estimations of returns to education may tend to roughly cancel each other. If such micro-level impacts can be established then there are clear implications for society and economy-wide impacts which add to the "social" returns to in-

vesting in human capital. Economic growth impacts of human capital is one of a number of key focus areas which is currently under investigation by OECD in response to a special mandate by OECD Ministers meeting in 1999.

13. The impact of human capital on economic growth has been the subject of great many scholarly studies in recent decades. As methods of estimation have become more sophisticated and sources of data on potential determinants of growth are extended, there is a wealth of empirical material[1]. The more recent wave of "new growth" studies emphasising the role of knowledge and education spillovers impacting on total factor productivity has focused attention on the role of human capital. The evidence from these studies does point to some link between investment in education and training and long-term growth trends. However, firm conclusions are difficult to draw especially for more industrialised or developed countries where it appears that returns to investment in initial education may have diminished over time. These studies tend to be dogged by lack of suitable proxy data for human capital (measures usually relate to very crude indicators such as average years of schooling in the adult population or percentage enrolment rates in upper secondary at the beginning of a given time period of analysis). Also, the indirect impact of human capital working through other factors including investment decisions, political stability or technical innovation is difficult to capture.

14. A salutary lesson of most of these studies is that the proportion of the variance in growth rates not explained by all explanatory variables combined is as high as 40% and sometimes higher. There is therefore much that is left unexplained in cross-country regression analysis and even that which seems to explain growth is subject to varying interpretations. However, nearly all empirical studies pick up some impact for human capital – whatever its

---

1 The starting point of many economists since the 1960s was that output had grown faster than would be implied by the rate of expansion of the two main economic inputs, capital and labour. This unaccounted-for growth was attributed to a "residual" factor, assumed to represent technical progress or the "quality of labour". Early models of growth accounting found this factor to be large, but were unable to say precisely what it consisted of, as it was simply calculated as the difference between observed output growth and the growth in measurable inputs. More recent approaches have sought to explain more precisely the contribution of inputs such as labour quality and technical know-how, by building measures of these inputs into growth models and testing whether this reduces the residual or unknown factor.

magnitude or statistical significance. The evidence also suggests that the effect of human capital investment is not uniform. Strategies for investing in education, training and know-how need to be highly discerning if the desired impact on growth is to be realised. Understanding the national, regional and institutional context in which human capital investment takes place is vital.

Contrasting costs and benefits of human capital investment

15. Identification and estimation of various types of benefits to investment in human capital must be complemented by consideration of costs. This is particularly important in relation to the comparison of public and private returns to education and learning. Costs are not only monetary in nature but relate to the time that individuals and organisations spend in learning or training. Educational expenditure enables human capital investment to take place. Measured by the proportion of national income devoted to education and training, spending to promote human capital investment accounts for a significant proportion of total national expenditure or GDP in every OECD country. Typically, countries spend over 6 percent of GDP on initial or formal education including spending from private sources. Added to this, spending by enterprises on work-based training as well as spending by individuals and families on various learning activities brings the proportion of national income devoted to human capital to well over 10 percent.

16. Investment in human capital is a shared partnership between public and private interests. There may be a clear case for public support for some or most of the costs on the grounds that investment in human capital brings about social benefits and some of this investment might not have taken place in the absence of public support. Costs are typically measured by direct spending on education or training such as on tuition or educational materials. However, in addition to private direct spending account should be taken of other costs associated with learning including transport, student living costs as well as income and output forgone or lost for those undergoing education or training. Private costs – both direct and indirect – are generally poorly measured and reported across OECD countries – and the most potentially significant portion of private costs relating to time or income forgone when in study is difficult to estimate.

17. There is a standard approach in any evaluation of the effectiveness or profitability of a particular investment which compares costs and benefits. If a stream of additional productivity, earnings or output can be estimated as a result of extra investment in an asset such as a machine or plant, then it is possible to find an "internal rate of return" which equates the present value of a future stream of benefits to the additional cost. As applied to human capital, this entails estimating the additional benefits over a life time for all individuals as result of investing in more human capital. In this approach, benefits are estimated over a lifetime by using data on earnings for different age-cohorts over time or age-groups at one point in time. The additional costs of acquiring higher human capital (approximated by a higher level of initial education) tend to be incurred early in life whereas the benefits occur only gradually over a longer time period. Costs comprise not only public spending outlays on teachers, schools and administration, tuition fees paid by households or individuals but also indirect costs such as educational materials, books, transport etc. and very importantly for calculating the private rate of return: forgone earnings.[2]

18. In practice, in most rates of return calculations, benefits are measured by the estimated additional earnings from employment as a result of more initial education. This confines the analysis to more readily available data sources – but it may neglect important aspects of human capital investment

2 A simplified mathematical expression for the calculation of an internal rate of return on education is given by:
Σ (Bi,t - Bi-1,t)/(1 + r)t = Σ (Ci,t - Ci-1,t)/(1 + r)t
Where the value of r, the rate of return on education at level i (e.g. upper secondary) is found by setting the benefits and costs streams equal to each other. An alternative procedure is to chose an arbitrary value for r and calculate the amount of net present value by subtracting the present (discounted) value of a cost stream from the benefit stream.
Bi,t refers to average labour earnings in year t for a given cohort of individuals attaining a particular level of education denoted by i (e.g. upper secondary education).
Ci,t refers to average cost per graduate (including forgone earnings) in year t for a given cohort of individuals attaining a particular level of education denoted by i (e.g. upper secondary education). In practice, costs are assumed to be incurred during the typical duration of studies at a given level of education.
The above formula can be applied to public or private returns depending on the nature of costs and benefits. For example, a "fiscal" rate of return can be estimated using additional personal tax receipts adjusted for lower social transfers over a lifetime combined with additional public expenditure only. A "private" rate of return is based on private tuition costs plus forgone earnings only compared to net (after-tax) earnings of individuals over a lifetime.

and its impact. For example, the impact of human capital investment acquired through informal or post-school learning. Moreover, these calculations tend to omit the effects of important social and personal outcomes not captured in earnings in the labour market.

19. Another draw-back in traditional rates of return calculations is that data are based on historical earnings patterns. Projecting income into the future for different skill/attainment groups is not easy due to uncertainty about trends in supply and demand for various types of skilled labour. Finally, much of the difference in earnings across different groups is explained as much by institutional, legal and other factors as by the human capital embodied in individuals. This may be particularly true of societies where labour markets tend to be more rigid and wages are compressed.

Policy reflections

20. International comparisons of human capital are difficult for many reasons – not the least the lack of suitable proxy variables that can capture the level of human skill and competence as well as the difficulty in separating the effect of human capital from other effects. Nevertheless, international benchmarking of levels of human capital, the returns to spending on education and training as well as the balance of public and private costs and benefits remains an important goal for organisations such as OECD which is attempting to provide member governments and other actors with information and research results of relevance to policy formation and public debate of policy options in member countries.

21. Fundamental policy options and tradeoffs such as those relating to the level, distribution across sectors and source of funding for education and training need to be informed by a better knowledge base about impacts and skill needs in a fast-changing world confronted with demographic, technological and social pressures. Investment in lifelong learning cannot be seen as a vague platitude or soft alternative to difficult macroeconomic and labour market reform. Rather, investment in skills and knowledge at all stages of the life-cycle is an essential condition along with other factors in achieving higher levels of economic growth, social cohesion and societal well-being. However, more is not necessarily better, and investment in education and training may not necessarily yield economic and social benefits if fundamental change occurs at other levels in firms, communities and societies.

Better targeting of investment, better use of scarce resources and the creation of incentives and economic rewards to learning can all help to boost productivity, economic growth as well as contribute to a range of beneficial personal and social outcomes.

22. The challenge for policy makers is to acquire more knowledge about what works and is most effective in enhancing skills and competencies and in harnessing these to increase economic and social well-being. Which skills are important in bringing about such progress is not obvious. Across different countries, cultures and contexts, the necessary levels and types of skills and human dispositions needed to achieve development are not always clearly identifiable. OECD is committed to a sustained effort involving member countries to select, define and measure important skills for life and work which can contribute to desirable economic and social outcomes.

23. The results of the OECD International Adult Literacy Survey (IALS) in the mid-1990s suggested that economically and socially advantaged groups tend do well in literacy scores everywhere[3]. What differentiates countries is the extent of low skills among socially disadvantaged groups (for example possibly particular ethnic and social groups). IALS confirms a universal finding of analysis of participation in adult education and learning, viz., the lower the initial level of education (or level of literacy), the lower the probability of participating in learning or training. This perverse outcome indicates the existence of a complex of factors including possible information and access to capital barriers as well as poor motivation and "learning to learn" skills among those in greatest need of learning or training.

24. Hence, there is a need to focus on groups at risk. This could take the form of:
    - counter-acting early school drop-out;
    - adapting curricula to both labour market and personal needs;
    - promoting flexible pathways through secondary and post-secondary levels and;
    - encouraging second chance education and on-the-job learning especially for disadvantaged groups

3 Literacy was measured according to the ability of adults to correctly interpret and use printed information in documents, continuous text and quantitative sources. A survey of more than 2,000 adults was conducted initially in 12 countries (OECD et al. 1997).

25. It is widely acknowledged that establishing partnerships between Government, enterprises, the social partners, individuals and community groups is needed to achieve effective promotion of learning throughout life. Different actors have a role to play in providing, funding and certifying learning. Where there is a clear under-investment in learning by private actors due to market failure, private initiative needs to be supplemented by public intervention or incentive. The message emerging from recent meetings of OECD Education and Labour Ministers is that skills and competencies are everyone's business and that in so far as there is a role for public agencies, there is a need to co-ordinate responses across a range of public agency interests (labour market, health, public order and economic growth interests).

26. The social returns to investment in human capital need to be identified and taken into account in allocation decisions. Where needs are highest, more targeting of effort and funds is crucial. This could include, for example, strengthening of the family and community learning environment with a particular focus on early childhood where education and training aimed at parents has a three-fold impact – on the parents, on their children and on society. It is vital not to neglect the important social context in which learning and economic activity take place. The challenge is to make the different parts work together to create more positive labour market and economic outcomes as well as more enriched lives.

27. A question remains for many OECD countries following decades characterised by rising educational levels and historically high economic growth – which skills are needed to ensure a better quality and more inclusive knowledge-based society in the global village ?

References

Altonji, J.; Pierret, C. (1996), "Employer learning and the signalling value of education", Working Paper No. 5438, National Bureau of Economic Research, Cambridge, Mass.

Ashenfelter, O.; Krueger, A. (1994), „Estimates of the economic return to schooling from a new sample of twins", *American Economic Review*, Vol. 84, pp. 1157-1173.

Ashenfelter, O.; Rouse. C. (forthcoming), „How convincing is the evidence linking education and income?", in: O. Ashenfelter and C. Rouse (eds.), Cracks in the Bell Curve: Schooling, Intelligence, and Income.

Becker, G. (1964), *Human Capital: A Theoretical and Empirical Analysis, with special reference to education*, National Bureau of Economic Research, New York.

Coleman, J.S. (1990), *Foundations of Social Theory*, Harvard University Press.

Denison, E.F. (1964), "Measuring the contribution of education", *The Residual Factor and Economic Growth*, OECD, Paris.

OECD et al. (1997), *Literacy Skills for the Knowledge Society – Further Results from the International Adult Literacy Survey*, Paris.

OECD (1998), *Human Capital Investment an International Comparison*, Paris.

Psacharopoulos, G. (1994), "Returns to investment in education: a global update", *World Development*, Vol. 22 (9), pp. 1325-1343, September.

Schultz, T.W. (1961), "Investment in Human Capital" , *American Economic Review*, LI:1, pp. 1-22.

Spence, M. (1974), *Market Signaling*, Harvard University Press, Cambridge, Mass.

Erich Gundlach/Ludger Wößmann

Die sinkende Produktivität der Schulen in OECD-Ländern

1 Einleitung

Eine gute Ausbildung der Arbeitskräfte gilt als angemessene Antwort der Wirtschaftspolitik auf die vielfältigen Probleme, die aufgrund eines härter werdenden internationalen Wettbewerbs am Arbeitsmarkt entstehen. Wenn der Produktionsfaktor Kapital im Zuge der Globalisierung zunehmend mobil wird, bestimmt sich die Wettbewerbsfähigkeit einzelner Standorte mehr und mehr durch die international weniger mobilen Produktionsfaktoren. Bildung gilt in diesem Zusammenhang als Schlüsselqualifikation. Nicht zuletzt die für deutsche Schüler wenig schmeichelhaften Ergebnisse der jüngsten internationalen Leistungstests in Mathematik und Naturwissenschaften (TIMSS) scheinen eine breitere Öffentlichkeit für diese Zusammenhänge sensibilisiert zu haben.

Der Erwerb von Bildung gleicht einer Investition, die heute kostenwirksam ist und in der Zukunft zu einem höheren Einkommen führt. Ob eine solche Investition lohnenswert ist, kann durch einen Vergleich der zu erwartenden Erträge in Form höherer Einkommen mit den Kosten der Ausbildung geprüft werden. Die empirischen Ergebnisse für eine Vielzahl von Ländern deuten darauf hin, dass die aus diesem Vergleich berechneten Ertragsraten der Bildung tendenziell über den Opportunitätskosten des Kapitals liegen, eine Investition in Primar- und Sekundarbildung also als produktiv anzusehen ist (Psacharopoulos 1994).

Internationale Organisationen wie die Weltbank tragen dieser Erkenntnis schon seit längerem Rechnung, indem sie in Entwicklungsländern insbesondere auf Investitionen im Grundschulbereich setzen. Auch die Europäische Investitionsbank, die im Durchschnitt der neunziger Jahre weniger als 1 Prozent ihrer Ausgaben für Bildungsinvestitionen getätigt hat, hat das Thema jüngst für sich entdeckt. In Deutschland dreht sich die öffentliche Bildungsdebatte weitgehend um eine Ausweitung beziehungsweise um eine Reform der universitären Ausbildung. In all diesen Bereichen wird die grundsätzliche Produktivität von Bildungsausgaben meistens als gegeben vorausgesetzt. In der theoretischen und in der angewandten Forschung wird dieser Tatbestand demgegenüber derzeit eher in Frage gestellt (Hanushek 1998).

Der vorliegende Beitrag untersucht die Entwicklung der Produktivität des Schulsektors in OECD-Ländern über die vergangenen 25 Jahre.[1] Dazu wird zunächst theoretisch hergeleitet, wie sektorale Produktivitätsunterschiede die relativen Preise zwischen Sektoren beeinflussen (Abschnitt 2). Sektoren mit stagnierender Produktivität haben mit steigenden Preisen zu rechnen. Ein gewisser Anstieg im relativen Preis der schulischen Bildung könnte also durch Produktivitätssteigerungen in anderen Sektoren bedingt sein. Aufgrund dieser Überlegung lassen sich zwei Referenzmaße für die Veränderung des relativen Preises der Schulbildung herleiten. Übersteigt der Preisanstieg im Bildungssektor diese Referenzmaße, so deutet dies auf eine rückläufige Produktivität der Schulen hin.

Wie sich der relative Preis der Schulbildung entwickelt hat, kann man an der Veränderung der Bildungsausgaben je Schüler ablesen. Die tatsächliche Veränderung des Preises für schulische Ausbildung kann mit den beiden Referenzmaßen für den Preisanstieg verglichen werden, die bei einer konstanten Produktivität der Schulen zu erwarten wären (Abschnitt 3).

Dieses Produktivitätsmaß gilt allerdings nur, wenn sich der Leistungsstand der Schüler nicht verbessert hat. Deshalb wird in Abschnitt 4 eine Indexziffer konstruiert, deren Veränderung über die Zeit Rückschlüsse auf eine Veränderung des Leistungsstands der Schüler in den verschiedenen OECD-Ländern zulässt. Wenn sich der Leistungsstand der Schüler verschlechtert hat, wird die Produktivitätsentwicklung der Schulen mit obigem Maß überschätzt.

2 Bildungsausgaben, Leistungsstand der Schüler und der Preis der schulischen Ausbildung

Grundschulen und weiterführende Schulen sind in den meisten Ländern ganz überwiegend staatlich organisierte Institutionen. Für ein staatliches Engagement im Bildungssektor gibt es gute Gründe. Individuelle Bildungsinvestitionen sind am Kapitalmarkt nicht beleihungsfähig, so dass eine rein private Finanzierung von Bildung zu einer suboptimalen Bildungsnachfrage führen würde. Hinzu kommen Externalitäten der Bildung, die bei einem rein privatwirtschaftlichen Bildungsmarkt zu einem suboptimalen Bildungsangebot führen würden. Allerdings gilt ebenso, dass das staatliche Angebot von Gütern und Dienstleistungen

1 Für eine entsprechende Untersuchung, die sich auf Schulen in den Vereinigten Staaten beschränkt, vgl. Hanushek (1997).

häufig mit Ineffizienzen verbunden ist. Zu prüfen ist deshalb, ob bei den staatlichen Ausgaben für Schulen Aufwand und Ertrag in einem angemessenen Verhältnis stehen.

Ein wesentliches empirisches Ergebnis in diesem Forschungszweig der Bildungsökonomie besagt, dass es keinen gesicherten statistischen Zusammenhang zwischen den Ausgaben für Bildung und dem gemessenen Leistungsstand von Schülern gibt. Während wohl niemand ernsthaft bestreiten würde, dass höhere Ausgaben für verschiedene Bildungsinputs grundsätzlich einen positiven Effekt auf den Leistungsstand der Schüler haben könnten, scheinen diverse empirische Untersuchungen zu bestätigen, dass ein solcher Zusammenhang für das derzeitige Schulsystem der Vereinigten Staaten statistisch nicht nachgewiesen werden kann. So sollten etwa das Lehrer-Schüler-Verhältnis, die Ausbildung, die Berufserfahrung und das Gehalt der Lehrer sowie die Ausstattung der Schule mit Räumen und Sachmitteln eigentlich einen positiven Einfluss auf die Schülerleistungen haben. Die in Schaubild 1 zusammengefassten Ergebnisse einer Vielzahl von empirischen Studien scheinen jedoch zu belegen, dass im Mittel eben kein Zusammenhang zwischen der Höhe der Ausgaben für diese Bildungsinputs und dem jeweiligen Leistungsstand der Schüler besteht. Beispielsweise finden über 80 Prozent der berücksichtigten Studien keinen statistisch signifikanten Zusammenhang zwischen dem Lehrer-Schüler-Verhältnis und dem Leistungsstand der Schüler; bei den wenigen Studien, die einen statistisch signifikanten Zusammenhang finden, halten sich die positiven und die negativen Ergebnisse in etwa die Waage. Ähnlich unbefriedigende statistische Ergebnisse für den Zusammenhang zwischen Bildungsinputs und Bildungsoutput erhält man auch für viele Entwicklungsländer (Harbison und Hanushek 1992; Hanushek 1995).

Produktionstheoretische Überlegungen legen nahe, dass in einem optimalen Bildungssystem alle Bildungsinputs einen gleich hohen marginalen Beitrag zum Bildungsoutput in Form des Leistungsstands der Schüler liefern sollten. Mehrere empirische Untersuchungen für die Vereinigten Staaten und für eine Reihe von Entwicklungsländern kommen demgegenüber zu dem Ergebnis, dass relativ viel Geld für Bildungsinputs ausgegeben wird, die einen unmittelbaren Nutzen für Lehrer stiften, während relativ wenig Geld für Bildungsinputs ausgegeben wird, die einen unmittelbaren Nutzen für Schüler stiften.[2] Ein solcher Befund deutet auf Ineffizienzen in den staatlichen Schulsystemen der untersuchten Länder hin.

2 Vgl. für einen Literaturüberblick z. B. Harbison und Hanushek (1992), Hanushek (1998) sowie Pritchett und Filmer (1999).

Offen ist nach derzeitigem Erkenntnisstand, wie es beispielsweise um die Produktivität der Schulen in Europa bestellt ist.[3]

Schaubild 1: Der Zusammenhang zwischen ausgewählten Bildungsinputs und der Leistung der Schüler in den Vereinigten Staaten[a]

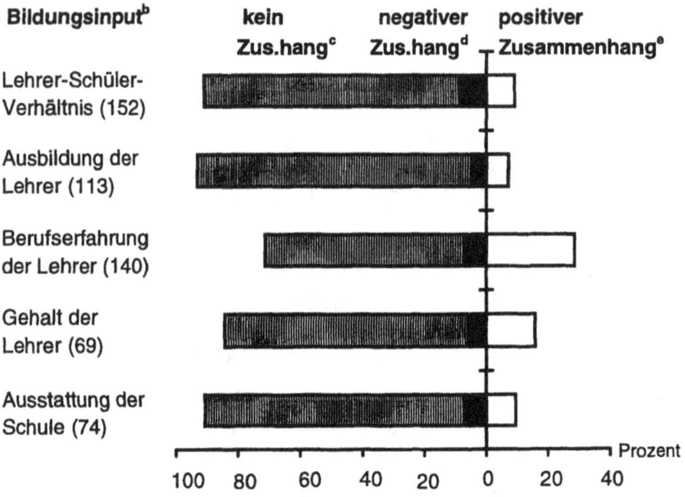

[a]Zusammenfassung der Ergebnisse für die mit einer Bildungs-Produktionsfunktion geschätzten Regressionskoeffizienten ausgewählter Bildungsinputs; abhängige Variable: anhand von Vergleichstests ermittelter Leistungsstand der Schüler. – [b]Anzahl der jeweils berücksichtigten Studien in Klammern. – [c]Anteil der Studien mit statistisch insignifikanten Regressionskoeffizienten. – [d]Anteil der Studien mit statistisch signifikanten negativen Regressionskoeffizienten. – [e]Anteil der Studien mit statistisch signifikanten positiven Regressionskoeffizienten.

Quelle: Basierend auf Harbison und Hanushek (1992).

Schulen, wie andere Dienstleistungsbereiche auch, sind höchstwahrscheinlich ein Bereich mit stagnierender Produktivität. Ähnlich wie das Aufführen einer Symphonie oder das Schneiden der Haare ist das Lehren in der Schule arbeitsintensiv

3 Psacharopoulos (1999) konstatiert einen großen Rückstand der angewandten ökonomischen Bildungsforschung in Europa, der vermutlich sogar hinter den Stand der Forschung für Länder wie Brasilien oder Kolumbien zurückfällt.

und bietet wenig Möglichkeiten zur Faktorsubstitution. Eine Symphonie auf Compact Disk mag noch als Beispiel für eine denkbare Faktorsubstitution gelten (Puristen sehen das sicher anders), aber eine programmierbare Haarschneidemaschine für den Hausgebrauch hat sich bislang nicht durchsetzen können. Ob das Internet zukünftig in ernsthafte Konkurrenz zum Lehren von Lesen, Schreiben und Rechnen in der Schule treten kann, bleibt abzuwarten. Die Vermittlung und die Aneignung von Basiswissen dauert heute mit und ohne Internet vermutlich ebenso lange wie vor 25 Jahren. Weder beim Aufführen von Symphonien noch beim Haareschneiden noch in den Schulen scheinen neue Technologien zum Einsatz gekommen zu sein, die einen stetigen Anstieg der Produktivität hätten erwarten lassen: Dem jeweiligen Ergebnis (Output) steht in allen Bereichen ein über die Zeit bestenfalls konstanter Faktoreinsatz (Input) gegenüber.

Wenn Schulen so wie andere Dienstleistungsbereiche auch im Durchschnitt tatsächlich keinen oder nur einen langsameren Produktivitätsanstieg vorweisen können als die Branchen des verarbeitenden Gewerbes, dann müsste ihr relativer Preis kontinuierlich steigen. Dieser Zusammenhang sei an einem einfachen Beispiel verdeutlicht. Man stelle sich vor, dass ein Angestellter pro Tag 100 Hamburger braten oder zehn Kunden die Haare schneiden könnte. Höhere Ausgaben für den Faktor Arbeit würden in diesem Beispiel bei Wettbewerb zwischen den Unternehmen zu höheren Preisen von Hamburgern und Haarschnitten führen. Im einfachsten Fall würde der gemeinsame Preisindex für Hamburger und Haarschnitte genauso steigen wie der Preisindex für Arbeit, so dass die relativen Preise unverändert geblieben wären.
Relative Preisänderungen entstehen als Folge von relativen Produktivitätsänderungen. Steigt beispielsweise die Produktivität des Hamburgerbratens, etwa aufgrund des Einsatzes von technisch besseren Pfannen, auf 110, sinkt im Gegenzug der Preis für einen Hamburger im Vergleich zum Preis für einen Haarschnitt. Umgekehrt gesehen hätte sich also der relative Preis für einen Haarschnitt als Folge des Produktivitätsfortschritts beim Hamburgerbraten erhöht. Die schulische Ausbildung sollte demnach, ähnlich wie das Haareschneiden, auch bei konstanter eigener Produktivität im Zeitablauf teurer werden, und zwar in dem Maße, wie die Produktivität in den anderen Bereichen der Volkswirtschaft voranschreitet. Dies ist eine der Schlussfolgerungen des sogenannten Kostenkrankheitsmodells von Baumol, das den Einfluss von Produktivitätsfortschritten in anderen Sektoren auf die Kostenentwicklung in Dienstleistungssektoren untersucht.[4]

---

4 Zu den theoretischen Einzelheiten dieser Überlegungen vgl. Baumol (1967); für eine Anwendung auf den Schulbereich vgl. z. B. Hanushek (1997) und Gundlach et al. (1999).

Geht man zunächst davon aus, dass der Output der Schulen über die Zeit konstant geblieben ist[5] – und zumindest die Evidenz für die Vereinigten Staaten legt dies nahe (Hanushek 1998) – so lassen sich aufgrund dieser Überlegungen Veränderungen in der Produktivität von Schulen direkt mit Veränderungen im Preis schulischer Ausbildung in Verbindung bringen. Steigt wie im Beispiel die Produktivität außerhalb der Schulen um 10 Prozent bei gleichzeitig konstanter Produktivität der Schulen, dann sollte sich unter sonst gleichen Bedingungen der relative Preis der schulischen Ausbildung um 10 Prozent erhöhen. Damit kann der gesamtwirtschaftlichen Produktivitätsfortschritt als ein erstes Referenzmaß für einen Anstieg im relativen Preis schulischer Ausbildung herangezogen werden, das angibt, ob der Preisanstieg mit stagnierender Bildungsproduktivität kompatibel ist (Gundlach et al. 1999). Wenn der relative Preis der schulischen Ausbildung stärker steigt als dieses gesamtwirtschaftliche Referenzmaß, dann muss – bei konstanten Schülerleistungen – die Produktivität der Schulen gefallen sein: der stärkere Preisanstieg würde signalisieren, dass mehr für Bildungsinputs ausgegeben wurde, als mit dem gesamtwirtschaftlichen Produktivitätsfortschritt vereinbar ist.

Weiterhin gilt, dass sich der relative Preis zwischen zwei Sektoren, die beide eine stagnierende Produktivität aufweisen, über die Zeit nicht ändern sollte. Damit kann die Differenz zwischen der Preisentwicklung in Dienstleistungssektoren mit erwartungsgemäß stagnierender Produktivität, wie z.B. staatlichen Dienstleistungen oder Dienstleistungen im sozialen Bereich, und der Preisentwicklung für schulische Bildung als ein zweites Referenzmaß für die Entwicklung der Bildungsproduktivität herangezogen werden. Ist die durch dieses sektorale Referenzmaß gegebene Differenz gleich null, so würde dies auf eine konstante Produktivität im Schulsektor hindeuten, während eine negative Differenz eine sinkende Produktivität im Schulsektor nahe legen würde.

3 Veränderungen im relativen Preis von Schulbildung

Im Gegensatz zu vielen anderen Dienstleistungen lassen sich im Fall der Schulen Preisänderungen auf einfache Art ermitteln. Die Gesamtausgaben für Schulen sind das Produkt aus Menge und Preis. Dividiert man die Bildungsausgaben durch die Anzahl der Schüler (Menge), erhält man eine Indexzahl, deren Verän-

5 Für eine nähere Untersuchung der Entwicklung des Leistungsstands der Schüler in den verschiedenen OECD-Ländern vgl. Abschnitt 4.

derung über die Zeit die nominale Preisänderung des Schulsektors abbildet. Spalte (1) in Tabelle 1 gibt die so berechnete durchschnittliche jährliche nominale Preisänderung des Schulsektors verschiedener OECD-Länder von 1970-1994 an. Die Daten für Bildungsausgaben und Schülerzahlen stammen aus verschiedenen Jahrgängen des statistischen Jahrbuchs der UNESCO.[6]

Da die nominale Preisänderung auch einen allgemeinen Anstieg des Preisniveaus beinhaltet, benötigt man einen geeigneten Deflator, um auf die gesuchte relative Preisänderung zu kommen. Ein direkter Preisindex für staatliche Bildungsausgaben steht in der Regel nicht zur Verfügung. Denkbar ist aber sowohl eine Deflationierung mit dem Preisindex des Bruttoinlandsprodukts als auch eine Deflationierung mit allgemeinen oder speziellen Preisindizes für Dienstleistungen.[7] Die Spalten (2) bis (4) in Tabelle 1 geben durchschnittliche jährliche Veränderungsraten des Preisindexes des Bruttoinlandsprodukts, des Preisindexes für Produzenten von staatlichen Dienstleistungen sowie des Preisindexes für soziale Dienstleistungen an. Alle Deflatoren wurden auf der Basis von Daten aus verschiedenen Jahrgängen der UN-Statistiken über Volkswirtschaftliche Gesamtrechnungen berechnet.

6 Alle hier verwendeten Daten sowie detaillierte Angaben über vorgenommene Anpassungen, die die Vergleichbarkeit der Daten über die Zeit sicherstellen, finden sich im Anhang von Gundlach et al. (1999).

7 Vgl. dazu Rothstein und Mishel (1997) sowie Hanushek (1997).

Tabelle 1 Nominale Preisänderungen für schulische Ausbildung und verschiedene Deflatoren, 1970–1994[a]

	Preis für schulische Ausbildung	BIP-Deflator	Dienstleistungsdeflatoren		Nachrichtlich: Preis für schulische Ausbildung	
			PStDL[b]	SoDL[c]		Konstante Struktur[d]
	1970-94	1970-94	1970-94	1970-94	1970-90	1970-94
	(1)	(2)	(3)	(4)	(5)	(6)
Australien	13,5	7,9	8,1	7,7	15,3	13,5
Belgien	8,4	5,3	6,3	6,3	9,2	8,1
Dänemark	10,4	6,7	7,4	7,7	11,2	-
Deutschland	8,1	3,9	4,7	5,2	8,5	-
Finnland	10,7	7,9	9,3	8,0	12,0	10,7
Frankreich	12,1	7,1	9,5	4,9	12,7	11,8
Griechenland	20,9	15,7	16,9	17,3	21,5	20,9
Irland	13,5	9,0	-	-	14,5	13,0
Italien	16,3	11,3	13,4	12,4	17,2	16,1
Japan	9,3	4,1	6,4	6,3	9,9	9,3
Kanada	9,2	5,7	8,2	7,0	10,4	-
Mexiko	41,4	33,8	36,4	38,3	40,5	40,8
Neuseeland	14,3	9,7	-	-	15,6	14,1
Niederlande	6,2	4,5	4,5	5,3	6,8	6,0
Norwegen	11,5	6,3	-	-	12,7	11,7
Österreich	8,6	4,8	6,2	5,9	9,1	8,6
Portugal	24,8	15,5	-	-	26,9	24,7
Schweden	9,5	7,8	8,5	8,5	12,0	9,4
Schweiz	7,3	4,4	-	-	7,7	7,1
Spanien	19,7	11,1	11,3	-	20,6	19,5
Vereinigtes Königreich	12,5	9,0	-	-	14,8	12,4
Vereinigte Staaten	7,8	5,3	6,6	6,6	9,1	-

[a]Durchschnittliche jährliche Veränderungsrate, in Prozent. — [b]Produzenten von staatlichen Dienstleistungen. — [c]Soziale Dienstleistungen. — [d]Berechnet unter der Annahme, daß der jeweilige Anteil von Primar- und Sekundarschülern an der gesamten Schülerpopulation auf dem Niveau von 1970 konstant geblieben wäre.

Quelle: Gundlach et al. (1999).

Schaubild 2 zeigt für die betrachteten OECD-Länder die mit dem Deflator des Bruttoinlandsprodukts berechnete reale Zunahme der staatlichen Bildungsausgaben je Schüler. Die realen staatlichen Ausgaben je Schüler haben in den OECD-Ländern im Zeitraum 1970-1994 unterschiedlich stark zugenommen. Interpretiert man die realen Ausgabensteigerungen je Schüler als den Anstieg des relativen Preises für schulische Ausbildung, erhält man eine breite Streuung, die von jährlichen Veränderungsraten von weniger als 2 Prozent bis zu über 9 Prozent reicht. Auf den gesamten Zeitraum bezogen haben sich somit die realen staatlichen Ausgaben je Schüler in Portugal mehr als verachtfacht, in Australien nahezu vervierfacht, in Deutschland fast verdreifacht und in den Vereinigten Staaten ungefähr verdoppelt.

Schaubild 2: Die Veränderung des relativen Preises der schulischen Ausbildung, 1970–1994[a]

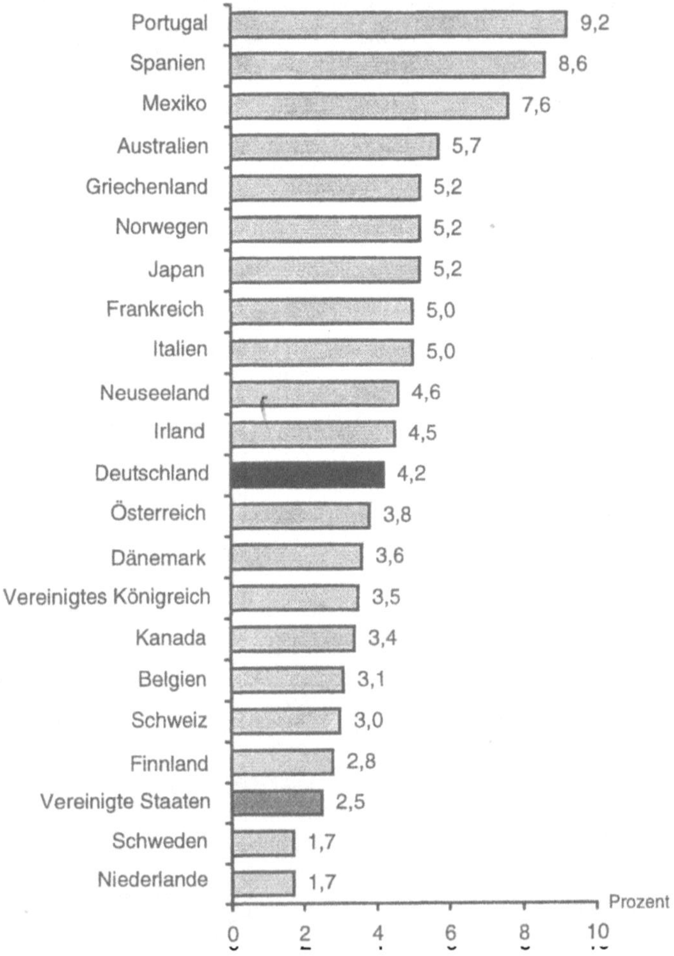

[a]Differenz zwischen der durchschnittlichen jährlichen Veränderungsrate der staatlichen Bildungsausgaben je Schüler (UNESCO-Daten) und der durchschnittlichen jährlichen Veränderungsrate im Preisindex des Bruttoinlandprodukts (UN-Daten).

Quelle: Gundlach et al. (1999).

Für die meisten Länder scheinen die gemessenen Ausgaben- bzw. Preissteigerungen nicht mit der Hypothese einer konstanten Produktivität der schulischen Ausbildung vereinbar zu sein. Wie zuvor gezeigt, müsste der Preisanstieg der schulischen Ausbildung gerade der gesamtwirtschaftlichen Veränderungsrate der totalen Faktorproduktivität entsprechen, wenn die Produktivität der Schulen (und aller anderen Dienstleistungsbereiche) konstant geblieben ist. Nach den Ergebnissen von Dougherty und Jorgenson (1997) für ausgewählte OECD-Länder erreichte die durchschnittliche jährliche Veränderungsrate der totalen Faktorproduktivität im Zeitraum 1973-1989 lediglich Werte zwischen 1,4 Prozent (Frankreich) und 0,3 Prozent (Vereinigte Staaten). Demnach ist der relative Preis der schulischen Ausbildung in den führenden Industrieländern wesentlich stärker gestiegen als die Rate der totalen Faktorproduktivität. Die Produktivität der Schulen scheint in diesen Ländern also nach diesem gesamtwirtschaftlichen Referenzmaß gefallen zu sein (Schaubild 3).

Schaubild 3: Der Produktivitätsverfall der schulischen Ausbildung, 1970–1994: Gesamtwirtschaftliche Betrachtung[a]

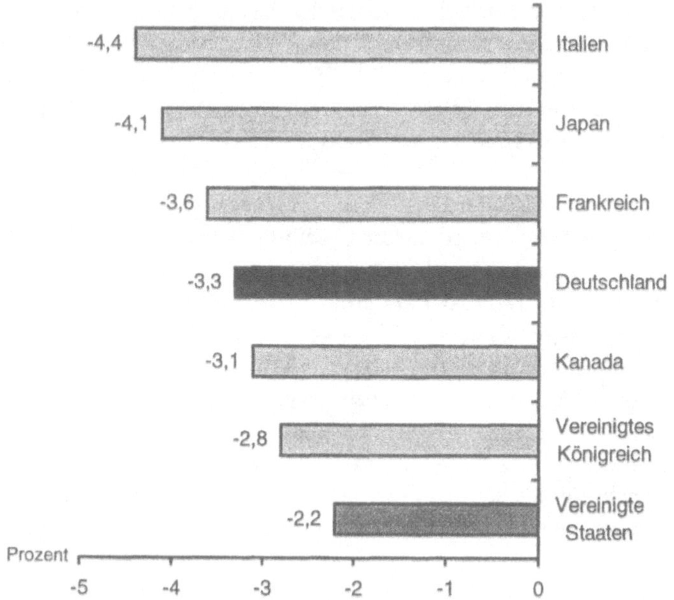

[a]Differenz zwischen der durchschnittlichen jährlichen Veränderungsrate der gesamtwirtschaftlichen totalen Faktorproduktivität (1973–1989) und dem durchschnittlichen jährlichen BIP-deflationierten Preisanstieg der schulischen Ausbildung.

Quelle: Gundlach et al. (1999).

Bestätigt wird dieser Befund durch die Ergebnisse anhand des zweiten, sektoralen Referenzmaßes. Vergleicht man den Preisanstieg für schulische Ausbildung mit der Veränderung in den Deflatoren für staatliche Dienstleistungen und für spezifisch arbeitsintensive, soziale Dienstleistungsbereiche, so ergibt sich ein überproportionaler Preisanstieg im Bildungssektor (Schaubild 4).[8] Im Durchschnitt der betrachteten Länder ist der Preis für Schulbildung um 3 Prozent pro Jahr schneller gestiegen als die Preise in den vergleichbaren Dienstleistungssektoren, was einen Produktivitätsverfall im Bildungssektor impliziert.

Die bisherigen Ergebnisse dürften den Preisanstieg für schulische Ausbildung und damit den Produktivitätsverfall im Bildungssektor sogar noch unterschätzt haben. Dies wird deutlich, wenn man berücksichtigt, dass die von der UNESCO berichteten Bildungsdaten nach 1990 einen Strukturbruch aufweisen, der auf spezifische Reklassifikationen der im Sekundarbereich abgedeckten Schulprogramme zurückzuführen ist. Aufgrund dessen scheint der Anstieg in den Bildungsausgaben relativ zum Anstieg in den Schülerzahlen zwischen 1990 und 1994 unterrepräsentiert zu sein. Berechnet man deshalb den Anstieg der Bildungsausgaben pro Schüler für den kürzeren Zeitraum 1970-1990, der nicht durch einen Strukturbruch beeinflusst ist, fällt der jährliche Preisanstieg von 1970 bis 1990 in allen Ländern außer Mexiko größer aus als von 1970 bis 1994 (Spalte (5) in Tabelle 1).

Des weiteren könnten die Ergebnisse dadurch beeinflusst sein, dass sich die Bildungsausgaben aufgrund einer Verschiebung zugunsten der kostenintensiveren Sekundarbildung zwischen 1970 und 1994 erhöht haben. Spalte (6) in Tabelle 1 zeigt den Preisanstieg der schulischen Bildung von 1970-1994 an, der sich ergeben hätte, wenn der jeweilige Anteil der Schüler in Primar- und Sekundarbildung auf dem Niveau von 1970 konstant geblieben wäre. Der größte Unterschied zu den Ergebnisse aus Spalte (1) beträgt 0,6 Prozentpunkte (Mexiko). Daraus lässt sich schließen, dass eine Verschiebung in der Struktur der Ausgaben in Richtung Sekundarbildung nicht für den starken Preisanstieg für schulische Bildung in den meisten OECD-Ländern verantwortlich sein kann.

---

8 Für das Schaubild 4 wurde ein gleichmäßig gewichteter Durchschnitt der Veränderungsraten des Deflators für Produzenten staatlicher Dienstleistungen und des Deflators für soziale Dienstleistungen als Maß der Preisänderung im Dienstleistungssektor verwendet.

Schaubild 4: Der Produktivitätsverfall der schulischen Ausbildung, 1970–1994: Sektorale Betrachtung[a]

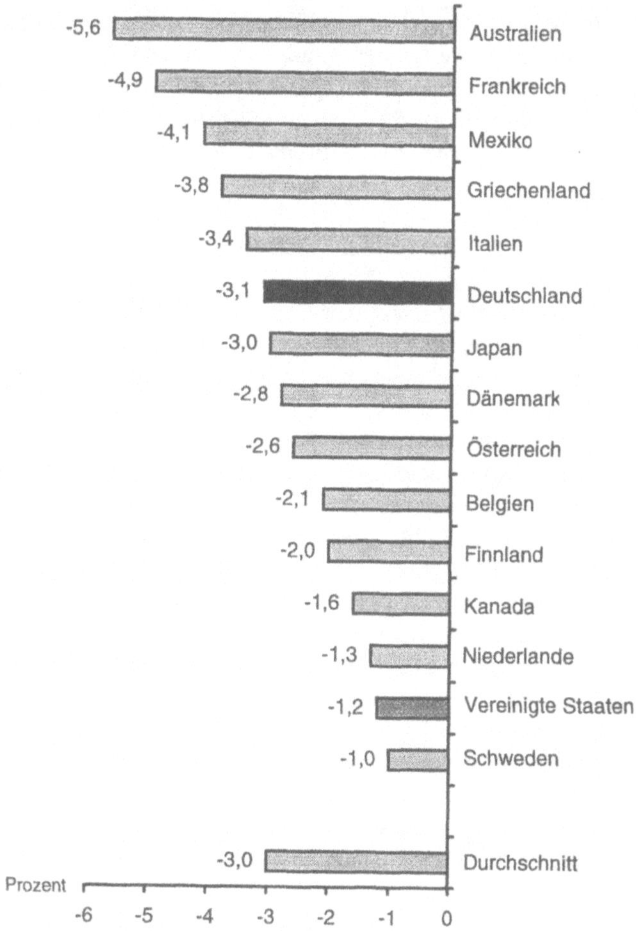

[a]Differenz zwischen der durchschnittlichen jährlichen Veränderungsrate des Preisindex im Dienstleistungssektor (UN-Daten) und der durchschnittlichen jährlichen Veränderungsrate der staatlichen Bildungsausgaben je Schüler (UNESCO-Daten) .

Quelle: Gundlach et al. (1999).

Etwas überraschend ist, dass die Vereinigten Staaten hinsichtlich des beobachteten Produktivitätsverfalls der Schulen noch relativ günstig abschneiden.[9] Während dort aber bereits eine intensive öffentliche Debatte über die „kollabierende" (Hanushek 1997) Produktivität der Schulen geführt wird, ist der offensichtlich wesentlich stärkere Produktivitätsverfall der Schulen in anderen OECD Ländern bislang nicht beachtet worden. In Europa und speziell in Deutschland findet bestenfalls eine theoretische Debatte über die ökonomischen Aspekte des Bildungswesens statt. Eine Debatte über die empirische Produktivität der Schulen fehlt.[10]

4 Veränderungen im Leistungsstand der Schüler

Ob die festgestellte Diskrepanz zwischen Ausgabenwachstum und gesamtwirtschaftlichem Produktivitätsfortschritt tatsächlich einen durchschnittlichen Produktivitätsverfall in europäischen Schulen von mehr als drei Prozent pro Jahr reflektiert, hängt natürlich entscheidend davon ab, in wieweit die zugrundeliegenden Modellhypothesen das angemessene Referenzmaß darstellen. Entscheidend ist dabei die Annahme eines konstanten Leistungsstands der Schüler. Wenn sich der Leistungsstand der Schüler kontinuierlich verbessert hätte, könnten die Schaubilder 3 und 4 nicht als Beleg für einen Produktivitätsverfall der Schulen dienen. Die vorliegenden empirischen Befunde für die Vereinigten Staaten stützen eine solche Interpretation allerdings nicht. Leistungstests für 9, 13 und 17 Jahre alte Schüler, die seit den frühen siebziger Jahren regelmäßig von der National Assessment in Educational Progress (NAEP) in Mathematik und Naturwissenschaften durchgeführt wurden, belegen, dass US-Schüler in den letzten 25 Jahren im Durchschnitt nicht besser geworden sind (Schaubild 5). In den Vereinigten Staaten sind bei einem konstanten durchschnittlichen Leistungsstand der Schüler die Ausgaben für Bildung wesentlich stärker gestiegen als es nach Maßgabe des gesamtwirtschaftlichen Produktivitätsfortschritts zu erwarten gewesen wäre. Dort wird demnach zu Recht von einem Produktivitätsverfall der Schulen gesprochen.

9 Für einen Vergleich der hier vorgelegten Zahlen für die Vereinigten Staaten mit den Berechnungen von Hanushek (1997) vgl. Gundlach et al. (1999). Siehe dort auch zu Einzelheiten der zuvor berichteten Berechnungen.

10 Als Zusammenfassungen über den Stand der Debatte in den Vereinigten Staaten vgl. etwa Hanushek et al. (1994), Burtless (1996) und FRBNY (1998). Zum defizitären Stand der anwendungsorientierten ökonomischen Bildungsforschung in Deutschland vgl. z. B. Weiß (1995).

Schaubild 5: Der Leistungsstand der US–Schüler[a] nach Altersgruppen, 1970 und 1994

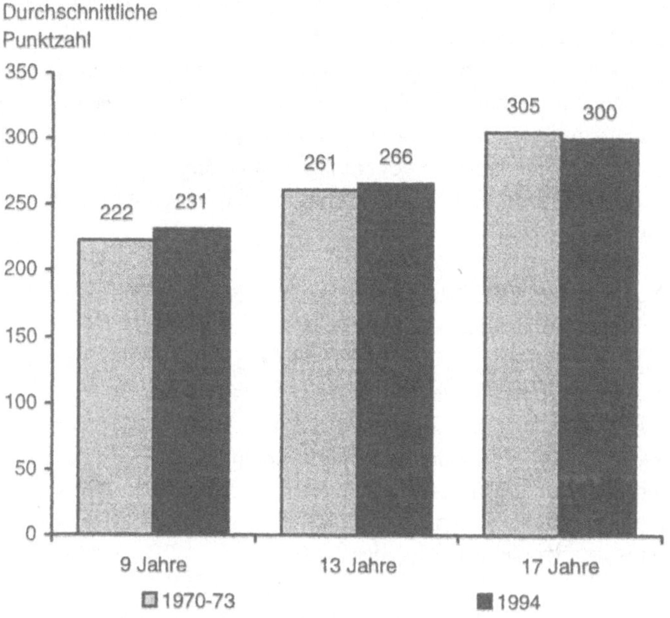

[a]In Mathematik und Naturwissenschaften.

Quelle: US Department of Education (1997).

Wie die Schaubilder 3 und 4 gezeigt haben, ist der Produktivitätsverfall der Schulen in europäischen Industrieländern und auch in Japan noch größer als in den Vereinigten Staaten, wenn sich dort in den letzten 25 Jahren ebenfalls wenig am Leistungsstand der Schüler geändert haben sollte. Leider lässt sich diese Hypothese nicht direkt überprüfen, weil für andere Länder als die Vereinigten Staaten keine über die Zeit hinweg vergleichbaren Leistungstests durchgeführt worden sind. Verfügbar sind lediglich über Länder hinweg vergleichbare Leistungstests, die in gewissen zeitlichen Abständen erhoben worden sind.

So hat die International Association for the Evaluation of Educational Achievement (IEA) internationale Vergleichsstudien in Naturwissenschaften und in Mathematik Anfang der 70er Jahre und Anfang der 80er Jahre durchgeführt, deren zusammengefasste Ergebnisse bei Lee und Barro (1997) verfügbar sind. Die Ergebnisse der Third International Mathematics and Science Study (TIMSS), die 1994-95 durchgeführt wurde, liegen bei IEA (1998) vor. Alle Studien testeten Schüler in Primarschulen sowie in der Mitte und am Ende der Sekundarausbildung. Um den Leistungsstand von Schülern zwischen 1970 und 1994 vergleichen zu können, vergleichen wir zum einen die Ergebnisse der Tests in Naturwissenschaften, die 1970 und 1994 durchgeführt wurden. Zum anderen bilden wir einen gleichmäßig gewichteten Durchschnitt der Ergebnisse der Tests in Naturwissenschaften und Mathematik, wobei letztere nur für 1964 anstelle von 1970 verfügbar sind. Wir beschränken unsere Betrachtungen auf diejenigen 11 OECD-Länder, die sowohl 1970 als auch 1994 an internationalen Vergleichsstudien teilgenommen haben.

Die internationalen Querschnitts-Tests unterscheiden sich voneinander durch die jeweils teilnehmenden Länder und zum Teil auch durch den Grad ihrer Schwierigkeit, das Design der Testfragen, die Bewertung einzelner Schülerleistungen sowie das Format der Testergebnisse. Ein direkter Vergleich der Schülerleistungen über die Zeit anhand der verschiedenen internationalen Testergebnisse ist deshalb nicht aussagefähig. Man kann allerdings versuchen, mit Hilfe der internationalen Testergebnisse eine Indexziffer zu konstruieren, deren Veränderung über die Zeit unter bestimmten Annahmen Rückschlüsse auf eine Veränderung des Leistungsstands der Schüler eines Landes zulässt.

Zunächst kann man sich den Tatbestand zunutze machen, dass sich der Leistungsstand der US-Schüler nicht verändert hat. Da alle internationalen Tests auch einen Wert für die Vereinigten Staaten enthalten, kann man für verschiedene Zeitpunkte den jeweiligen Leistungsstand der anderen Länder im Vergleich zum konstanten Leistungsstand der Vereinigten Staaten berechnen. Dem unterschiedlichen Charakter der einzelnen internationalen Tests kann man weiterhin mit Hilfe verschiedener statistischer Annahmen über die Veränderung von Mittelwert und Streuung der jeweiligen Testergebnisse Rechnung tragen. Wir benutzen diesbezüglich drei verschiedene Hypothesen für den zeitlichen Vergleich von Testergebnissen. Die erste Hypothese (H1) nimmt an, dass der Mittelwert und die Standardabweichung pro Mittelwert in unserem OECD-Sample über die Zeit konstant geblieben sind. Die zweite Hypothese (H2) geht davon aus, dass das US-Testergebnis und die Standardabweichung pro US-Testergebnis im OECD-Sample konstant geblieben sind. Die dritte Hypothese (H3) nimmt an, dass das US-Testergebnis und die Streuung der OECD-Sample-Testergebnisse um das US-Testergebnis konstant geblieben sind. Alle drei Hypothesen basieren auf der Überlegung, dass zum einen bekannt ist, dass der Leistungsstand von US-

Schülern konstant geblieben ist, und dass sich zum anderen die Streuung der OECD-Testergebnisse insgesamt nicht substantiell verändert haben sollte.

Mit Hilfe der drei Hypothesen lassen sich transformierte Testergebnisse berechnen, die den Leistungsstand der Schüler widerspiegeln, wenn die Streuung der Ergebnisse unter dem TIMSS-Testdesign auch schon 1970 gegolten hätte. Vergleicht man die relativ zu den US-Ergebnissen gemessenen transformierten Testergebnisse eines jeden Landes zwischen 1970 und 1994, so erhält man eine Indexziffer, die als *qualitative* Veränderung des Leistungsstands der Schüler in einem bestimmten Fachbereich über die Zeit interpretiert werden kann. Quantitative Aussagen über die Veränderung des Leistungsstands der Schüler sind aus einer solchen Indexziffer aber nicht abzuleiten, weil es nicht möglich ist, eine gemeinsame Skalierung von Mittelwert und Streuung der jeweils benutzten Tests eindeutig festzulegen.[11]

Tabelle 2 zeigt die Ergebnisse für den Vergleich des Leistungsstands in Naturwissenschaften sowie des durchschnittlichen Leistungsstands in Naturwissenschaften und Mathematik unter den drei Hypothesen H1 bis H3. Die Werte geben den Leistungsindex für 1994 an, wobei der 1970er Leistungsstand eines jeden Landes auf 100 skaliert ist. Nach unseren Ergebnissen hat kein großes OECD-Land im Zeitraum 1970-1994 einen substantiellen Anstieg der durchschnittlichen Schülerleistungen zu verzeichnen. Lediglich in Schweden und in den Niederlanden scheinen sich die Schülerleistungen leicht verbessert zu haben. Schüler aus allen anderen betrachteten Industrieländern haben in diesem Zeitraum ihr Leistungsniveau bestenfalls halten können, manche scheinen eher schlechter geworden zu sein. Das gilt auch für japanische Schüler. Dieser Befund steht nicht im Gegensatz zu den Ergebnissen der jüngsten TIMS-Studie (IEA 1998), wonach insbesondere Schüler aus Japan wesentlich besser abgeschnitten haben als Schüler aus den Vereinigten Staaten. Für die hier angestellten Berechnungen spielen die großen internationalen *Niveau*unterschiede keine Rolle, da auf mögliche *Veränderungen* des Leistungsstands der Schüler abgestellt wird.

Schaubild 6 setzt dieses Ergebnis (vertikale Achse) in bezug zur Veränderung der realen staatlichen Ausgaben je Schüler, die den Preisanstieg der schulischen Ausbildung reflektiert (horizontale Achse). Danach haben Länder mit einem starken realen Anstieg der Ausgaben je Schüler keineswegs einen verbesserten

11 Zu den Einzelheiten der Berechnungen vgl. Gundlach et al. (1999).

Tabelle 2 Veränderungen im Leistungsstand der Schüler, 1970-1994

Indexziffer, 1970 = 100

	H1		H2		H3	
	Naturwiss.	Math. & Nat.	Naturwiss.	Math. & Nat.	Naturwiss.	Math. & Nat.
	(1)	(2)	(3)	(4)	(5)	(6)
Australien	94,3	97,7	94,4	97,8	94,9	98,1
Belgien	95,8	95,3	95,7	95,4	95,5	96,7
Deutschland	96,0	95,2	96,2	95,4	97,8	97,1
Frankreich	88,2	93,4	87,9	93,4	86,6	93,6
Italien	99,7	101,3	99,7	101,3	100,1	101,4
Japan	97,2	98,1	97,3	98,3	97,5	99,3
Neuseeland	87,9	90,3	87,8	90,3	87,7	90,5
Niederlande	103,5	101,7	103,7	101,9	105,7	103,5
Schweden	104,3	104,3	104,5	104,5	105,9	105,6
Vereinigtes Königreich	94,3	91,8	94,4	92,1	95,1	93,6
Vereinigte Staaten	100,0	100,0	100,0	100,0	100,0	100,0

Quelle: Basierend auf Gundlach et al. (1999).

Leistungsstand ihrer Schüler erreicht. Zwischen steigenden Ausgaben für die schulische Bildung und der Veränderung des Leistungsstands der Schüler besteht nach den vorliegenden Ergebnissen vielmehr ein statistisch signifikanter negativer Zusammenhang; der Rang-Korrelationskoeffizient nach Pearson beträgt -0,66. Dieser Befund legt nahe, dass der in den Schaubildern 3 und 4 festgestellte Produktivitätsverfall der Schulen in einer Reihe von Industrieländern in Relation zum Produktivitätsverfall der Schulen in den Vereinigten Staaten eher unterschätzt worden ist. In Deutschland, Frankreich, Italien und im Vereinigten Königreich hat sich der Leistungsstand der Schüler in den letzten 25 Jahren zumindest nicht verbessert. Demnach wäre der Produktivitätsverfall der Schulen in den vier großen europäischen Ländern im Durchschnitt mindestens mehr als anderthalb mal so groß wie in den Vereinigten Staaten.

Schaubild 6: Veränderungen im Leistungsstand der Schüler[a] und in den realen staatlichen Bildungsausgaben je Schüler, 1970–1994

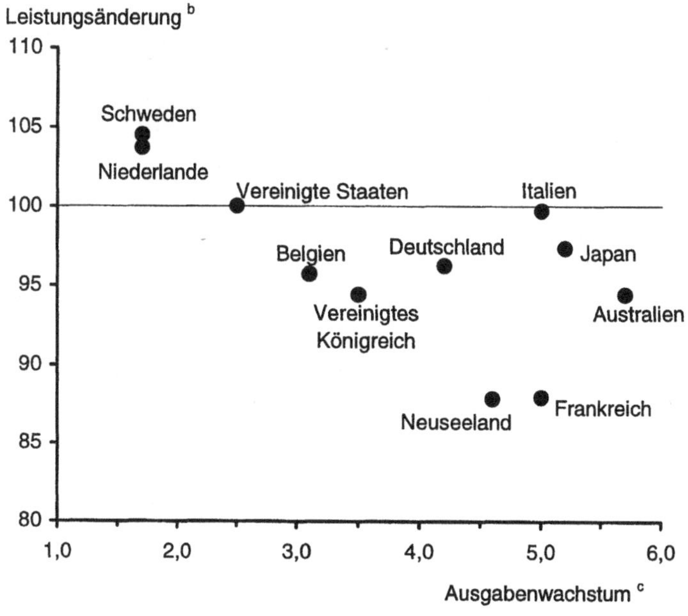

[a]Im Fachbereich Naturwissenschaften (unter H2).— [b]Indexziffer; 1970 = 100. — [c]Durchschnittliche jährliche Veränderungsrate der staatlichen Bildungsausgaben je Schüler deflationiert mit dem Preisindex für das Bruttoinlandsprodukt; in Prozent.

Quelle: Basierend auf Gundlach et al (1999).

5 Schlussfolgerungen

Der Schulbereich hat in nahezu allen OECD-Ländern in den letzten 25 Jahren einen überdurchschnittlichen Ressourcenzuwachs erlebt, aber eine nachhaltige Verbesserung des Leistungsstands der Schüler lässt sich schwerlich belegen. Mehr Inputs bei konstantem Output heißt nichts anderes als Produktivitätsverfall. Das Ausmaß dieses Produktivitätsverfalls in den großen europäischen Ländern (wie auch in Japan) scheint dabei den "Produktivitätskollaps" (Hanushek 1997) amerikanischer Schulen noch in den Schatten zu stellen. Wenn Bildung die Schlüsselqualifikation für das nächste Jahrtausend sein sollte, läuft Europa Gefahr, in erheblichen Rückstand zu geraten.

Die hier berichteten Ergebnisse bestätigen die positive Theorie der Bildungsausgaben von Pritchett und Filmer (1999), dem zufolge die Ressourcenallokation im Bildungssektor nicht nach Effizienzkriterien erfolgt, sondern hauptsächlich durch den Einfluss von Interessengruppen bestimmt wird[12].

Für die Bildungspolitik bedeuten diese Ergebnisse, dass von weiter steigenden Bildungsausgaben für sich genommen noch keine positiven Effekte für den Leistungsstand der Schüler erwartet werden können. Eine Schulpolitik, die auf ein "mehr desselben" innerhalb des bestehenden institutionellen Rahmens setzt, wird den Trend sinkender Produktivität vermutlich nicht korrigieren können. Dazu ist offenbar vor allem anderen eine Reform des Anreizsystems im Bildungssektor nötig. Wenn Bildung die Antwort auf die Herausforderung der Globalisierung ist, sollte eine Reform der Schulpolitik ganz oben auf der wirtschaftspolitischen Tagesordnung stehen.

Literaturverzeichnis

Baumol, W.J. (1967), "Macroeconomics of Unbalanced Growth: The Anatomy of Urban Crisis", in: *American Economic Review*, 57, 3, S. 415–426.

Burtless, G. (Hg.) (1996), *Does Money Matter? The Effect of School Resources on Student Achievement and Adult Success*. Washington, D.C.: Brookings Inst. Press.

Dougherty, C., D.W. Jorgenson (1997), "There is no Silver Bullet: Investment and Growth in the G7", in: *National Institute Economic Review*,162, S. 57-74.

---

12 Siehe dazu auch Weiß (1999).

Federal Reserve Bank of New York (FRBNY) (1997), "Excellence in Education: Views on Improving American Education", Proceedings of a Conference Held at the Federal Reserve Bank of New York, in: *Economic Policy Review*, 4, 1.

Gundlach, E., L. Wößmann und J. Gmelin (1999), *The Decline of Schooling Productivity in OECD Countries*. Kieler Arbeitspapiere 926. Kiel: Institut für Weltwirtschaft.

Hanushek, E.A. (1995), "Interpreting Recent Research on Schooling in Developing Countries", *World Bank Research Observer*, 10, S. 227–246.

Hanushek, E.A. (1997), "The Productivity Collapse in Schools", in: W. Fowler, Jr. (Hg.), *Developments in School Finance 1996*. Washington, D.C.: U.S. Department of Education, National Center for Education Statistics, S. 183–195.

Hanushek, E.A. (1998), "Conclusions and Controversies about the Effectiveness of School Resources", Federal Reserve Bank of New York, in: *Economic Policy Review*, 4, S. 11–27.

Hanushek, E.A., C.S. Benson et al. (1994), *Making Schools Work. Improving Performance and Controlling Costs*. Washington, D.C.: Brookings Inst. Press.

Harbison, R.W., und E.A. Hanushek (1992), *Educational Performance of the Poor: Lessons from Rural Northeast Brazil*. Oxford: University Press.

International Association for the Evaluation of Educational Achievement (IEA) (1998), *Third International Mathematics and Science Study*. International Achievement Reports. Available from: http://wwwcsteep.bc.edu/TIMSS1/Achievement.html.

Lee, J.-W., R.J. Barro (1997), *Schooling Quality in a Cross Section of Countries*. NBER Working Paper, 6198, September.

Pritchett, L., und D. Filmer (1999), "What Education Production Functions *Really* Show: A Positive Theory of Education Expenditures", in: *Economics of Education Review*, 18, S. 223–239.

Psacharopoulos, G. (1994), "Returns to Investment in Education: A Global Update", in: *World Development*, 22, S. 1325–1343.

Psacharopoulos, G. (1999). *Economics of Education a la Euro*. University of Athens, mimeo.

Rothstein, R., und L. Mishel (1997), "Alternative Options for Deflating Education Expenditures Over Time", in: William Fowler, Jr. (Hg.). *Developments in School Finance 1996*. Washington, D.C.: U.S. Department of Education, National Center for Education Statistics, S. 159–182.

UNESCO (versch. Jg.). *Statistical Yearbook*. Paris.

United Nations (UN) (versch. Jg.). *National Accounts Statistics: Main Aggregates and Detailed Tables*. New York.

U.S. Department of Education, National Center for Educational Statistics (1997), *The Condition of Education 1997*. Washington, D.C.: U.S. Government Printing Office.

Weiß, M. (1995). "Der Zusammenhang zwischen Schulausgaben und Schulqualität – Eine Auswertung empirischer Analysen", in: *Zeitschrift für internationale erziehungs- und sozialwissenschaftliche Forschung* 12, S. 335-350.

Weiß, M. (1999). „Mehr Effizienz im Schulbereich durch dezentrale Ressourcenverantwortung und Wettbewerbssteuerung?", in: *Recht der Jugend und des Bildungswesens* 4, S. 413-423.

Rosalind Levačić and Philip A. Woods

Quasi-markets and school performance: evidence from a study of English secondary schools[1]

1 Introduction

The advocacy of parental choice of state school is made on two main grounds. The first being the principal of freedom of choice and the second, the argument that competition between schools as producers of educational outputs results in better performance by schools. This paper is concerned with the second of these propositions.

The English school system provides a particularly interesting test bed for the second hypothesis. The 1988 Education Reform Act brought in a schools quasi-market in which parents can exercise choice of state school, provided there is a place available and, for certain schools, that their child meets any selection criteria in terms of religious affiliation or ability. Schools are funded by formula largely according to the number of pupils on roll and are required to manage fully delegated budgets, for almost all resources, including teachers. The Conservative Government which introduced these policies believed that competition between schools would contribute to raising educational standards (in terms of examination results in particular). For example, one Education Minister announcing measures to give more decision-making powers to schools stated:

> They also give genuine choice to parents which will drive up standards as schools and parents take advantage of the freedom to make their own decisions. ....Taken together these two measures will ensure that our schools control more of their budgets and that the size of these budgets is determined by the number of pupils they attract. This will ensure that our primary and secondary system is more responsive to customer choice which will drive up standards.
>
> (Fallon, 1990)

However, UK governments have not relied solely on market regulatory pressures to improve schools' performance. The quasi-market reforms were progressively buttressed by strengthening 'performance regulation' through the establishment

---

1 The research reported in this paper was supported by ESRC grant R000236425 Quasi markets and school performance: evidence from a study of English secondary schools

of a national curriculum, national tests at four stages of education, publication of school test and examination performance tables, and the creation in 1993 of the Office for Standards in Education (OfSTED) which overseas the national inspection at regular intervals of all schools. The election of a Labour Government in May 1997 further strengthened performance regulation. Local education authorities are now firmly in the role of agents of central government in delivering school improvement. LEAs are subject to inspection and their services, if found inadequate, are replaced by private sector provision. Although the Labour Government places more emphasis on co-operation and partnership between schools, most of the 'marketising' reforms remain.

Thus the English school system continues to provide an important and relevant example for studying the effects of promoting competition between schools, though it is important to appreciate that 'performance regulation' has also exerted a powerful impact on schools which are subject to strong external pressure from various state bodies to aim for continuous improvement.

The purpose of this paper is to examine the arguments and empirical evidence that a greater degree of competition between schools for students leads to higher school performance in terms of student academic achievement. It contributes to a relatively new and still small class of studies which seek to relate measures of the degree of competition in local school 'quasi-market areas' to school performance (Blair and Stanley, 1995; Borland and Howson, 1992; 1993; Millington and Bradley, 1998; Zanzig, 1997). This group of studies is distinct from other groups of related studies such those evaluating specific voucher schemes, or studying factors influencing parental choice of school or those concerned with the social distributive effects of school choice policies.

This paper addresses the issue of whether greater competition between schools for students (the market regulatory principle) enhances school performance. It draws on data collected and analysed in The Impact of Competition on Secondary Schools (ICOSS) study – a longitudinal study from 1990 to 1998 of over 300 schools which combines both quantitative and qualitative data. The paper is structured as follows.

- Section 2: the nature of theoretical propositions concerning the link between competition and school performance.
- Section 3 Evidence on the nature of competition between schools from the ICOSS study.

- Section 4: evidence on the association between competition and school performance at the local level of the school quasi-market.
- Section 5: the relationship between competition and performance at the level of the school.
- Section 6: qualitative evidence on headteacher modes of engagement with quasi-markets.

2 Theorising competiton between schools

In addressing the hypothesis of the link between competition and school performance, we define school performance in terms of social efficiency. Levin (1990) defines social efficiency as "addressing a given set of social goals such as that of school achievement". He notes that "one of the major claims of education market advocates is that the mechanisms of market choice and competition among providers will create greater efficiency than publicly-controlled approaches to schooling" (Levin, 1990:237).

Key Assumptions

Producer motivation

The pro-competition hypothesis, when applied to schools' as to other sectors, is predicated on the assumption of self-interested producers. It is assumed that without the spur of competition producers will seek enhance their utility in the form of slack or perquisites (Niskanen, 1971). The appeal to such assumptions is evident in empirical studies of competition and school performance. For example, Zanzig (1997) argues that with more school districts comparison becomes easier and parental monitoring more effective, resulting in higher student achievement. Borland and Howsen (1992) posit a model in which administrators' utility depends on student achievement scores and personal satisfaction: money will be allocated to both. This equation represents the argument that 'increased competition within the educational process would lead to school administrators being forced to select those teachers who possess the necessary behaviours, for example, to enhance student test scores' (p. 32). A UK study on the impact of spatial competition (Millington and Bradley, 1998) assumes competition is greater, the more schools there are in close proximity and argues that:

> proximate institutions compete directly for new admissions. Headteachers therefore have more incentive to keep abreast of developments at other schools, and to innovate to gain 'first mover' advantages. In this more dynamic environment,

> schools must maintain their more competitive edge to prevent parents sending their children elsewhere. Any improvement in relative exam performance is likely to increase the demand for places, thereby increasing revenues. School managers' reputations will be advanced by the resultant job security, curriculum development and growth of the school' (p. 10).

These assumptions about producer behaviour are almost unquestioned in economics. Public choice theory is predicated on the premise that self-interested behaviour is as an appropriate assumption for the public as for the private sector[2]. However, alternative and more complex sets of motivations, than purely self interested ones by school managers and teachers, are taken seriously in other disciplines, in particular psychology and human resource management[3]. If school personnel are 'professionally' motivated by professional and ethical values, to obtain personal satisfaction from doing a competent job and serving the interests of their students, then one would not expect schools in less competitive areas to perform less well than those in more competitive areas. Particularly in the UK, where schools have been subject to increasingly strong performance regulation – such as the wide publicity given to inspection reports – all schools have felt strong external pressure to perform well. The management of performance has become a significant part of the role of a competent headteacher. Therefore a key assumption concerning the existence of a relationship between the degree of local competition and school performance is whether headteachers are primarily self-seeking or 'professionally' motivated. The paper returns to this theme later.

Externalities and co-production

A second important aspect of schooling (Levin, 1990), which could undermine the conventional hypothesis that competition improves performance, is the nature of the outputs of schooling . The public good element of school education is greater compared to the private good element, than for higher levels of education,

2 The basic behavioural postulate of public choice, as for economics, is that man is an egotistic, rational utility maximizer' (Mueller, 1989).

3 For example both the National Standards for Headteachers and the 'models of excellence' which underpin the Leadership Programme for Serving Headteachers, express official and highly influential expectations of standards for headteachers, in which striving for continuous improvement in pupil performance is given great emphasis. (The LPSH is a programme of professional development for English and Welsh headteachers sponsored by the government. The models of excellence, developed by Hay International consultants, are based on the qualities of 30 headteachers, identified as excellent by Ofsted and contain 15 key qualities. These include integrity and personal values.)

because of the external benefits it provides in terms of basic literacy and numeracy, social cohesion and pro-social behaviour. Hence all members of society benefit from a high quality of school education for all. A further distinctive factor is that education is co-produced (Brown, 1997). Evidence from school effectiveness research suggests a contextual effect (Sammons, Mortimore, and Thomas, 1996; Feinstein and Symons, 1999): the social class or ability of the peer group has a positive effect on the attainment of the individual child. Given that it is very difficult for parents to have good information on the educational effectiveness of a school in value-added terms, parents judge the academic standards of schools in relation to raw test or examination results. Hence competition between schools may well increase segregation by ability and class. The peer group effect would then exacerbate the poor performance of low ability/low social status children and enhance that of higher ability/higher status children.

Structural competition, competitive behaviour and producer performance

What is meant by competition in schooling and how it might interact with other factors and processes, is treated with varying degrees of complexity and theoretical approach in different literatures. We have distinguished three broad approaches (Levačić, Hardman, and Woods, 1998). These are:

- the simple market model of policy polemicists;
- the structure-conduct-performance model from economics
- sociological approaches, in particular 'the public market model'

The simple market model

The pro-competition arguments of polemicists, directed at influencing public opinion, are based on the existence of a direct causal link from greater parental choice and school self-management to improved school performance for consumers. Apart from the earlier ministerial quote, a good example is Sexton, (1987):

> If the system itself were changed to one of self-governing, self-managing budget centres, which were obliged for their very survival, to respond to the 'market', then there would be a built-in mechanism to raise standards (pp 8-9).

How changes in incentive structures cause changes in producer behaviour and in the methods of teaching and learning employed in schools so as to bring about higher student attainment is ignored in this 'black box' treatment of the school.

Structure-conduct-performance model

Education economists' approaches to the causal link from competition between schools to improved school performance, as evidenced in the literature sited above, is only slightly more sophisticated than the simple market model. Competition is equated with structural competition in terms of market concentration. For example Borland and Howson (1992, 1993) and Zanzig (1997) measure the degree of competition as a Herfindahl[4] index relating to the number of school districts in a county. Millington and Bradley (1998) also measure competition in structural terms as the number of other schools within fixed radii of the school. Thus a measure of the number and proximity of potential rivals, is taken to be a measure of competition, which itself induces behaviour by head teachers and teachers, which leads to better academic attainment by students. Economists' modelling says very little about the differences in pedagogy or in the quality, quantity or mix of resources that a more highly performing school would use. The economic models assume that the incentive structures created by a higher degree of competition induce headteachers/teachers to find out and/or apply better methods of instruction. However, the message from the extensive school effectiveness and school improvement literature is that (a) superior learning technologies have to be discovered and were not widely known but just not adopted by an ineffective school and that (b) school improvement is a complex and uncertain process (Gray et al., 1999; Gray, et al. 1996).

These economists' studies of competition and school performance, though weak on producer behaviour, are clearly within the long-standing 'structure-conduct-performance' (the S-C-P) model of industrial economics (Scherer and Ross, 1989; Mason, 1939). In the S-C-P model, organisational (producer) performance depends on producer and consumer conduct – which in turn is shaped by market structure. The model is not simply linear but also recognises the influence of conduct on structure. The dual nature in economic analysis of the term 'competition', referring both to the presence of certain structural conditions and to particular forms of behaviour or conduct by producers and consumers, is made clear in a leading textbook on industrial organisation (Scherer and Ross, 1989, p15):

> Two broad conceptions, one emphasising the conduct of buyers and sellers, and the other emphasising structure, can be distinguished. .. On the conduct side

4 $H = \sum_{i=1}^{n} (s_i)^2$, where S_i is market share of ith provider

> (Adam) Smith considered the essence of competition to be an independent striving for patronage by the various sellers in the market. ...

Scherer and Ross distinguish this form of competition, which they call 'rivalry', from the post-Smith concept of 'structural competition'.

In education economics we are still struggling with the dual traditions in economists' approach to competition. Neo-classical economics, with its emphasis on competition defined in terms of structural features, still dominates. Structural competition is both more amenable to measurement and more readily subject to manipulation by policy makers. However, it is competition as behaviour which impacts on performance. Much more pertinent to organisational performance is Schumpeter's (1954) definition of competition as *'the scheme of motives, decisions, and actions imposed upon a business firm by the necessity of doing things better or at any rate more successfully than the fellow next door'* (p.975). Hence, if a headteacher is behaving competitively, he/she is motivated to ensure good school performance by the desire to do better than other local schools, not just by 'professional motivations' such as the desire to improve over previous best performance or adherence to the principle that all students should achieve to the highest potential.

If we are to embrace both conceptions of competition then we must pay much more attention to the links between the various competitive structural features of the schools quasi-market and to competitive conduct (Schumpeter's definition of competition). To trace the links between competitive conduct and school performance we need to pay much more attention to the processes within schools - which in economics is given the short-hand term of 'technology' or the 'production function' – and to how these processes relate to school performance. There is also the well rehearsed issue of what constitutes 'good school performance'.

Economists are at a disadvantage in applied studies of specific productive sectors of the economy because the relevant technology is not usually within their area of expertise. While sector specialists in industrial economics often acquire industry specific knowledge, there is little contact between economists working in education production functions (of which the effects of competition on performance are a relatively recent adjunct) and school effectiveness and school improvement researchers. A notable exception is Scheerens, (1997, 1999) and Scheerens and Bosker, (1997) who develop a comprehensive theoretical framework for school effectiveness which draws on organisational and public choice theories. The framework distinguishes three levels – classroom, school and context. Both competition (market regulation) and performance regulation form part of the context. School effectiveness and school improvement knowledge is focused on school and classroom processes, whereas education economics is focused on the external context (e.g. market structure) and the relationship between inputs and outputs, between which come school and classroom level processes.

If the S-C-P model is to be applied to the schools sector then its structural and conduct elements need to be spelled out more fully – as for example by Glennester, (1991). In relation to school education, the main structural conditions for competition include:

S1 the availability to parents of alternative schools, including their number and proximity;
S2 homogeneity or diversity in types of school and in educational programmes;
S3 regulations governing parental choice of school and admissions policies;
S4 proportion of spare school places;
S5 ease with which schools can expand capacity or close;
S6 rules which determine the allocation of resources to schools, in particular per capita funding by formula;
S7 regulations concerning the provision of information to parents.

Important aspects of conduct or behaviour include:

> actions by school managers, designed to make parents, pupils, feeder schools and other stakeholders perceive the school's attractive qualities relative to other schools; these vary from actions to secure substantive change in the quality of education being provided to those which are promotional only (Woods, Bagley, and Glatter 1998);
>
> parents *actively* choosing between schools manifested as (a) actual decisions to send children to non-catchment area schools, and (b) potential decisions to do this if a catchment area school comes to be seen as less attractive than an available alternative.

The key point is that there is no automatic connection between particular structural configurations and conduct. This connection depends on producer and consumer motivations which are affected by culture, values, beliefs, expectations and reciprocity to other's behaviour.

Public-market model

The S-C-P model as applied to education is still relatively simple in its assumption of a direct link from competitive structure to competitive conduct since it does not encompass the political, social and cultural elements which affect social interaction with respect to schooling. These wider aspects are included within the public-market model (Woods and Bagley 1996); Woods et al., 1998) which encompasses both market and public elements, distinguishing in particular between different modes of engagement by the main players and how these relate to values, attitudes and beliefs as well as to incentives and sanctions. The market elements within the public-market model include:

> *'marketising' structures* such as demand-led funding, diversity of provision, rights to choice;
> *market-like culture and relations* – competitive norms, attitudes, behaviour and relationships;
> *competitive pressures* – the amalgam of incentives and influences to compete, arising from 'marketising structures' and the local culture and relations;
> *competitive engagement* – instrumental producer action in which the most appropriate means to achieving goals orientated to success in the market are selected;
> *market performance* – degree to which a producer is successful in the market in terms of (a) attracting financial resources; (b) attracting custom; (c) producing the type and quality of good or service preferred by consumers.

Directive influences give the market and public elements of a particular public-market their character and include the actions of producers, consumers, public officials and others which constitute *engagement* with the public-market, *values* that act as guiding criteria for determining the acceptability and relative importance of various means and ends, and *contextual factors* which represent a range of variables – social, economic, historical, cultural, and so on – that condition and frame the public-market and engagements with it.

What then is competition?

From the point of view of a producer or parent, competition and its degree or intensity are not understood or felt in terms of structural variables but in terms of the behaviour of rival producers or consumers which impinge on the ability to recruit pupils or obtain a rationed school place. Producers and consumers respond to this complex set of behaviour patterns which they experience, and not directly to the number of schools in the local market.

3 Evidence on the nature of competition

From the above discussion it is established that competition is a multi-faceted concept, defined in terms of structural features and forms of behaviour by producers and consumers. Different forms and combinations of structure and behaviour give rise to different degrees of competition. Given this complexity and variability, 'competition' and the 'degree of competition' are difficult concepts to operationalize empirically. In the ICOSS study we wished to study competition as a behavioural response, not just as a structural feature. To this end we gathered primary data, as well as secondary, administrative data.

ICOSS data sets

Complementary data sets were generated, ranging from quantitative, longitudinal data to in-depth qualitative examination of case study schools. Data collection started in 1995 and was completed in 1998 (though data have been gathered relating to years prior to the start date – see below). The data sets are as follows:.

- *Administrative data base.* Data on 323 secondary schools in six local education authority (LEA) areas in England – derived from administrative sources (the LEAs, Department for Education and Employment, Funding Agency for Schools) – has been collected for the period 1990/91 to 1995/96. These data provide indicators of school performance in relation to level of and improvement in public examinations, student recruitment, and attracting financial resources, as well as a school level indicator of social disadvantage
- *Postal survey of headteachers.* Headteachers of schools in the administrative database were surveyed in the Autumn term, 1997 (a response rate of 69%, 227 in all, was achieved).
- *Personal interviews of headteachers.* Seventeen headteachers, selected from the ICOSS schools, were interviewed. Schools were selected to represent four types of local area distinguished by permutations of (a) higher and lower degrees of structural competition (b) greater and lesser extent of examination improvement over the six years since 1991. Most interviews were undertaken in 1997; two were carried out in 1998 and early 1999.

- *Case studies of three schools.* These were selected from the schools where headteachers were interviewed. Interviews with a range of senior and other teaching staff, as well as students, were carried out and documentation and other data collected from each of the schools.
- *Research with Local Education Authorities (LEAs).* This has been undertaken through interviews with LEA officers and analysis of documentation, involving the same six LEAs which contributed information for the administrative data base.

The six LEAs participating in the ICOSS study were selected in order to provide a variety of local contexts. As shown in Table 1, the LEAs included two metropolitan and four county (rural and semi-rural) LEAs and hence different social and geographical contexts, and differences in the proportion of selective and GM schools. Background information on the six local education authority (LEA) areas in which the study was undertaken is shown in Table 1.

The administrative data base provided some measures of structural competitive variables. These were:
S1: availability of alternative schools (schools were placed into researcher created 'Areas of Approximate Competition' on geographical criteria).
S2. Diversity in educational programmes (as indicated by the presence of GM and selective, denomination and single sex schools)
S4: spare places – measured as the proportion of intake year places filled.

Structural variables S6 and S7 (in the above list) are set nationally and show much less local variation than the others. We did not have a quantitative indicator of admissions policies (S3).

In order to obtain measures of the degree of competition experienced by schools other than those derived from market structural variables, headteachers of ICOSS schools were sent a questionnaire. The survey contained short response items on competition, co-operation and some key school process variables indicative of conduct in response to competition, such as changed emphasis on examinations, setting practices and option choices. The questions eliciting headteachers' perceptions of competition are reproduced in Table 2.

Table 1: Background information on ICOSS Local Education Authority (LEA) areas and interviewed headteachers

LEA	Selected data on LEAs*				Postal survey of heads: selected data**			Interviewed heads***	
	Authority type	School system	% of pupils entitled to free school meals 1992-98	No. (%) of GMß schools 1995-96	No. of heads contacted	Completed q/aires: (response rate)	% rating climate as highly competitive	Heads' letter codes	gender; type of school
LEA 6	county	some selection	8	69 (67%)	104	78 (75%)	**58%**	H: I: R:	male, GM mixed 11-18 comprehensive male, LEA mixed 11-16 comprehensive male, GM mixed 11-18 comprehensive
LEA 3	metropolitan	some selection	25	18 (23%)	79	49 (62%)	**51%**	F: G:	male, GM mixed 11-16 comprehensive male, LEA boys 11-16 comprehensive
LEA 4	county	comprehensive	34	10 (25%)	40	26 (65%)	**31%**	P: Q:	male, LEA mixed 11-18 comprehensive female, GM mixed 11-18 comprehensive
LEA 5	county	mainly selective	12	9 (21%)	42	34 (81%)	**26%**	A: B: L: M:	male, LEA mixed 11-16 comprehensive female, LEA mixed 11-16 comprehensive male, GM boys 11-18 grammar female, LEA (RC) mixed 11-18 comprehensive
LEA 1	county	comprehensive	10	0 (0%)	35	25 (71%)	**16%**	J: K:	female, LEA mixed 11-18 comprehensive male, LEA (RC) mixed 11-18 comprehensive
LEA 2	metropolitan	comprehensive	13	2 (7%)	27	15 (56%)	**13%**	C: D: E: N:	female, LEA mixed 11-16 comprehensive male, LEA mixed 11-16 comprehensive male, LEA mixed 11-16 comprehensive male, LEA mixed 11-16 comprehensive

* Source: ICOSS Study administrative database.

** Further details in Levačić, Woods, Hardman and Woods 1998b.

*** Seventeen headteachers were interviewed between July 1997 and January 1999, selected from 300+ schools in the ICOSS administrative data set. Schools where the head was to be interviewed were selected to represent four types of local area distinguished by permutations of (a) higher and lower degrees of structural competition, (b) greater and lesser extent of examination improvement over the six years since 1991.

Table 2: Survey questions on perceptions of competition

A1	How would you describe the degree of competition between local secondary schools?	highly competitive	❑
		fairly competitive	❑
		little competition	❑
		no competition	❑
A2	In your judgement how many schools are you in competition with?	0	❑
		1	❑
		2-4	❑
		5-8	❑
		9 or more	❑
A3	How would you describe the degree of co-operation between local secondary schools?	highly co-operative	❑
		fairly co-operative	❑
		little co-operation	❑
		no co-operation	❑
A4	Do you perceive that parents in your area have, since 1992, become more aware of the alternative schools available to them?	yes	❑
		no	❑
		no alternatives	❑
A5	What effect do you judge **competition** to have had on your pupil intake since 1992?	positive	❑
		negative	❑
		no impact	❑
A6	Since 1992 what effect do you judge **competition** to have had on your budget share/annual maintenance grant? (Please judge the impact of competition rather than, for example, changes in the overall amount delegated to schools).	positive	❑
		negative	❑
		no impact	❑

Perceptions of competition: findings

In the survey head teachers were left to form their own judgement of how to assess the degree of competition. The interviews of 17 headteachers showed that these perceptions were based on their assessments of the behaviour of other local schools and their own school and that of parents in judging and selecting schools. The vast majority of schools perceived high or fair degrees of competition. Only 1 percent perceived no competition, so for analysis this category was combined with 'little competition'. Only five percent of schools reported being in competition with 1 or fewer schools. The distribution of responses is shown in Tables 3 and 4. Thus competition was an almost universal experience, but its perceived intensity varied. There was, as expected, evidence that competition had intensified as a result of education reforms. Ninety seven per cent of headteachers thought that since 1992 parents had become more aware of alternative schools.

Table 3: *Perception of degree of competition*

Degree of perceived competition	*Per cent of schools*
Highly competitive	41
Fairly competitive	45
Little/no competition	13

Table 4: *Perception of number of schools with which headteacher's school is in competition*

Number of schools	*Per cent of schools*
0	1
1	4
2- 4	49
5-8	35
9 or more	11

Both indicators of competition – the perceived degree of competition and perceived number of competitor schools – were directly related as one would expect. The Chi-square statistic was significant for the relationship between perceived degree of competition and number of reported competitor schools.

Relationships between degree of competition and structure

Given the theoretical issues raised in section 2, we were interested in the extent to which headteachers' perceptions of the degree of competition accorded with structural measures of competition. From the S-C-P model one would expect a strong and direct relationship between the number of schools in a 'local market' and the degree of competition.

The number of schools within the proximity of each school was proxied by the whether the headteacher stated that his/her school was in an urban, semi-rural or rural location. Whether there were statistically significant differences in the percentages of schools in urban, semi-rural and rural locations reporting differing perceptions of the degree of competiton was tested using the chi-square statistic. Degrees of perceived competition were associated with statistically significant differences in the availability of alternatives as proxied by urban (63 per cent schools), semi-rural (28 per cent) and rural (9 per cent) locations (Table A1). However, there was no significant difference in urban and semi-rural areas in the percentage of heads reporting high competition (over 40 per cent). Also in both rural and semi-rural areas a quarter of heads reported low competition compared with only 8 per cent in urban areas.

There were considerable differences in the degree of perceived competition by LEA area (Table A2). LEA2 and LEA3 are large conurbations, but only 13 per cent of heads reported high competition in LEA2 compared with 52 per cent in LEA3. In LEA2 a third reported low competition compared with only 4 per cent in LEA3. LEA1 and LEA6 are both county LEAs, with mixed urban and rural communities, but only 16 per cent of schools were in a highly competitive situation in LEA1 compared to 58 per cent in LEA6. A third of schools in LEA1 reported little competition compared to only 5 per cent in LEA6. A major factor differentiating these LEAs is the proportion of grant maintained (GM) schools. This is itself related to the culture, values and history of the LEA. Both LEA1 and LEA2 worked hard to maintain a co-operative culture between schools and the LEA so that headteachers and governors did not choose to opt out of the LEA[5]. Our survey data also reveal a statistically significant difference between GM and LEA schools in the perceived degree of competition (56 per cent of GM schools and 33 per cent of LEA schools reported high competition).

One would expect competition to be more intense where schools are vying to fill spare places. However, there was no significant association between the amount of spare capacity and the degree of perceived competition, suggesting that competition is not just about the quantity of pupils but about the quality of the pupil

5 Evidence obtained from contact with LEA personnel.

intake. This is consistent with the findings in other recent research that some schools practice 'social targeting' in order to recruit students who will perform well in examinations (Woods et al. 1998).

Summary

The degree of perceived competition was only weakly related to an indicator of structural competition, namely population density (as proxied by geographic type of location) and was not related to another structural variable – the proportion of spare places. There was also considerable variation in the perceived degree of competition between LEAs of similar population density. This suggests the importance of factors which mediate between structure and competitive behaviour, in particular the different LEA histories and cultures, which have led to differences in the take up of grant maintained status – itself associated with higher degrees of perceived competition.

Competition and co-operation

The survey also asked headteachers about the degree of co-operation between secondary schools. Nineteen per cent reported high co-operation, 55 per cent a fair degree and 24 per cent little or no co-operation. Thus overall a good or fair degree of co-operation co-existed with high to fair degrees of competition. This indicates that, as in other sectors (Alter and Hage, 1993), organizations both co-operate and compete. As with competition, the two urban LEAs differed in degree of co-operation. In LEA2 87 per cent of headteachers perceived a high or fair degree of co-operation compared with 71 per cent in LEA3. In county LEA1 no schools reported the absence of co-operation compared with around a third doing so in county LEAs 4 and 6.

As expected, there was a statistically significant inverse association between the degree of competition and that of co-operation. Only 8 per cent of highly competitive schools reported a high degree of co-operation, while 42 per cent of them, compared to 15 per cent of fairly competitive schools, reported little or no co-operation. GM schools reported significantly less co-operation than LEA schools.

4 Relationship between competition and performance at local level

If competition exerts a positive influence on school performance, then one would expect that more competitive areas would show better performance than less competitive areas. This section of the paper presents tests of this hypothesis.

In using the ICOSS survey data to test this proposition, we need to establish:

- definitions and measures of school performance;
- a definition and measure of the local school market which we refer to as the approximate area of competition.

School performance

School performance was measured in terms of General Certificate in Secondary Education (GCSE)[6] examination results. The data obtained were at school level not pupil level. Since examination performance correlates highly with students' prior attainment and/or social status, raw examination results are not an appropriate indicator of school performance. One way to attempt to overcome this problem is to correct school level examination results for school level differences in social status of students, usually proxied in the UK by the percentage of students' eligible for free school meals (FSM). As multiple regression analysis of pupil performance at school level on school level independent variables introduces bias compared to multi-level modelling of pupil level data (Goldstein, 1987), we preferred to measure school performance in terms of changes in examination results over time. Since we are investigating a period over which structural changes in the school system were introduced with the express intention of raising examination performance, it is appropriate to investigate the factors that might be associated with faster improvement over time.

6 This is an examination taken at the end of Year 11 (at the ages of 15-16) at the end of compulsory schooling. It is externally set and marked. Students normally take between 8 and 10 subjects and almost all students enter. Since 1992 national 'league' tables of examination results at school level have been published for all schools. The percentage success rate is expressed as the proportion of all the school's registered students who attained the age of 15 in the August prior to taking GCSEs the following summer

In this paper we use three indicators of GCSE examination results:

GCSE1: the proportion of students gaining 5 or more passes at grades A*-C (i.e. 'good' passes): this has been given the greatest official prominence as a single indicator of a school's academic achievements;

GCSE2: the proportion of students gaining 5 or more passes at grades A*-G (G is the lowest pass grade);

GCSE3: the proportion of students gaining 1 or more passes at grades A*-G.

Generally in England schools and colleges have been improving their performance in terms of these indicators in recent years as can be seen from Table 5. The averages naturally mask considerable variations in the performance of individual schools. These improvements have occurred at a time when the average per pupil expenditure in real terms was falling. Expenditure per secondary pupil fell from an index of 100 in 1993-94 to 95 in 1997/98 DfEE (1999). These data suggest that English secondary schools became more efficient[7], producing better examination outcomes at a lower average real cost per pupil.

Table 5: *GSCE and A LEVEL Performance 1990-1998: English schools average pass rates and average annual rates of change for all English and ICOSS schools*

	90/91	91/92	92/93	93/94	94/95	95/96	96/97	97/98	English average annual change (% points)	ICOSS schools average annual change (% points)
Percentage of pupils aged 15 at start of school year:										
with 5 or more A* to C grades	36.8	39	42	43.3	43.5	44.5	45.1	46.3	1.36	1.49
with 5 or more A* to G grades	79.5	82	84.3	85.6	85.7	86.1	86.4	87.5	1.14	1.14
with 1 or more A* to G grades		91.3	92	92.3	91.9	92.2	92.3	93.4	0.35	0.30

Source: DfEE School Performance Tables 1994 to 1998: Times Educational Supplement 1992 to 1993. DfEE Statistical Bulletin, 1991.

7 Though the intensification of the work of managers and teachers means that additional costs were borne by these employees.

In this paper we have used the mean annual change over the period 1991-98 in the three GCSE indicators as measures of the academic performance of individual schools.

Among ICOSS schools, 93 percent improved their GCSE1 results over the period, 85 per cent improved their GCSE2 indicator but only half increased the proportion of students with any GCSE passes at all. It is notable that the first indicator is the one given most prominence while the third indicator has had considerably less publicity.

Approximate areas of competition

As we wished to investigate the impact of different degrees of competition at the local area level, the ICOSS schools were divided into groupings of schools which, within the same LEA, appeared to serve relatively distinct communities and could therefore be said to be potentially in competition with each other. We refer to these groupings as Approximate Areas of Competition (AACs). Although there were no strict criteria for defining AACs, judgements were guided by a rigorous analysis of all available data which included maps and the use of the software MapInfo to take account of:

- the size and relative location of cities, towns and larger villages (over 3000 inhabitants)
- road links between conurbations.

In the two metropolitan LEAs, where the number and density of schools and populations was high, schools were grouped into the clusters used by the respective LEAs. This gave 85 AACs, with an average size of 3.9 schools and ranging in size from 13 schools to just one.

As not all schools responded to the survey, we had 34 AACs in which all schools had valid survey data, 46 in which at least 75% had and 69 in which at least half the schools had valid survey data.

The next step was to develop two measure of the degree of competition at AAC level. One used data on headteachers' perception of the degree of competition facing their school and the other the number of competitor schools with which the head perceived their school to be in competition. These measures were initially constructed for the two sets of AACs – those with at least 75% of schools with valid data and those with 50%.

The first measure was an ordinal measure of the 'degree of competition' for the AACs obtained from the rating of each headteacher's perceived degree of competition as 1, 2, or 3. This led to distinguishing three groups of AACs:

Group 1: high degree of competition if the mean value of headteachers' perceived degree of competition was <= 12/3;

Group 2: fair degree of competition if the mean value of headteachers' perceived degree of competition was >12/3 and <= 21/3;

Group 3: little or no competition if the mean value of headteachers' perceived degree of competition was > 21/3.

There were very few AACs in which headteachers' perceptions of the degree of competition differed by more than one classification.

Table 6: *Degrees of perceived competition in Approximate Areas of Competition*

	AACs with at least 75% valid data		AACs with at least 50% valid data	
Group	Frequency	Per cent	Frequency	Per cent
highly competitive	18	39	28	41
fairly competitive	18	39	27	39
little/no competition	10	22	14	20
Total	46	100	69	100

It can be seen from Table 6 that the distribution of AACs by degree of perceived competition was very similar whether the 75 per cent or 50 per cent of schools with valid data criterion was used. The group variance of the degree of competition was also very similar. Thus it was decided to use the 69 AACs with at least 50 per cent valid data for testing the association between the degree of competition and school performance, measured in terms of the three indicators of GCSE examination change over time.

A second ordinal measure of the degree of competition in the AACs is the number of schools with which headteachers reported their school to be in competition. It was decided to measure the number of competitor schools in an AAC by the modal number reported by the AAC headteachers.

Table 7: *Competition in Approximate Areas of Competition measured by number of competitors*

No of schools with which headteachers perceive their school to be competition	Individual schools		AACs with at least 50% valid data	
	Frequency (schools)	Per cent	Frequency (AACs)	Per cent
None/One	12	5	3	4.3
Two to four	111	49	38	55.1
Five to eight	80	35	27	39.1
Nine or more	24	11	1	1.4
Total	227	100	69	100

Tests of association between degree of competition and school performance in AACS

We tested the association between competition and performance by undertaking the following steps.

The AACs were placed in discrete groups according to first, the degree of perceived competition (this set contained 3 groups as shown in Table 6) and second, according to the number of perceived competitors (this set contained four groups as shown in Table 7).

The value of the three GCSE examination improvement indicators was computed for each AAC as the mean of the constituent schools' indicators. (This is the mean for all schools in the AAC of the annual average percentage points change over 1991-1998 in the three GCSE examination performance indicators). Then the mean values of the three examination performance indicators for each group of AACs, classified according to the two measures of competition, were computed.

ANOVA tests were performed for each of the two sets of ACCs, classified by the two competition measures, to see whether the means of the examination performance indicators for AAC groups of differing degrees of competition were significantly different.

In all cases the differences in the means were not statistically significant at the $p< 0.05$ level. Only one case, using the number of competitors measure, was improvement in GCSE3 significantly higher at the less demanding criterion for the F statistic of $p <.0.10$, the larger the number of perceived competitor schools in the AAC. These results are reported in Table 8 and demonstrate that Approximate Areas of Competition with differing degrees of competition experienced similar rates of examination improvement over time. There is therefore very little evidence from these tests to support the hypothesis that higher degrees of competition are associated with or result in better educational performance as measured by improvements in examination results over time.

Table 8: *ANOVA tests of difference in means for examination performance of a Approximate Areas of Competition with differing degrees of competition*

	Mean annual average change in GCSE1 (% points)	Mean annual average change in GCSE2 (% points)	Mean annual average change in GCSE3 (% points)
Perceived degree of competition in AAC			
high	1.54	1.12	0.29
fair	1.67	1.04	0.37
little/none	1.29	5.89	0.32
Levene statistic of homogeneity of variance	0.666 $P > 0.05$	1.863 $P > 0.05$	1.844 $P > 0.05$
F statistic	0.882	1.353	0.669
Significance of F statistic	0.419	0.266	0.516
Number of competitor schools in AAC			
One/None	2.08	0.48	0.02
Two to four	1.41	0.86	0.12
Five to eight	1.67	1.25	0.52
Nine or more	1.36	-0.07	0.67
Levene statistic of homogeneity of variance	0.686 $P > 0.05$	1.547 $P > 0.05$	1.78 $P > 0.05$
F statistic	0.891	1.451	2.514
Significance of F statistic	0.451	0.236	0.066

4 Relationship between competition and performance at school level

Further investigation was undertaken of school level factors associated with examination improvement, including indicators of competition. The indicators of examination improvement were treated as dependent variables in a set of multiple regression equations. Only non-selective schools were included in the regressions since selective schools had low rates of examination improvement, as they had been already achieving very high pass rates. The independent variables on which examination improvement is hypothesised to depend and on which we have data for the years 1990/91 to 1995/96 were grouped into three types as shown in Table 9.

1 Factors affecting the internal capacity of the school to improve examination results

The availability of resources: measured by the average annual change in the school's budget.
The proportion of pupils eligible for free school meals (FSM)[8] was used as an indicator of poverty and therefore for the socio-economic status of the school's pupil community. This was used to create three indicators:

the mean annual proportion of pupils entitled to free school meals in the period 1992/93 to 95/96[9];

the mean annual standardised FSM measures the school's FSM proportion minus that of the LEA measures relative social deprivation in the locality;

overall change in the school's standardised FSM measure (this is the difference between 92/93 and 95/96 values – hence a positive value indicates an increase in relative social deprivation in the pupil community.

Other factors included in internal capacity for improvement were school size, whether it had sixth form provision, whether it was a denominational (church) school or admitted only boys or girls.

2 Local competitive pressures were indicated by:

the proportion of GM schools in the approximate area of competition;
whether the school was consistently full (i.e. all its intake places were filled throughout the period studied);
mean annual change in proportion of intake places filled;

8 In the UK eligibility for free school meals is the most commonly used indicator of the socio-economic status of school's pupils.

9 Free school meal data measured on a consistent basis for all schools only came available in 1992.

the perceived positive and negative effects of competition on pupil intake and on budgets (only for the subset of 191 non-selective schools responding to the survey);
number of perceived competitors (only for the 191 non-selective schools in the survey;
degree of perceived competition).

Table 9: *Independent school level variables hypothesised to be associated with examination improvement*

SPSS variable name	SPSS variable label
	Internal capacity in the school
	Availability of resources
mcbudch	mean standard year-on-year change in corrected delegated budget share 90/91 to 95/96
	Pupil background characteristics
mfsmrol	mean annual proportion of pupil roll entitled to FSM 92/93 to 95/96
mzfmrol	mean annual standardised FSM measure 92/93 to 95/96
zfmrloch	standard overall change in standardised FSM measure 92/93 to 95/96
	School size
mroll	mean number of pupils on roll 90/91 to 95/96
	Type of school
sixf95	sixth form provision 95/96
denom	denominational status
singlsex	single sex status
	Local competitive pressures
pgm9596	proportion of GM schools in 'area of regional competition' in 95/96
infull	consistently full dummy
minsnch	mean standard year-on-year change in fraction of intake places filled 90/91 to 95/96
numcomd1	No/one perceived competitor school (survey schools only)
numcomd2	2 to 4 perceived competitor schools (survey schools only)
degcompd1	no/little perceived competition dummy
degcompd2	high degree perceived competition dummy
com_bud1	positive effect of competition on budget share/AMG dummy (survey schools only)
com_bud2	negative effect of competition on budget share/AMG dummy (survey schools only)
	Pressures and incentives from the external environment
	Pressure to improve results from a low base
gcse1_90	proportion of year group obtaining 5 or more A*-C grades at GCSE 90/91
gcse2-90	proportion of year group obtaining 5 or more A*-G grades at GCSE 90/91
	Effect of LEA
LEA1, LEA2 etc.	dummy variable indicating whether school is located within LEA1 or another authority, etc

3 Pressures and incentives from the external environment

The level of examination results in the base year (1990/91) was included as it was hypothesised that schools with a low starting level of examination results would have both more scope for improvement and more incentive to do so.

LEA dummy variables were included to reflect differences in local contexts.

Findings

Regressions were undertaken for GCSE1 and GCSE2 improvement variables, labelled P1 and P2[10]. For each dependent variable the two data sets were used separately: the administrative data set of 281 non-selective schools and the survey data set of 191 non-selective schools which enabled us to include additional indicators of competition – see Table 9. For each of the four data sets (P1 and P2 with full and survey independent variables) regression equations were estimated using the 'enter' and 'stepwise methods[11]. The results are reported in detail in the Appendix and summarised in Table 10 which shows which variables were statistically significant ($p<=0.1$) in the enter and stepwise regressions of full and survey data sets for the dependent variables P1 and P2.

A low initial performance in both GCSE1 and GCSE2 was associated with a greater rate of improvement, suggesting that this both acted as a spur to improvement and that schools with lower performance had more room for improvement.

However, although low absolute GCSE performance in the base year was associated with a higher degree of social disadvantage as measured by free school meals, the proportion of pupils entitled to free school meals and the change in the proportion relative to the LEA average were negatively associated with examination improvement.

10 GCSE3 was not included because of the small variation in improvement.

11 See Tabachnick and Fidell (1989) pp143-151 for differences between enter and stepwise methods. (Tabachnick and Fidell, 1989, p. 143).

Table 10: *Summary of regression equation results for GCSE examination improvement as the dependent variable (See Table 4 for full description of the variables and Appendix 2 Tables A3 to A8 for multiple regression results)*

	GCSE 1 (P1)	*GCSE 1 (P1)*	*GCSE 2 (P2)*	*GCSE 2 (P2)*
Independent variables	Enter method	Stepwise method	Enter method	Stepwise method
Availability of resources				
mcbudch		+ve admin		+ve admin
FSM indicator				
mfsmrol	-ve admin*	-ve admin	-ve admin & survey	-ve admin & survey
mzfmrol	-ve admin & survey	-ve admin & survey		
zfmrloch	-ve admin & survey	-ve admin & survey	-ve admin	
Size				
mroll	+ve admin & survey		+ve admin*	
Type				
sixf95	-ve admin & survey		-ve admin & survey	
denom	+ve admin *	+ve admin*	+ve admin*	
single sex (girls only)	+ve admin & survey	+ve admin*		
Competitive pressures				
pgm9596				
infull	+ve admin & survey	+ve admin & survey		+ve admin & survey
minsnch			+ve survey	
com_bud1				
com_bud2	-ve survey	-ve survey	-ve survey	-ve survey
numcomd1	-ve survey			
numcomd2	-ve survey*			
degcomd1				
degcomd2				
External pressures				
gcse1_90	-ve admin & survey	-ve admin & survey	-ve admin & survey	-ve admin & survey
Correlation coefficient	Admin: 0.586 Survey:0.657	Admin: 0.547 Survey: 0.587	Admin: 0.748 Survey: 0.757	Admin: 0.720 Survey: 0.714
Adjusted R squared	Admin: 0.295 Survey: 0.353	Admin: 0.281 Survey: 0.319	Admin: 0.528 Survey: 0.514	Admin:0.512 Survey:0.502

Notes: +ve and -ve indicate sign of coefficient on independent variables: admin and survey indicate whether the sample is the administrative data set or survey data set;
* indicates significance at p<=0.1; otherwise significance is at p <= 0.05;
blank cell entry indicates insignificant variable.

Being a larger school, denominational or a single sex school was positively associated with examination improvement. However, exam improvement was negatively associated with sixth form provision[12]. This suggests that schools without sixth forms concentrated their energies and resources on GCSE examination improvement and that the absence of sixth form teaching does not detract from the ability to improve GCSE results.

Successful recruitment throughout the period, as measured by being continuously full, was also significantly and positively associated with GCSE1 examination improvement. Lack of competitive success, as indicated by perceived negative impact of competition on budgets was associated negatively with examination improvement. However, perceived positive impact of competition on budgets was not related to examination improvement[13].

The degree of perceived competition dummy variables were insignificant[14]. The only finding which supports the hypothesis that the degree of competition is positively related to examination improvement is that having fewer than five competitors was negatively associated with examination improvement with respect to 5+ A* - C grades. However the number of competitors dummy was not included in the stepwise regression indicating that it added nothing to the proportion of variance explained. The proportion of GM schools in the approximate area of region of competition was not significant.

Headteacher conduct and modes of engagement[15]

As noted in section 2, market structure is supposed to have an impact on producer behaviour and production methods. In this section the values and priorities guiding school policies and practices, which in turn affect student learning and

12 Provision for the two years beyond Year 11 at which compulsory attendance at school ceases.

13 ANOVA tests of differences in mean examination improvement found no significant difference when comparing schools which reported a positive impact of competition on recruitment and budgets and those which reported no impact, but schools which reported a negative impact of competition had significantly lower examination improvement.

14 These were included in regressions separately from the number of competitor dummies, because of multi-collinearity.

15 This section is based on Woods 2000. Further elaboration can also be found in Woods et all 1999.

outcomes, are considered from the viewpoint of headteachers. In particular, some insight is given into the emphasis on academic achievement and the degree to which students are targeted according to their potential to maintain or improve the school's position in performance league tables.

Privileging the academic

Whilst the main focus of the study is performance in GCSE examinations, the headteachers interviewed (Table 1) were asked about the educational priorities generally for their school. The replies to this question and the context they gave for their school's improvement strategies provided some insight into the extent to which they might be said to be *privileging the academic*. Following Woods et al (1998a: 163-4) *privileging the academic* means that:

> The dominant discourse in expressing what it is to be a successful school in the public-market concerns academic achievement as measured by public examination passes. This is then reflected in:
> - the focusing of time and effort on policies and practices that impinge upon measurable academic achievement (teaching methods, the approach to banding, setting and mixed ability teaching, strategies for monitoring students' progress, homework policy, and so on);
> - the personal, social and pastoral aspect of schooling is a subsidiary element in discourse on what it is to be a successful school, which then has implications for the time and effort devoted to this aspect.

According to the S-C-P model, where the degree of competition is greatest, *privileging the academic* in the sense defined will be more evident.

This is not borne out by our qualitative evidence in the sense that we do not find a straightforward association between competitive context and tendency to privilege the academic. Table 11 shows the assessment, based on analysis of headteacher interviews, of each school's educational priorities. The headteachers are grouped by local education authority (LEA) area, with the groupings shown in descending order from the most competitive LEA area to the least, based on perceptions of degree of competition locally between secondary schools obtained from the postal survey of headteachers (see Table 1). Also shown is:

- the degree of competition in the school's AAC where this is available (where insufficient schools in an AAC had responded to the survey, classification by degree of competition is not possible);
- the headteacher's assessment of the degree of competition locally.

Table 11: *Degree of Privileging the Academic*

		Degree of competition in school's AAC* (+ head's own assessment when interviewed of local degree of competition)
Head H	• weak, though perceived need to improve GCSE performance	HIGH *(highly competitive)*
Head I	• fairly strong	n/a *(fairly/highly competitive)*
Head R	• strong	HIGH *(fairly competitive)*
Head F	• strong	FAIR *(highly competitive)*
Head G	• weak	HIGH *(highly competitive)*
Head P	• fairly strong	n/a *(highly competitive)*
Head Q	*insufficient data*	n/a *(highly competitive)*
Head A	• fairly strong	n/a *(highly competitive)*
Head B	• fairly strong	n/a *(fairly/highly competitive)*
Head L	• strong	FAIR *(fairly competitive)*
Head M	• fairly strong	FAIR *(highly competitive*
Head J	• fairly strong	LITTLE/NO *(fairly competitive)*
Head K	• strong	n/a *(little competition)*
Head C	• weak	FAIR *(no competition)*
Head D	• strong	n/a *(fairly competitive)*
Head E	• NOT *privileging of academic* but a marked emphasis on academic and vocational qualifications.	n/a *(fairly competitive)*
Head N	• fairly strong	FAIR *(fairly competitive)*

*Approximate Areas of Competition: see text for explanation. As explained in the text, the degree of competition could not be assessed for all AACs. This is indicated by n/a (not available).

Most are classified as *privileging the academic*. Notably, in areas where there are fewer and less forceful competitive pressures, where Heads J, K, C, D and N are located, there is still evidence of measurable examination success being the dominant priority: amongst these headteachers, it is strongly represented in Heads K and D, and weakly so in Head C, whilst a different pattern of priorities appears with Head E. At the other end of the scale – in more competitive areas – there is similar evidence of the presence of *privileging the academic*, sometimes strong (Heads R and F), sometimes less so (Heads H and G).

Some headteachers classified as *privileging the academic* nevertheless hold to an *inclusive focus* – that is an approach in which no group of students, according to the headteacher, is given priority attention in the drive for academic success, other than by the criterion of need. This was most evident in the case of seven of the headteachers, including Heads H, F and G in the most competitive areas. Amongst other headteachers, there were indications of special initiatives being undertaken to support students according to their potential to improve the school's relative position in terms of key performance measures. This we refer to as a *positional performance focus*. These typically involve particular attention to 'C/D borderline' students – namely, those who are assessed as capable of attaining a grade D at GCSE but who with extra support and effort have the potential to attain a C. The significance of this is that the proportion of students gaining a grade C or higher is the figure which is given most prominence in the league tables of secondary schools. Clearest evidence of some degree of *positional performance focus* was given by three headteachers – P, M, and J – whilst others (Heads I and R) suggested that extra attention was given to the 'most able' students. It was also evident that some headteachers, such as Head C, experienced tensions between a strong professional desire to hold to an *inclusive focus* and the pragmatic incentive to concentrate special efforts on 'C/D borderline' students, and reluctantly considered that the school had to give some extra attention to the latter.

As the incidence of *positional performance focus* relies on headteacher accounts, instances of strategies targeted on pupils of especial performative value may be under-represented, if some headteachers are reluctant to draw attention to this (though it is not the impression of the interviewer – one of the authors – that this reluctance is widespread). What the headteacher data do suggest, nevertheless, is that there are significant, internally-generated pressures within schools to hold to inclusive principles, which appear to be successful to some degree in large numbers of schools, despite the external pressures to target by 'positional value'.

Most clearly, the interviews with headteachers suggest a widespread tendency to privilege the academic. This is further re-inforced by findings from the postal survey of headteachers conducted in 1997 (Levačić et al 1998b) referred to above. Almost two-thirds (63%) indicated that they had placed a lot more emphasis on examination success since 1992: there was evidence that this was more likely in contexts perceived by headteachers as highly competitive (where the proportion rises to 70%), but even in areas seen as less competitive or as displaying little or no competition the proportion is almost 60% (ibid, p8-9). The same survey showed that two-thirds of headteachers (68%) had introduced more setting or banding (i.e. tracking) since 1992, with very slight variations according to perceived competitive context (ibid, p12). These findings indicate a general pressure to privilege the academic and are in line with previous findings (Woods et al 1998a) and other studies which show a trend to concentrate on that which is measured and made available to external stakeholders such as parents and government regulatory agencies (e.g. Gerwitz, Ball, and Bowe, 1995).

How are competitive Pressures modified?

The expectation of the S-C-P model is that producers will embrace and express, through their attitudes and actions, competitive engagement with the quasi-market. However, there is not just one mode of engagement. Competitive engagement in schools quasi-markets is more often than not subordinated (adapted, modified, suppressed) by other modes of engagement. This has been described and discussed at some length on the basis of analyses of the headteacher interviews in Woods (2000).

A number of ideal-typical modes of engagement on the part of headteachers can be discerned. These are not meant to be exhaustive; nor is any one headteacher likely to confine engagement to one of the modes. They are drawn upon variously according to situation and they interact with each other, forming a dynamic cognitive and affective framework by which the headteacher views how the public-market and the school do and should interact.

There are four category modes of engagement (each of which may have various forms and/or be mutually influenced by other forms across these category headings): competitive, professional, bureaucratic, cultural. They are ideal types and emerged from an iterative process of analysis and re-analysis of the headteacher interviews (details in Woods, 2000). It is notable that they also possess a marked similarity to the four aspects of responsiveness distinguished by Scott (1989) (see also Woods et al. 1998a: 147-48), and link with persistent conceptual issues in social theory concerning market, bureaucratic, professional and other forms of rationality. The four category modes can also be viewed as regulatory principles which seek to shape agency. In fact, as modes of engagement, or as regulatory principles, they are facets of enduring themes or structures in modern social life.

The modes, which in practice intermingle and are mutually influential, are briefly summarised below.

Competitive engagement:

This may be expressed or subordinated. In its expressed form it is a full-blown competitive way of relating to the public-market in which the focus of interest is one's own institution, competitive activity is unlimited and the motivating rationality is an instrumental one in which success is measured in market terms according to the criteria most used in the market. In its subordinated form, activities such as promoting the school and making it more attractive are restricted and modified by an awareness of other interests and values. Reciprocal engagement represents the achievement of competitive aims through collaboration and mutually beneficial exchange: it is instrumental and calculating, the worthwhileness of collaboration being judged according to the benefits accrued to the institution.

Professional engagement:

This represents engagement which is housed within a professional model of action and is informed by some sense of collegiality, of being part of a community of professionals. It is characteristic of occupations organised around a "formal corpus of specialist knowledge with both a theoretical and practical bearing" (Corfield, 1995: 24). The aims of engagement are to identify and meet client needs through the application of this expertise and judgement, as well as ethical principles intended to underlie the conduct of practitioners. Aims can also include preserving or extending the interests of the expert group or occupation concerned (Matthews, 1991). Professional engagement takes different forms. In particular there is *public professional engagement* which entails amongst other characteristics (see Gewirtz et al. 1995: 94) a public service ethos. There is also a form of *professional manager engagement*. This is the product of a changed climate that places more emphasis on goal-orientated management and on generic management skills (Whitty, Power and Halpin, 1998).

Bureaucratic engagement:

This is engagement with the public-market which is framed within a concern to enact rules and the pursuit of ends which are passed down an official hierarchy of formally linked levels and offices: for example, centrally laid down requirements on the curriculum, how to relate to 'consumers' (by means of home-school agreements) and so on.

Cultural engagement:

This represents actions in the public-market which are founded in a particular ideational and valuational context outside education and the professional models of engagement. That is, it brings values and a conceptual understanding of the world from beyond the school institution and a grounding in some sense of ultimate meaning or purpose. Examples include, but are by no means limited to, religious frameworks of belief.

What emerges locally in the vast majority of cases is not a clear-cut competitive market between schools, but a more complex configuration of structural influences and modes of engagement. The most typical configuration can be characterised as a local 'competitive--co-operative' configuration; aspects of the local culture and relations may involve competitive activities, norms and attitudes, whilst at the same time others involve collaborative ones. (These latter may be reciprocal or collegial.)

Full -blown expressed competitive engagement is relatively rare. More prevalent are forms of subordinated competitive engagement in which market-like responses are embedded, curbed and transformed within other modes of engagement. Headteachers' engagement tends to be characterised less by a central focus on entrepreneurial or competitive strategies than the continual inter-weaving of different forms of engagement, at the core of which is an increasingly permeable public professional model. It would appear that the public professional orientation is resilient and probably almost universally present. It endures as a model of school leadership even in the reformed system of schooling and was apparent in the approaches of the vast majority of headteachers interviewed. At the same time, powerful pressures towards bureaucratic and competitive modes of engagement are encouraging a widespread identification of public professionality with measurable performance (giving this a higher priority in the purposes of education – hence the *privileging of the academic*), instrumental means for improving such performance (professional management), and greater public accountability.

Competitive pressures are typically subordinated through the operation of a combination of local counter-influences, encompassing structural and cultural factors, as well as the actions of school leaders and managers. Examples of such counter-influences include co-operating-constituting structures, such as mechanisms (created by a local public authority) to support inter-school co-operation, a local tradition of active, collaborative relations between schools, and individual headteachers concerned to apply public professional norms to their engagement with competitive pressures.

7 Conclusion

The relatively limited number of quantitative studies published to date on assessing the impact of differences in the degree of competition in local school quasi-markets are characterised by measuring the degree of competition in terms of market concentration. Both the US studies and the UK study cited here, find that in multiple regressions of school performance (measured in terms of test or exam results) on independent variables, which include indicators of student social background or ability and measures of structural competition in terms of market concentration, the latter have statistically significant coefficients. It is not clear from these studies how much of the variance in district or school performance the competition variables account for nor if a stepwise regression would include them.

These studies are characterised by an acceptance of what can be called the strong version of the S-C-P model, where competitive structure is assumed to have direct and predictable effects on producer behaviour resulting in higher productivity.

We questioned whether the assumptions about producer motivation which underpin the S-C-P model are appropriate and realistic for the schools sector and whether a single factor, namely market concentration, can have a direct and predicable effect on competitive behaviour by the players in a local quasi-market. We therefore used a survey to obtain data on headteachers' perceptions of the degree of competition and interviews to explore the more complex responses of headteachers to their competitive environment and to internal school processes for improving examination performance.

The analysis of statistical data indicates:

- a relatively weak relationship between indicators of structural competition and the degree of perceived competition, thus not providing strong support for the structure-conduct linkages in the S-C-P model;
- lack of evidence at the local level that approximate areas of competition with higher degrees of competition have higher examination improvement over time;
- lack of evidence at school level that indicators of the degree of competition are significant in accounting for the rate of examination improvement over time.

The only evidence of competition having an impact on school performance, was for the dummy variable for the perceived number of competitor schools. It was weakly significant at AAC level for improvements in 1 or more grades A* to G and at school level for improvements in 5+ grades A* to C, but did not add to the proportion of variance in GCSE1 accounted for. *Thus the evidence for a positive impact of competition is very weak.*

The lack of an impact of differences in the degree of competition on school performance can be explained by the dominance of professional over self-interested motivation, as indicated in the interview evidence and by the pervasive influence of strengthening performance regulation. The latter is indicated in the survey evidence of the greater importance given by headteachers to examination improvement and growth in the practice of setting pupils by ability, both indicators of conduct which were not stronger or more prevalent for schools reporting higher degrees of competition. Similar findings are reported by Davies and Adnett, (1999) in a study of two local competitive arenas (towns) with similar market structures but markedly different competitive behaviour.

The issue of the impact of competition on school performance is likely to remain controversial and not easily resolved by an appeal to empirical evidence, since the complex concept of competition is not well proxied by the available data. While the economics methodology accepts the validity of simplifying assumptions, provided predictions are not refuted by statistical evidence, these simplifications are not so easily accepted in related fields of inquiry. Statistical analysis of non-experimental data can only produce convincing evidence of a proposition, if that proposition has been confirmed in a good number of tests and is supported by a convincing theory. We are a long way from this state, in relation to the proposition that competition between schools results in higher student achievement.

References

Alter, C., and Hage, J. (1993). *Organisations Working Together*. London: Sage.

Blair, J. P. and Stanley, S. (1995). 'Quality competition and public schools: further evidence'. *Economics of Education Review*, 14(2), 193-198.

Borland, M. V. and Howsen, R. M. (1992). 'Student academic achievement and the degree of market concentration in education'. *Economics of Education Review*, 11(1), 31-39.

Borland, M. V. and Howson, R. M. (1993). 'On the determination of the critical level of market concentration in education'. *Economics of Education Review*, 12(2), 165-69.

Brown, B. (1997). 'Why governments run schools'. In E. Cohn (Ed.), *Market Approaches to Education: Vouchers and School Choice* (pp. 75-96). Oxford: Pergamon.

Corfield, F. (1995). *Power and the Professions in Britain 1700-1850*. London: Routledge.

Davies, P., and Adnett, N. (1999). 'Competition in two local schooling markets'. *British Educational Research Conference, University of Sussex.*

DfEE (1999). *Departmental Report: The Government's expenditure plans 1999-00 to 2001-02, Cm 4201*. London: Stationary Office.

Feinstein, L. and Symons, (1999) 'Attainment in secondary school'. *Oxford Economic Papers,* 51, 300-321.

Gerwitz, S., Ball, S., and Bowe, R. (1995). *Markets, Choice and Equity in Education,* Milton Keynes: Open University Press.

Glennester, H. (1991). 'Quasi-markets in education'. *Economic Journal*, 101, 1268-76.

Goldstein. (1987). *Multi-level Models in Educational and Social Research*. New York: Oxford University Press.

Gray, J., Hopkins, D., Reynolds, D., Wilcox, B., Farrell, S., and Jesson, D. (1999). *Improving Schools: Potential and Performance*. Buckingham: Open University Press.

Gray, J., Reynolds, D., Fitz-Gibbon, C., and Jesson, D. (1996). *Merging Traditions: the future of research on school effectiveness and school improvement*. London: Cassell.

Levačić, R., Hardman, J., and Woods, P. A. (1998). 'Relating competition to school performance: evidence from a study of English secondary schools'. *Paper presented at European Conference on Educational Research. Ljubljana, Slovenia, September 1998.*

Levin, H. (1990). *The theory of choice applied to education*: In Clune, W. and Witte, J.F. (eds), Falmer.

Matthews, R. (1991). 'The economics of professional ethics: should the professions be more like business?'. *The Economic Journal*, 101, 737-750.

Millington, J. M., and Bradley, S. (1998). 'Effect of spatial competition on secondary school exam performance'. *Department of Economics, Lancaster University.*

Mueller, D. C. (1989). *Public Choice II.* Cambridge: Cambridge University Press.

Niskanen, W. (1971). *Bureaucracy and Representative Government.* Chicago: Aldine.

Sammons, P., Mortimore, P., and Thomas, S. (1996). 'Do schools perform consistently across outcomes and areas?'. In J. Gray, D. Reynolds, C. Fitz-Gibbon, and D. Jesson (Eds.), *Merging Traditions: the future of research on school effectiveness and school improvement* . London: Cassell.

Scheerens, J. (1997). 'Conceptual models and theory-embedded principles on effective schooling'. *School Effectiveness and School Improvement*, 8(3), 269-310.

Scheerens, J. (1999). 'Concepts and theories of school effectiveness'. In A. J. Visscher (Ed.), *Managing Schools Towards High Performance* (pp. 37-70). Lisse: Swets and Zeitlinger.

Scheerens, J., and Bosker, R. J. (1997). *The Foundations of School Effectiveness.* Oxford: Elsevier Science.

Schumpeter, J. A. (1954). *History of Economic Analysis.* New York: Oxford University Press.

Scott, P. (1989). 'Accountability, responsiveness and responsibility'. In R. Glatter (Ed.), *Educational Institutions and their Environments: managing the boundaries* . Milton Keynes: Open University Press.

Sexton, S. (1987). *Our Schools: a radical policy.* London: Institute of Economic Affairs.

Whitty, G., Power, S., and Halpin, D. (1998). *Devolution and Choice in Education: the school, the state and the market.* Buckingham: Open University Press.

Woods, P., and Bagley, C. (1996). 'Market elements in a public service: an analytical model for studying educational policy'. *Journal of Education Policy*, 11(6), 641-53.

Woods, P., Bagley, C., and Glatter, R. (1998). *School Choice and Competition: Markets in the Public Interest?* London: Routledge.

Woods, P. A., Levačić, R. and Hardman, J. (1999). 'Better Education? The Impact on School Performance of Choice and Competition Between Schools'. *Paper presented at American Educational Research Association Annual Meeting, Montreal, Canada, April 1999.*

Woods, P. A. (2000). 'Varieties and themes in producer engagement: structure and agency in the schools public market'. *British Journal of Sociology of Education,* 21(2).

Zanzig, B. R. (1997). 'Measuring the impact of competition in local government education markets on the cognitive achievements of students'. *Economics of Education Review*, 16(4), 431-441.

Appendix: Statistical tables

Table A1 Degree of perceived competition by description of location

			deg. of perc. comp.			
			highly competitive	fairly competitive	little/no comp.	Total
Description of location	rural	Count	3	12	5	20
		% within Description of location	15.0%	60.0%	25.0%	100.0%
	semi-rural	Count	26	23	14	63
		% within Description of location	41.3%	36.5%	22.2%	100.0%
	urban	Count	64	68	11	143
		% within Description of location	44.8%	47.6%	7.7%	100.0%
Total		Count	93	103	30	226
		% within Description of location	41.2%	45.6%	13.3%	100.0%

Chi-Square Tests

	Value	df	Asymp. Sig. (2-tailed)
Pearson Chi-Square	15.176[a]	4	.004
Likelihood Ratio	15.769	4	.003
Linear-by-Linear Association	9.530	1	.002
N of Valid Cases	226		

a. 1 cells (11.1%) have expected count less than 5. The minimum expected count is 2.65.

Table A2 Degree of perceived competition by LEA area

			deg. of perc. comp.			
			highly competitive	fairly competitive	little/no comp.	Total
lea reference number	1	Count	4	13	8	25
		% within lea reference number	16.0%	52.0%	32.0%	100.0%
	2	Count	2	8	5	15
		% within lea reference number	13.3%	53.3%	33.3%	100.0%
	3	Count	25	21	2	48
		% within lea reference number	52.1%	43.8%	4.2%	100.0%
	4	Count	8	13	5	26
		% within lea reference number	30.8%	50.0%	19.2%	100.0%
	5	Count	9	19	6	34
		% within lea reference number	26.5%	55.9%	17.6%	100.0%
	6	Count	45	29	4	78
		% within lea reference number	57.7%	37.2%	5.1%	100.0%
Total		Count	93	103	30	226
		% within lea reference number	41.2%	45.6%	13.3%	100.0%

Chi-Square Tests

	Value	df	Asymp. Sig. (2-tailed)
Pearson Chi-Square	37.510[a]	10	.000
Likelihood Ratio	38.273	10	.000
Linear-by-Linear Association	15.399	1	.000
N of Valid Cases	226		

a. 4 cells (22.2%) have expected count less than 5. The minimum expected count is 1.99.

Table A3 Multiple regression with dependent variable mean year on year change in GCSE 1 (enter method)

Independent variables	Standardized Coefficients Administrative Sample			Standardized Coefficients Survey Sample		
	Beta	t	Sig.	Beta	t	Sig.
constant	--	6.457	.000	--	6.332	.000
lea1 dummy	.152	1.822	.070	.179	1.799	.074
lea2 dummy	-.026	-.268	.789	.090	.843	.400
lea3 dummy	-.057	-.372	.710	-.125	-.695	.488
lea4 dummy	.090	1.178	.240	.160	1.740	.084
lea5 dummy	-.004	-.053	.958	.011	.129	.898
none/one perceived competitor dummy	--	--	--	-.150	-2.273	.024
two to four perceived competitor dummy	--	--	--	-.119	-1.738	.084
proportion of GM schools in ARC 95/96	.125	1.639	.102	.111	1.124	.263
consistently full dummy	.236	3.877	.000	.268	3.725	.000
mean standard year-on-year change in fraction of intake places filled 90/91 to 95/96	.016	.273	.785	-.073	-.940	.349
positive effect of competition on budget share/AMG dummy	--	--	--	-0.10	-.142	.887
negative effect of competition on budget share/AMG dummy	--	--	--	-.189	-2.273	.024
proportion of year group obtaining 5 or more A*-C grades 90/91	-.795	-8.15	.000	-.915	-7.805	.000
mean standard year-on-year change in corrected delegated budget share 90/91 to 95/96	.010	.083	.934	-.023	-.169	.866
mean year-on-year change in proportion of delegated LEA area budget 90/91 to 95/96	.092	.915	.361	.129	1.160	.248
mean annual proportion of pupil roll entitled to FSM 92/93 to 95/96	-341	-1.85	.065	-.324	-1.483	.140
mean annual standardized FSM measure 92/93 to 95/96	-.394	-2.79	.006	-.430	-2.567	.011
standard overall change in standardized FSM measure 92/93 to 95/96	-.154	-2.97	.003	-.133	-2.173	.031
mean number of pupils on roll 90/91 to 95/96	.176	2.497	.013	.171	2.032	.044
sixth form provision 95/96	-.149	-2.16	.032	-.204	-2.600	.010
denominational status	.100	1.832	.068	.068	1.034	.303
single sex status	.134	2.287	.023	.158	2.351	.020

Table A4 Multiple regression with dependent variable mean year on year change in GCSE 1 (Administrative sample; stepwise method)

Independent variables in order entered	B	Std. Error	Beta	t	Sig.	R	Adjusted R Square
constant	4.788E-02	.004	--	11.23	.000	--	--
consistently full dummy	1.156E-02	.002	.274	4.769	.000	.276	.073
mean standard year-on-year change in corrected delegated budget share 90/91 to 95/96	3.993E-08	.000	.116	2.126	.034	.324	.098
proportion of year group obtaining 5 or more A*-C grades 90/91	-8.334E-02	.010	-.688	-7.951	.000	.364	.123
mean annual proportion of students entitled to FSM 1992 to 96	-4.400E-02	.009	-.427	-5.040	.000	.479	.218
mean annual standardised FSM measure 92/93 to 95/96	-5.039E-03	.001	-.287	-3.579	.000	.511	.248
overall change in standardised FSM measure 92/93 to 95/96	-7.467E-03	.002	-.160	-3.116	.002	.534	.269
lea5 dummy	-7.055E-03	.003	-.125	-2.329	.021	.547	.281

Table A5 Multiple regression with dependent variable mean year-on-year change in GCSE1 (survey sample; stepwise method)

Independent variables in order entered	B	Std. Error	Beta	t	Sig.	R	Adjusted R Square
constant	4.879E-02	.005	--	10.70	.000	--	--
consistently full dummy	1.465E-02	.003	.324	4.719	.000	.335	.108
proportion of year group obtaining 5 or more A*-C grades 90/91	-9.92E-02	.014	-.789	-7.22	.000	.386	.140
mean annual standardized FSM measure 92/93	-1.13E-02	.002	-.604	-6.20	.000	.493	.231
leas3 dummy	-1.42E-02	.003	-.333	-4.17	.000	.536	.272
negative effect of competition on budget share/AMG dummy	-5.19E-03	.002	-.145	-2.22	.027	.555	.290
single sex status	9.053E-03	.004	.149	2.306	.022	.573	.307
overall change in standardized FSM measure 92/93 to 95/96	-5.95E-03	.003	-.128	-2.10	.037	.587	.319

Table A6 Multiple Regression with dependent variable mean year-on-year change in GCSE2 (administrative and survey samples; enter method)

	Standardized Coefficients Administrative sample			Standardized Coefficients Survey Sample		
Independent variables	Beta	t	Sig.	Beta	t	Sig.
constant	--	12.955	.000	--	10.158	.000
lea1 dummy	.001	.009	.993	.010	.117	.907
lea2 dummy	-.110	-1.388	.166	-.033	-.357	.722
lea3 dummy	-.003	-.028	.978	-.011	-.069	.945
lea4 dummy	.018	.288	.773	.049	.616	.539
lea5 dummy	.022	.396	.693	.008	.106	.916
none/one perceived competitor dummy	--	--	--	-.050	-.882	.379
two to four perceived competitor dummy	--	--	--	-.031	-.531	.596
proportion of GM schools in ARC 95/96	.074	1.190	.235	.099	1.164	.246
consistently full dummy	.064	1.294	.197	.020	.321	.749
mean standard year-on-year change in % of intake places filled 91 to 95/96	.027	.544	.587	-.075	-1.117	.266
positive effect of competition on budget share/AMG dummy	--	--	--	.032	.511	.610
negative effect of competition on budget share/AMG dummy	--	--	--	-.177	-2.456	.015
proportion of year group obtaining 5 or more A*-C grades 90/91	-1.12	-13.1	.000	-1.12	-10.29	.000
mean standard year-on-year change in delegated budget share 90/91 to 95/96	-.052	-.534	.594	-.091	-.766	.444
mean annual proportion of pupil roll entitled to FSM 92/93 to 95/96	-.377	-2.459	.015	-.393	-2.005	.047
mean annual standardized FSM measure 92/93 to 95/96	-.141	-1.277	.203	-.095	-.681	.497
overall change in standardized FSM measure 92/93 to 95/96	-.089	-2.103	.036	-.090	-1.679	.095
mean number of pupils on roll 90/91 to 95/96	.112	1.964	.051	.083	1.133	.259
sixth form provision 95/96	-.129	-2.296	.022	-.149	-2.206	.029
denominational status	.077	1.734	.084	0.72	1.288	.200
single sex status	.089	1.868	.063	.083	1.434	.153

Table A7 Multiple regression: dependent variable mean year-on-year change in GCSE2 (administrative sample: stepwise)

	B	Std. Error	Beta	t	Sig	R	Adjusted R
constant	.119	.009	--	13.63	.000	--	--
proportion of year groups obtaining 5 or more A*-G grades 90/91	-.125	.009	-1.028	-13.27	.000	.668	.444
mean annual proportion of pupil roll entitled to FSM 92/93 to 95/96	-3.80E-02	.008	-.37	-4.940	.000	.697	.482
consistently full dummy	5.09IE-03	.002	.123	2.797	.006	.712	.502
mean standard year-on-year change in corrected delegated budget share 90/91 to 95/96	3.723E-08	.000	.111	2.547	.011	.720	.512

Table A8 Multiple regression with dependent variable mean year on year change in GCSE 2 (survey sample: stepwise method)

	Standardized Coefficients						
	B	Std. Error	Beta	t	Sig.	R	Adjusted R Square
constant	.120	.011	--	10.57	.000	--	--
proportion of year group obtaining 5 or more A*-G grades 90/91	-.120	.012	-.985	-10.06	.000	.663	.436
negative effect of competition on budget share/AMG dummy	-6.95E-03	.002	-.205	-3.951	.000	.692	.473
mean annual proportion of pupil roll entitled to FSM 92/93 to 95/96	-3.54E-02	.010	-.338	-3.478	.001	.714	.502

Henry M. Levin

Recent Developments in the Economics of Education: Educational Vouchers

1 Introduction

My original intention in making this presentation was to provide a range of topics on recent developments in the economics of education in the United States. However, in the last year, one topic has become so prominent that I have decided to devote this work to that subject. Not only has the subject of educational choice, generally, and educational vouchers, specifically, become a central focus of U.S. public policy, it has also become a dominant subject in the economics of education. Consider that up to 1990 there was not a single case in which educational vouchers had been applied in any jurisdiction in the U.S. But, by 1999 Milwaukee had completed 8 years and Cleveland 3 years of continuing voucher demonstrations. The State of Florida had adopted a voucher plan, and an increasing number of privately-supported plans were active in New York City, San Antonio, and at least another ten cities. Governors of Pennsylvania and New Mexico pressed for passage of statewide voucher plans in 1999, but their legislatures did not approve them after hard-fought battles. And the Republican candidate for President of the U.S. has made educational vouchers a centerpiece of his platform.

What is obvious is that an entirely new system of financing education, providing tuition vouchers directly from the public treasury to parents has become a major public policy issue and has suddenly become focus of the economics of education. In the next section I will present the original voucher plan set out by Milton Friedman more than four decades ago. This will be followed by some of the more general dimensions of voucher plans. The following section will discuss the rationale and claims for educational vouchers by proponents and the criticisms of opponents. The final section will present some of the research findings as well as on-going research.

2 Educational Vouchers

Although the concept of educational vouchers has been around for at least two centuries, the specific form that has been debated in recent years dates to an important publication by Milton Friedman on the role of the state in education (Friedman 1962). In that work Friedman argued that schools should be funded by the government because of their importance in producing the public benefits required for democratic functioning. But, Friedman argued that the fact that government should finance schools does not mean that government should operate them. Suggesting that the government was an unresponsive monopoly, he asserted that schools ought to be placed in the competitive marketplace to promote a plethora of for-profit and not-for-profit schools. Financing of schools would take place through government issued vouchers that could be used toward tuition at "approved" schools that met minimal requirements for assuring the public interest. These vouchers would be redeemed at the state treasury by schools, and parents could add financially to the vouchers if they had the means and the commitment to do so.

According to Friedman, such a plan would assure efficiency, innovation, and responsiveness to parental concerns through the incentives of the competitive marketplace. Schools would emerge to serve particular market niches and compete among themselves, and parents could shift their patronage from schools that displeased them to ones that were more attractive. Further, a much larger variety of schools would arise to serve the private interests of families, while protecting the public interest through minimal regulations on curriculum. Thus, the Friedman proposal acknowledged existence of both the public and private benefits of education while creating a financial mechanism for the private marketplace that would presumably allow attention to both.

Whether the voucher plan that was proposed by Friedman would do all that he claimed has been a source of contention ever since. Friedman's initial voucher plan was shy on details with respect to the size of the voucher, regulations to assure that the public benefits would be produced, and provision of information to both schools and families, the latter being an important prerequisite for a competitive market. A number of different voucher plans have arisen over the years that have made concrete provisions in each of these areas with somewhat different goals for each plan. Among the most notable are the plans proposed by the Center for the Study of Public Policy (1970) that was designed for a voucher experiment to be administered by the U.S. Office of Economic Opportunity as part of the Poverty Program; the proposal for transforming state school systems to vouchers by Coons and Sugarman (1978); and that of Chubb and Moe (1990) which caught the attention of many school reformers in recent years. In addition, publicly-sponsored voucher demonstrations have been taking place in both

Cleveland and Milwaukee, and privately-financed voucher projects have been sponsored in San Antonio, New York, and Indianapolis (Moe 1995).

It is important to stress that there is no one single voucher plan, but many different variants. Differences among voucher plans can be largely understood in terms of three dimensions: (1) Finance; (2) Regulation; and (3) Information (Levin 1991).

(1) *Finance* – Central to the potential impact of vouchers on equity is the size of the voucher and the issue of whether families can add their own resources to school payments. Friedman's original voucher plan would suggest a flat voucher of modest value with parental add-ons to that voucher if parents had the means and desire. Later voucher plans typically limit parental add-ons and include compensatory vouchers, larger vouchers for the poor and handicapped to compensate for the higher costs of meeting their educational needs (e.g. Center for the Study of Public Policy, 1970). In addition, school participation requires financial provision for transportation in order to gain access to potential alternatives, but many parents cannot provide this for their children because of costs or work schedules. The initial Friedman plan does not discuss transportation, but it is recognized as a requirement by later plans.

(2) *Regulation* – Even Friedman suggests that voucher schools should be subject to some curriculum regulations to ensure that they produced public benefits, although such regulation would be minimal. But, subsequent voucher plans such as that of the Center for the Study of Public Policy (1970) or Coons and Sugarman (1978) would require a variety of other measures including regular reporting of achievement test results of their students. In addition, they would require non-discrimination in admissions and a lottery for some portion of their admissions if a school received more applications than it could enroll. Stringent curriculum and teacher licensing requirements have also been debated as requirements for schools to be approved to redeem vouchers.

(3) *Information* – Efficiency in competitive markets requires that substantial information be available to both buyers and sellers. For example, families need to know the available alternatives and their educational consequences. Although the Friedman plan makes no provision for gathering and disseminating information on schools, other plans typically assume some responsibility for doing so.

In summary, there is no single voucher plan, but many different ones with different provisions that augur for different educational outcomes. Some tend to focus more fully on maximizing family choice, while others would sacrifice some choice through funding and regulations that would emphasize equity and a common core of learning.

3 Education as a Public and Private Good

Education in a democratic society must serve both public and private interests (Levin 1987). It addresses public interests by preparing the young to assume adult roles in which they can undertake civic responsibilities. These include the embrace of a common set of values, participation in a democratic polity with a given set of rules, and incorporation into the economic, political, and social life which constitute the foundation for the nation. All of this is necessary for an effectively, functioning democracy, economy, and society. At the same time, education must address the private interests of students and their families by providing a variety of forms of development that will enhance individual economic, social, cultural, and political benefits for the individual. Embedded in the same educational experience are outcomes that can contribute to the overall society as well as those which can provide private gains to the individual.

To some degree the public and private outcomes of schooling can overlap in that better educational results for the individual and her family may also contribute to social benefits. For example, if schooling makes the individual more productive (private benefits), the economy also receives a boost (social benefits). But, in other respects there may be conflict between public and private benefits. The public benefits of schooling require that students learn to consider different points of view which are presented and debated in the schooling experience. But, the private values of families may be in conflict with some of these viewpoints, and parents may not wish their children to be exposed to points of view that are at odds with those held by the family.

The problem is that schooling takes place at the intersection of two sets of rights, those of the family and those of society. The first is the right of parents to choose the experiences, influences and values to which they expose their children, the right to rear their children in the manner that they see fit. The second is the right of a democratic society to use the educational system as a means to reproduce its most essential political, economic and social institutions through a common schooling experience (Guttman, 1987: 127-71). In essence, the challenge is that of preserving the shared educational experience necessary for establishing a common foundation of knowledge and values that is crucial to reproducing the existing economic, political, and social order (public goals), while allowing some range of choice within that to meet private goals. Schools represent the primary agency for preparing all students for the major institutions that constitute the bedrock of society. This requirement suggests a schooling process that comprises many common experiences for all students, even if some of these violate the choices that families might make independently for their children.

Both sets of rights are legitimate, and both are partially, but not completely, compatible. It is clear that public schools cannot be advocates for each and all of the many different and incompatible perspectives that parents have regarding culture, language, values, religion, and politics. As a concrete example, there are clearly very strong differences in viewpoint within the polity about the permissibility of allowing abortion. In the larger society this is a very controversial matter that must be resolved politically. But, emotions run very strongly on the perspectives. On one side of the issue, abortion is considered to be infanticide. On the other side of the issue, abortion is considered to be a matter of choice for determining the fate of a fetus that is not yet endowed with human properties. This conflict is embedded in deeply held philosophical, religious, and political ideologies.

One group of parents would like the young to see abortion as murder and another group as family planning, and both sides would consider the contrary view to be illegitimate. This makes it difficult for the schools to present the issue in any form. The easiest route for the schools is to avoid the issue. But, the courts, legislatures, and Congress cannot avoid the issue, and it is one on which all citizens should develop an informed understanding that is communicated through the political process. This is an example of a public dimension of education that may be in conflict with the private goals of many families who want to keep the issue outside of public discourse or to inculcate the correctness of one particular view without debate. There are many other public issues that cry out for democratic resolution, but are found objectionable for private reasons by families. This is often the situation when parents decry the teaching of "inappropriate" values in the public schools, the fact that the public schools do not inculcate *their* values. In such a case, parents may put pressures on schools and school boards to make changes, or they may opt to send their children to other schools, public or private (Hirschman 1970; Tiebout 1956).

Any discussion on public and private issues in education must recognize the tension between public and private benefits and goals. As long as education has both public and private components, there must be a balance and blending. The solution will always be a compromise that will leave some parents dissatisfied. This dissatisfaction will lead to pressures for change or to escape from public schooling with private schools and home schooling as possible alternatives. In other cases, parents will move to other jurisdictions that sponsor public schools that are more compatible with their beliefs. Much of the debate about the proper roles of public schools and the issue of public support for private schools can only be understood within this framework. Parents who believe that schools should be limited to meeting only their private objectives for their offspring will often object to many of the public goals of schooling. Even those parents who accept the overall public goals may be at odds with specific activities and goals that are incompatible with their private educational values. Public policy towards education has been to steer a course that embraces the public interest while allowing as much of the private interest as can be accommodated without bringing the two into serious conflict. This is a difficult charge that always places schools under a tension that is not easily resolved. Indeed, Chubb and Moe (1990) have argued that democracy *is* the problem that besets public education.

Prior to the nineteen fifties parents and school districts were able to resolve these potential conflicts through what Michael Katz (1971) calls "democratic localism."[1] That is, within each local setting communities were able to maintain public schools that reflected the predominant politics, values, culture, and wealth. Public schools in much of the nation were segregated by race, and school finance was largely a local matter based upon property taxes that raised more funding for students in wealthier districts, often considerably more, than for those in poorer enclaves. Many children with handicaps were excluded from schools or provided with inadequate services, and those who were educationally at-risk were given no special assistance and were often tracked into dead-end curricula. Inculcation of religion of the dominant group at the local level was a common feature of school life. While each of these policies might be incompatible with the public goals of schooling, they were based upon a tacit compromise that enabled those with power to influence policies and local practices in directions that would benefit their children over others. Children from groups that lacked powerful advocacy in their behalf, such as blacks, the poor, and the handicapped were treated in a less enviable way.

1 The argument in this section is developed more fully in Levin (1987).

But, over the next forty years decisions and policies set out by courts, legislatures, and Congress reduced these prerogatives and inequalities so that schools became more and more alike with fewer public alternatives for meeting private educational preferences. Laws were passed that provided special benefits to economically disadvantaged, bilingual, and handicapped students and that pushed for racial and gender equality. School funding was more nearly equalized among school districts. Official policies of racial segregation were proscribed by law. The press for greater equity removed many of the privileges held traditionally by dominant groups in local communities.

By 1980 a general backlash emerged with the aim of regaining what was lost. If local political power could no longer be used to create schools that echoed the racial preferences, values, religious practices, and wealth of local residents, other alternatives had to be sought. Most of these alternatives revolved around ways to increase local choice within the public schools. Public choice alternatives refer to the ability of families to choose from among public schools within a district or among districts rather than having students assigned to schools (see the essays in Clune and Witte, 1990). Some districts even created magnet schools with special themes to attract families who were interested in those themes (e.g. science, the arts, technology, multiculturalism, business, health professions, and so on). But, even these forms of public choice have been superceded in the last decade of this century by more radical alternatives such as charter schools and educational vouchers. Charter schools are schools established under public authority that are exempt from many state and local policies and laws as long as they meet the goals set out in their charter (Nathan 1996). They can be initiated by parents or educators and can represent distinct educational philosophies within the broader public context for schooling. Educational vouchers represent the most complete response to the public-private dilemma by funding all schools that meet certain minimal requirements, whether publicly or privately sponsored, with public dollars.

4 Mapping the Claims

In order to understand the arguments for and against educational vouchers and public dollars for private schools, it is important to identify four major criteria that emerge in the public debate. Each of these criteria is highly important to particular policy-makers and stakeholders: (1) Freedom to choose; (2) Efficiency; (3) Equity; and (4) Social Cohesion.

(1) *Freedom to choose* – For many advocates of vouchers, the freedom to choose the kind of school that emulates their values, educational philosophies, religious teachings, and political outlooks is the most important issue in calling for educational change. This criterion places a heavy emphasis on the private benefits of education and the liberty to ensure that schools are chosen that are consistent with the child-rearing practices of families.

(2) *Productive Efficiency* – Perhaps the most common claim for educational vouchers is that they will improve efficiency of the schooling system by producing better educational results for any given outlay of resources. Numerous studies have been done that attempt to measure differences in student achievement between public and private schools generally or between students using vouchers in private and similar students in public schools in the few cases of voucher demonstrations (Levin 1998; Peterson, Myers and Howell 1998; Metcalf 1998).

(3) *Equity* – A major claim of those who challenge vouchers is that they will create greater inequity in the distribution of educational resources, opportunities, and results by gender, social class, race, language origins, and geographical location of students. Voucher advocates argue that, to the contrary, the ability to choose schools will open up possibilities for students who are locked into inferior neighborhood schools and that the competitive marketplace will have great incentives to meet the needs of all students more fully than existing schools.

(4) *Social Cohesion* – As set out above, a major public purpose of schooling is to provide a common educational experience with respect to curriculum, values, goals, language, and political socialization so that students from many different backgrounds will accept and support a common set of social, political, and economic institutions. The challenge is whether a marketplace of schools competing primarily on the basis of responding to the private goals of parents and students will coalesce around a common set of social, political, and economic principles in the absence of extensive regulations or powerful social incentives.

5 Evidence

The desirability of a voucher approach will depend upon how effective educational vouchers are relative to the existing alternatives on each of the four criteria as well as how much weight is attached to each. It is important to note that if a particular dimension is not valued highly by a constituency, the evidence will not matter very much for that dimension. That is, preference for vouchers or a particular voucher plan is not completely dependent upon evidence on all its dimensions, but only on what is deemed important by the observer. The fact that no full-fledged voucher program has been tested in the U.S. means that evidence is limited. However, in the nineties there has been a considerable outpouring of empirical literature on some of the voucher demonstrations, differences in achievement between public and private schools, studies of choice patterns, and costs that can be used to partially examine these issues (a summary is found in Levin 1998). On the basis of these as well as the overall knowledge of how markets function, some conclusions might be drawn. But, even these will depend ultimately on the type of voucher plan that is being considered. For example, voucher plans with minimal regulations may have very different consequences than ones that are highly regulated.

With respect to the criterion of *Freedom of Choice*, the voucher alternative would seem to be superior in giving families a wider variety of possibilities that might match more closely their private goals in raising their children. The gap in favor of educational vouchers would be widest when compared with a traditional school system in which children must attend their neighborhood schools. It will narrow in those cases where public schools include intra-district and inter-district choice and magnet schools and be narrowest when charter schools are allowed with their quasi-independence. Obviously, Freedom of Choice will depend heavily on the existence of and access to alternatives, factors that are dependent on the provision of transportation and good information.

With respect to *efficiency of schools* under educational vouchers, we can divide the phenomenon into two types: micro and macro. Micro efficiency refers to the ability to maximize educational results at the school site. Obviously, if different schools are producing different types of educational outcomes to please their clients, comparisons are difficult. Indeed, market advocates would view the fact that parents could choose the kind of education that they want for their children as a major dimension of using resources more efficiently. Voucher detractors would argue that the absence of the public goods aspect of education in the market solution means that the voucher schools simply produce more of the private benefits at the expense of public ones.

When student achievement is used as the measure of educational result, it appears that private schools and those under voucher arrangements have a small advantage over public schools with comparable students (Levin 1998). This advantage might exist because private schools are more able to focus on a narrower range of outcomes than those under democratic control (Chubb and Moe 1990). Studies examining differences in educational achievement between students in public and private schools or in voucher demonstration projects show a private school advantage, although the differences are small (Levin 1998; Peterson, Myers, and Howell Peterson 1998; Metcalf and others1998). Typical differences are a few percentiles and are limited to one or two subjects out of four or five that have been measured. For example, after two years the Cleveland voucher demonstration found advantages for voucher students over comparable public school students in language, but not in reading, science, mathematics, or social studies (Metcalf and others 1998: 21).

Macro-efficiency includes not only results at school sites, but also the comparative costs of the overall infrastructure to maintain an educational voucher system relative to the overall costs for maintaining the existing system. Particular areas of such infrastructure include record-keeping, school accreditation, transportation, information, and adjudication of disputes. Clearly, some of the costs of a voucher system will depend upon the provisions that are put in place. For example, if micro-efficiency benefits are to be obtained through competition, then a substantial investment in information and transportation may be required. If schools are to be accredited for vouchers on the basis of meeting the requirements for producing public benefits, a monitoring agency will be required. Even in the absence of these provisions, the cost of record-keeping will rise as a central agency must keep track of student attendance, voucher eligibility, and redemption of vouchers on a statewide basis. A study by Levin and Driver (1996, 1997) makes a first attempt at reviewing these measures of supportive infra-structure and finds that such costs for a system of educational vouchers would be considerably higher than for the existing system.

In summary, educational vouchers would promote higher efficiency at the school site, but the costs of infrastructure to support such a system would be considerably higher than that of the present system. On balance, it is difficult to say whether macro-efficiency favors one system or the other in the absence of greater detail about the features of the voucher system and the setting where it would be emplaced. Further, without taking account of the consumer gains from freedom of choice and the potential societal losses of public benefits, it is not clear which approach is more efficient in the use of resources.

Although the existing system of public schools is highly stratified by race and social class as well as fiscal inequities, most analyses of educational vouchers suggest that they would increase *inequities*. There are three reasons for this conclusion. First, any voucher plan that allowed add-ons to the government-provided voucher would favor families with higher incomes and fewer children. A lack of investment in transportation and an effective information system would also favor those who are better off because of their abilities to afford transportation and access information. Second, the evidence from many studies on educational choice finds that the poor are least likely to take advantage of choice, and that both family selection and school selection lead to "cream skimming" of students (Levin 1998).

The first of these could be countered by specific arrangements that favor the poor such as compensatory vouchers (larger for the poor), provision of transportation, and effective information strategies. Whether these would be adequate to reduce inequities relative to the existing schools is not clear, and the costs of infrastructure to support a more equitable system would be high.

Finally, the criterion of *social cohesion* is the one that would seem to be more amenable to public school systems than an educational marketplace. The very appeal of freedom of choice is to send children to schools that emulate the specific values and goals of individual families rather than the common goals of society. Schools would rise up to compete for specific market niches by religion, political orientations, national origin, language, culture, and other salient dimensions. The common values and institutions that are required for addressing public goals of education would be undermined by such market behavior. Only through heavy regulation—which inhibits freedom of choice and raises costs—could attempts be made to coerce schools into producing these public benefits.

In fact, to a major extent improvements along one dimension can generally be accomplished only through sacrificing other dimensions. For example, investing in transportation and information to improve freedom of choice and equity is likely to raise costs considerably and impact efficiency. Requiring a common curriculum has the potential to increase social cohesion, but by diminishing freedom of choice. Establishing a lottery for admissions among applicants may increase equity, but at a cost to schools of lower autonomy and greater regulation. Any voucher plan that tries to balance all four criteria will necessarily be a compromise with tradeoffs among them.

6 Current Research

A number of major controversies have arisen in the economics of education literature over educational vouchers, controversies that are related to these dimensions.

(1) *Does Competition Improve Educational Results?* – One of the arguments of voucher advocates is that educational vouchers will increase competition and make the entire education industry more efficient. When public schools compete with private schools and more and more schools enter the marketplace, it is argued that both public and private schools will become more efficient. In this case, it is not the differences between public and private schools that is of central importance. For even if there are no differences in efficiency between the two sectors, it is argued that competition will make both sectors more efficient than they were prior to the use of educational vouchers. An increasing number of empirical studies have tried to gauge the impact of competition on educational outcomes, but they have not obtained consistent results (Arum 1996, Couch, Shughart & Williams 1993, Dee 1998, Hoxby 1994; McEwan 1999). Typically this research estimates equations in which a measure of private school competition such as percentage of local enrollments in private schools is evaluated as a determinant of student achievement in public schools with statistical controls for other factors which may influence achievement. A lack of good empirical data and models subject to various biases such as reverse causality have limited these studies. For example, if private school enrollments expand locally in response to low student achievement in the public schools, there will be a negative statistical relation between what appears to be private school "competition" and public school achievement. Increasingly sophisticated models are being used to try to exploit new data sources and more complete models of the competitive process (e.g. McMillan 1997).

(2) *Experimental vs. Non-Experimental Methods* – One of the important methodological contributions of the present voucher debate in the U.S. is that they have led to an increasing number of experiments. Normally, economists have attempted to look at the impact of educational vouchers as well as other labor market interventions by constructing statistical models of the phenomenon. Obviously, such models are subject to errors in terms of missing variables, measurement problems, and mispecifications of the underlying relationships. Although social experiments are not new in economic relations, they have been limited largely to experiments in public as-

sistance and manpower training. Especially prominent has been the Manpower Research Demonstration Corporation that has carried out experimental studies in the above areas for three decades.

But, the educational voucher phenomenon has not only stimulated the establishment of more experimental studies, it has also advanced the debate on the promise of experimental studies over econometric ones. The New York voucher experiment is a good example (Peterson, Myers, and Howell 1998). This is a privately funded voucher plan in which poor families in New York City received about $ 1,800 towards the tuition in Catholic elementary schools of about $ 2,400. In order to carry out the experimental study, a large number of applications were solicited from poor families who were dissatisfied with the public schools that their children attended. Among the 20,000 initial applications, further information was obtained and interviews were arranged to assure that families met the eligibility criteria. Among those eligible, families were randomly assigned to either a "scholarship" group or a control group, about 1,400 in each group. Since the experimenters were able to obtain test information at the beginning of the year for each participant, they could also ascertain the increases in tested achievement for reading and mathematics over that year. The students who used the scholarships performed slightly better than comparable students in public schools, about 2 percentiles in the first year.

Similar types of experiments are occurring in at least three other cities in the U.S. And, this movement towards voucher experiments has also stimulated a movement towards greater experimentation more generally. Both philanthropic foundations who fund social sciences and a number of social scientists are arguing that experiments are the only way to get valid answers to matters of social policy, a line of thought that has received considerable currency as a result of the voucher experiments. But, there are several reasons that this thinking may be overly optimistic.

First, even large-scale voucher experiments are very limited in scope relative to ascertaining what would happen to the overall educational system if the present system of educational funding were to be replaced by vouchers. For example, in New York City the overall student population is over one million in comparison with voucher participation of a few thousand. In order to determine what would happen overall, we would need to determine what would happen to overall supply, requiring a much larger scale and long-term guarantee of vouchers. By definition, an experimental study that allows random assignment must be relatively small, and even these experiments are costly and may not be sustainable over the longer run.

Second, such studies are subject to substantial attrition that may not be random between experimental students and the control group. Family mobility among neighborhoods and cities and among students in specific schools is very substantial among the poor. Some public schools experience a change in student population in a given year of over half of their enrollments. Even with much smaller mobility levels, experiments are faced with both diminishing samples over time and the possibility that attrition in the control group (mostly in public schools) will be different than in Catholic schools where there is more of a community of social capital according to Coleman (1988). Even in the first year of the New York experiment, about a quarter of the scholarship recipients failed to use the scholarship suggesting an inability to raise the additional funds required to meet tuition payments.

Third, experiments can only provide results within the scope of the experimental conditions. But, as we noted above, voucher plans vary considerably along the three dimensions that were set out above. It is not possible to simulate the impact of other arrangements, even though they may show dramatically different results. In this respect, the structural models associated with econometrics provide greater flexibility in terms of inclusion of specific variables that can be altered statistically to ascertain probable effects. Although the quasi-experimental or econometric designs have less internal validity, they have greater external validity with respect to different possible scope conditions for a voucher plan.

Thus, although the movement towards experimentation with vouchers has received considerable support lately, it is important that the debate be balanced in terms of advantages and disadvantages of each method. Perhaps a combination of both is still the most prudent course of action rather than one approach or the other.

(3) *System Costs of Vouchers* – Little of the overall discussion of vouchers has included costs, and no rigorous studies of costs have been attempted. Rather, the focus has been on the effectiveness of a voucher approach, and particularly with respect to student achievement. One of the reasons for the lack of studies on costs has been that until the effectiveness of vouchers is established, there is little interest in costs. Another reason is that although the more elite private schools cost more than public schools, this does not appear to be true of the Catholic schools in which at least half of all private school students are enrolled. The tuition at Catholic schools is about half of what is spent at comparable public schools, although this does not take account of in-kind resources, fundraising or the different functions of the two schools. For example, Catholic schools typically have contributed or subsi-

dized facilities that are not included in their costs, employed teaching clerics (although less and less in the U.S.), and engaged in substantial parent contributions (both financial and in-kind). On the service side, Catholic schools do not typically provide expensive services for the handicapped or take disruptive students, even though the public schools are required to educate these students. For these and other reasons, a comparison between tuition at Catholic schools with the student expenditure at public schools is not very useful (Levin 1998).

But, at least as pressing is the need to compare centralized costs of administering an overall voucher system relative to administering the present educational approach. Consider that at present the states deal with a limited number of local districts, each which enrolls numerous students. Under a voucher plan the state would have to interact directly with individual families and their students. As an example, the State of California would have to shift from transactions with about 1,000 districts and 12,000 schools to over 6,000,000 students and 25,000 schools (Levin and Driver 1997) assuring that each student is in an accredited school and receiving an appropriate voucher. Relatively high levels of mobility in the U.S., both within states and among them, mean that many voucher accounts will need to be monitored and updated frequently, the ingredients of a social security type of record-keeping. In addition, information on alternatives and provision of transportation are important requirements for an efficient educational marketplace that gives those of limited means comparable options to those from more privileged backgrounds. Monitoring and accreditation of schools to assure that they meet social purposes of public subsidies is also likely to be costly. And, if voucher schools follow the pattern of existing private schools, they will be half the size of public schools meaning that there will be twice as many to monitor.

Rigorous studies of costs of a voucher system can only be carried out when a specific voucher approach is specified in detail for a specific jurisdiction. An analysis of generic costs suggests that an overall voucher system will be considerably more costly than the present system because of the high transaction costs of monitoring and financing activities that are so highly decentralized. One estimate has suggested that the system costs will be about 25 percent of existing per-student expenditure (Levin and Driver 1997).

(4) *Increasing or Decreasing Stratification* – A major purpose of public schools in the U.S. is to provide students with democratic experiences and knowledge to participate in a democratic society. Bear in mind that the U.S. is a highly diverse society with many minorities and waves of immigration.

Exposure to other races and ethnic groups in society and their cultures and languages is considered to be an important part of the democratic experience and preparation for adult interactions. Therefore, the degree to which schools are integrated according to race, ethnicity, and social class is an important concern.

A major issue is whether vouchers will increase or decrease such stratification. Of course, one must recognize from the start that existing schools tend to be heavily segregated by race, ethnicity, and social class because of residential patterns. Persons from similar backgrounds tend to choose or are relegated to neighborhoods with higher concentrations of other families that are similar to themselves. Some of this is due to poverty where those who are poor are limited to neighborhoods with inexpensive housing, while those with higher incomes have greater choices. Some is due to families wishing to locate in places where they can share language and culture and where businesses have arisen to serve their specific tastes. But, whatever the reasons, the fact that schools tend to be neighborhood-based in the U.S. means that they will often be segregated environments without much diversity.

The question arises as to whether a voucher plan will reduce or increase racial, ethnic, and social class segregation. Empirical evidence suggests an increase in segregation for reasons of both self-selection and of school selection (Levin 1998). In the case of self-selection it appears that choice plans in education lead to "cream-skimming" where those who are better-off educationally are most likely to take advantage of choice. This is true even when the choice plan is limited to low-income families; those who have higher parental education are more likely to participate from among those populations. Moreover, an advantage of choice is the ability to choose school environments that reinforce the values and beliefs of the family. This, too, leads to self-selection in which students are more likely to be in schools with students from families similar to their own. Finally, schools have a vested interest in creating a unique appeal to a particular market niche (politically, socially, racially, ethnically) in capturing clientele. Also, under the Friedman plan, parents could add to the state-provided voucher so that richer families could send their children to better schools where they are more children from other rich families and vice-versa.

Others such as Moe (1995) have argued that one could restrict vouchers to the poor or to inner-city students who are already highly segregated. If children in a minority school have choices, at least some will choose integrated schools. And, integrated private schools will arise to attract such children. Thus, restricted voucher plans could have the effects of reducing stratification and segregation. Precisely which effects will prevail are unknown at this time and are the subject of research.

7 A Caution

There is a strong belief among economists in the U.S. that the search for evidence will resolve the voucher debate. This is not likely to be the case. Even if we were able to answer every question that arises with evidence, we will not resolve the political issue of which goals get the most support. For example, if freedom of choice carries more weight than the other outcomes, it might take considerable evidence of superiority in the other dimensions to outweigh the freedom of choice preference. If equity is a predominant concern, it might take substantial advantages in efficiency to obtain agreement that would offset any loss of equity. Evidence can establish the consequences of different arrangements, but not which arrangements are most preferred. Although there will be considerable clarification of issues created by researchers in the economics of education, their findings are unlikely to determine the outcomes of educational vouchers.

References

Arum, Robert (1996) "Do Private Schools Force Public Schools to Compete? *American Sociological Review*, 61(1), pp. 29-46.

Center for the Study of Public Policy (1970) *Education Vouchers, A Report on Financing Elementary Education by Grants to Parents* (Cambridge, MA: author).

Chubb, John and Terry Moe (1990) *Politics, Markets, and America's Schools* (Washington, DC: The Brookings Institution).

Clune, William and John Witte, eds. (1990) *Choice and Control in American Education*, 2 Volumes (New York: Falmer Press).

Coleman, James S. (1988) "Social Capital in the Creation of Human Capital," *American Journal of Sociology*, Vol. 94, Supplement, pp. S95-S120.

Coons, John E. and Stephen Sugarman (1978) *Education By Choice* (Berkeley, CA: University of California Press).

Couch, J. F., Shughart, W. F. and Willams, A. F. (1993) "Private School Enrollments and Public School Performance," *Public Choice*, Vol. 76, pp. 301-12.

Dee, Thomas S. (1998), "Competition and the Quality of Public Schools, *Economics of Education Review*, Vol. 17, pp. 419-27.

Friedman, Milton (1962) "The Role of Government in Education," In *Capitalism and Freedom* (Chicago: University of Chicago Press), Chap. VI.

Gutmann, Amy (1987) *Democratic Education* (Princeton: Princeton University Press).

Hirschman, Albert (1970) *Exit, Voice, and Loyalty* (Cambridge, MA: Harvard University Press).

Hoxby, Caroline (1994), "Do Private Schools Provide Competition for Public Schools? (Cambridge, MA: National Bureau of Economic Research).

Katz, Michael (1971) *Class, Bureaucracy and Schools: The American Illusion of Educational Change* (New York: Praeger Publishers).

Levin, Henry M. (1991) "The Economics of Educational Choice," *Economics of Education Review*, Vol. 10, pp. 137-58.

Levin, Henry M. (1987) "Education as a Public and Private Good," *Journal of Policy Analysis and Management*, Vol. 6, pp. 628-41.

Levin, Henry M. (1998) "Educational Vouchers: Effectiveness, Choice, and Costs," *Journal of Policy Analysis and Management*, Vol. 17, pp. 373-92.

Levin, Henry M. and Cyrus E. Driver (1996) "Estimating the Costs of an Educational Voucher System," in William J. Fowler Jr. (ed.), *Selected Papers in School Finance, 1994*, NCES 96-068 (Washington, D.C.: U. S. Department of Education, National Center for Educational Statistics).

Levin, Henry M. (1997) "Costs of an Educational Voucher System," *Educational Economics*, Vol. 5(3), pp. 265-83.

McEwan, Patrick (1999) "The Potential Impact of Large-Scale Voucher Programs," (New York: National Center for the Study of Privatization in Education, Teachers College, Columbia University).

McMillan, Robert (1997) "Competition, Monitoring and Public School Quality," unpublished manuscript (Department of Economics, Stanford University).

Metcalf, Kim and others (1998) *Evaluation of the Cleveland Scholarship Program: Second-Year Report* (Bloomington: The Indiana Center for Evaluation, Indiana University).

Moe, Terry M. (1995) *Private Vouchers* (Stanford, CA: Hoover Institution Press).

Nathan, Joe (1996) *Charter Schools: Creating Hope and Opportunity for American Education* (San Francisco: Jossey-Bass).

Peterson, Paul E., David Myers, and William G. Howell (1998) *An Evaluation of the New York City School Choice Scholarships Program: The First Year* (Washington, DC: Mathematica Policy Research).

Sullivan, Daniel J. (1974) *Public Aid to Nonpublic Schools* (Lexington, MA: Lexington Books).

Tiebout, Charles (1956) "A Pure Theory of Local Expenditures," *Journal of Political Economy*, Vol. 64, pp. 416-24.

Hans-Joachim Bodenhöfer

Hochschulreform – Eine institutionenökonomische Perspektive

1 Einleitung

In den letzten Jahren ist die hochschulpolitische Diskussion wieder verstärkt eine Diskussion zur Hochschulreform. Sowohl die 'innere Reform' der Hochschulen – ein veränderter organisationsrechtlicher Rahmen, Fragen des Dienst- und Besoldungsrechtes oder eine häufig beklagte mangelnde Effizienz des 'Betriebs' der Hochschulen – als auch Reformüberlegungen, die den äußeren Systembeziehungen des Hochschulbereichs gelten – Fragen der Finanzierung, der Anpassung an veränderte Nachfrage- und Arbeitsmarktbedingungen oder des Systems der Studienförderung – betreffen letztlich die Steuerung dieses Bildungssektors im Prozess der wirtschaftlichen und gesellschaftlichen Entwicklung. Zielsetzung dieses Beitrags ist es, die relevanten Steuerungsmechanismen im Hochschulbereich aufzuzeigen und die Diskussion zur Hochschulreform in dieser Weise theoretisch einzuordnen.

Der Prozess der wirtschaftlichen Entwicklung ist von einem umfassenden und kontinuierlichen Wandel wirtschaftlicher und gesellschaftlicher Strukturen begleitet und durch diesen Strukturwandel bedingt. Es verändern sich zum Beispiel die Beschäftigungsstruktur, der Qualifikationseinsatz und die Arbeitskräftenachfrage im Unternehmenssektor, abhängig vom Prozess des technischen Fortschritts und veränderter Nachfrage, vom Prozess der 'Globalisierung' über Außenhandelsbeziehungen und veränderten Standortstrukturen der Produktion, von der Reorganisation von Produktionsprozessen etc. Die Steuerung dieser Prozesse erfolgt einerseits durch gegebene Anreizstrukturen für individuelles wirtschaftliches Verhalten, d.h. im Unternehmenssektor letztlich die Verteilung von Gewinnchancen und Verlustdrohungen, die zu erhöhter Effizienz, zu einem Innovationswettbewerb und zur Orientierung an Renditeansprüchen der Kapitalgeber zwingen.

Andererseits gehen Steuerungseffekte von (veränderten) institutionellen Rahmenbedingungen einzelwirtschaftlichen Verhaltens aus, die Anreizstrukturen bestimmen und Beschränkungen der Handlungsmöglichkeiten oder Verfügungsmöglichkeiten der Wirtschaftssubjekte bedeuten. So bedeutet der Prozess der Europäischen Integration – etwa die Schaffung des Binnenmarktes und der Währungsunion – ein verändertes institutionelles Arrangement für den Unternehmenssektor; dasselbe gilt für den Prozess der Globalisierung, d.h. die Effekte einer Integration der Kapitalmärkte, der sinkenden Kosten von Information, Kommunikation und des Transports oder der Integration Mittel- und Osteuropas in die internationale Arbeitsteilung; Steuerungseffekte institutioneller Rahmenbedingungen gehen von einem veränderten Rechtsrahmen aus (der Besteuerung, des Umweltschutzes, des Wettbewerbs usw.), von der staatlichen Forschungs- und Technologiepolitik oder von der Regulierung im Hinblick auf neue Technologien.

Auch die Entwicklung des Bildungssystems ist von einem Strukturwandel begleitet: einer expansiven Entwicklung in Teilbereichen stehen Schrumpfungstendenzen in anderen Sektoren gegenüber, es treten neue Bildungsangebote auf, es verändert sich die Struktur von Bildungsbudgets etc. Es sind auch die Einflussfaktoren eines solchen Strukturwandels grundsätzlich bekannt, die von demographischen Entwicklungen über vielfältige Faktoren der Bildungsnachfrage und die Produktionsbedingungen von Bildungsprozessen bis zu politischen Entscheidungen über Budgets und Finanzierungsstrukturen reichen. Damit ist jedoch die Frage noch nicht beantwortet, wodurch und wie die Entwicklung und der Strukturwandel des Bildungssystems gesteuert werden. Zusätzlich zu der Frage nach den relevanten Steuerungsmechanismen ergibt sich offensichtlich auch das Problem der leitenden Entscheidungskriterien, wie sie von einer Zielfunktion der Entscheidungsträger abzuleiten sind.

2 Steuerungsmechanismen im Bildungssystem

Für das Verhalten von Wirtschaftssubjekten in ökonomischen Zusammenhängen bzw. für Entscheidungen im Unternehmensbereich geht die neoklassische Tradition von der Prämisse individuell ökonomisch rationalen Verhaltens bzw. von der Zielfunktion der Nutzen- oder Gewinnmaximierung aus. Obwohl ‘satisficing behaviour’ oder weitere Argumente in der Zielfunktion eine Rolle spielen können (und das Maximum der Zielfunktion nicht bekannt sein mag), stellt diese grundlegende Annahme wahrscheinlich eine gute Annäherung an real beobachtbares Verhalten dar; Wirtschaftssubjekte und Unternehmen entscheiden so, „als ob“ sie vom Ziel der Nutzen- bzw. Gewinnmaximierung geleitet wären. Die institutionellen Arrangements im Wirtschaftssektor mit privaten, wohl definierten Eigentums- und Verfügungsrechten, mit Marktwettbewerb und gesicherten infrastrukturellen Voraussetzungen der einzelwirtschaftlichen Aktivität implizieren spezifische Anreizstrukturen und sollen so einen wirtschaftlichen Prozess garantieren, wie er der statischen und der dynamischen Effizienz des Wirtschaftssystems entspricht.

Für das Bildungssystem als Teilbereich des öffentlichen Sektors bietet die Neue Politische Ökonomie (NPÖ) einen Erklärungsansatz der relevanten Steuerungsmechanismen, von Zielfunktion und Entscheidungskriterien der Bildungspolitik, dessen Erklärungskraft offensichtlich empirisch, im Hinblick auf reale Entscheidungsprozesse der Bildungspolitik, geprüft werden muss. Neben dem Steuerungsmechanismus des Marktes mit der entscheidenden Rolle von Preisen und des Wettbewerbs werden die Mechanismen

- hierarchischer Entscheidung, einer Planung, Anweisung und Kontrolle „von oben"
- der gleichberechtigten demokratischen Abstimmung und
- eines Aushandlungsprozesses zwischen kollektiven Entscheidungsträgern, wie z.B. organisierten Interessengruppen,

unterschieden (überblickshaft zur NPÖ vgl. *Frey/Kirchgässner* 1994).

In durchaus neoklassischer Tradition geht die NPÖ von individuell ökonomisch rationalem Verhalten aller Akteure aus – der Regierung und der Opposition, der Angehörigen der Bürokratie in Ministerien etc., der Vertreter organisierter Gruppeninteressen sowie der Individuen in ihren Rollen als Wirtschaftssubjekte, als Mitglied einer Organisation oder als Wähler. Unterschiedlich ist nur die jeweilige Zielfunktion: während Politiker bestrebt sind, über einzelne Entscheidungen und Wahlversprechen maximale Zustimmung zu erreichen und hierdurch die Regierungsgewalt (mit den verbundenen Vorteilen von Macht, Prestige, Einkommen etc.) zu erhalten bzw. übertragen zu bekommen, strebt die Bürokratie nach Macht, zusätzlichen Aufgaben, höheren Budgets und Personalausweitung der jeweiligen bürokratischen Institution, womit sich wiederum individuelle Vorteile (wie Beförderungschancen, Einkommen etc.) verbinden; hauptsächliches Ziel von Lobbies ist es, für die jeweils vertretenen Gruppeninteressen 'Renten' durch vorteilhafte politische Entscheidungen zu erreichen bzw. Beeinträchtigungen der Interessenposition abzuwehren; Individuen schließen sich einer Organisation an, wenn sie sich dadurch eine bessere Vertretung ihrer Interessen versprechen, wie sie auch in ihrer Wahlentscheidung von individuellen ökonomischen Interessen bestimmt sind. Politische Entscheidungen, die dem 'Gemeinwohl' dienen, können demnach nur als 'Nebenprodukt' eines Entscheidungsprozesses anfallen, der von individuellen und Partikularinteressen bestimmt wird.

Als wesentlicher Steuerungsmechanismus für den Bildungsbereich erscheint damit das System der Hierarchie: für das staatlich organisierte und finanzierte Bildungssystem werden auf politischer Ebene explizit oder implizit (z.B. über Budgetentscheidungen) die bildungspolitischen Ziele festgelegt, auf die hin bildungspolitische Programme und Einzelentscheidungen der Bildungspolitik orientiert sind. Den bildungspolitischen Zielvorgaben kann eine 'Rationalisierung' der bildungspolitischen Handlungsstrategie durch entsprechende Prognosen, eine umfassende Planung oder die Analyse unterschiedlicher Zielsetzungen und Verläufe im Bildungsbereich zugrunde liegen. Die Umsetzung von Zielen und Programmen erfolgt im Rahmen jährlicher Budgets über entsprechende Vorgaben für die nächst niedrige Entscheidungsebene; die einzelnen Bildungsinstitutionen schließlich, wie Schulen und Hochschulen, sind von diesen Vorgaben abhängig und sie sind in ein umfassendes Regulierungs- und Kontrollsystem eingebunden, das die Zielerreichung bzw. eine der Planung entsprechende Entwicklung im Bildungsbereich sichern soll (Budget- und Personalzuweisung, Curricula, Richtlinien, Schulaufsicht etc.).

Die bildungspolitischen Entscheidungsprozesse selbst sind dabei von vielfältigen Einflussfaktoren bestimmt, die von Aushandlungsprozessen im politischen Raum (mit Koalitionspartnern, mit der Opposition, im Wege des 'Zustimmungstausches' etc.) über (beauftragte) wissenschaftliche Expertise und die Einflussnahme organisierter Gruppeninteressen (Verbände, Gewerkschaften etc.) bis zum Einfluss von Medien und der 'öffentlichen Meinung' reichen. Gegenüber wohl organisierten und mächtigen Produzenten- und Abnehmerinteressen (wie Lehrergewerkschaften, Wirtschafts- und Arbeitgeberverbänden) werden dabei im bildungspolitischen Entscheidungsprozess die Interessen der Nachfrager, d.h. von Jugendlichen bzw. deren Eltern, kaum organisiert und wenig einflussreich vertreten sein, was sich nach der Logik kollektiven Handelns aus fehlender Interessenhomogenität, hohen Organisationskosten und geringer Sanktionsmacht dieser großen und eher latenten gesellschaftlichen Gruppen erklärt (*Ohlson* 1992). Die Ungleichgewichtigkeit der Vertretung verschiedener Interessen bedeutet jedoch, dass politische Entscheidungen tendenziell zu Lasten der nicht-organisierten, wenig einflussreichen Gruppen getroffen werden.

Eine den gesetzten Zielen und der gesamtwirtschaftlichen Planung für den Bildungsbereich entsprechende Entscheidung im Einzelfall und plankonformes Verhalten aller Akteure im Bildungsbereich wird nicht durch positive Anreize erreicht, sondern allenfalls über Sanktionsdrohungen, die mit einem umfassenden Regelwerk von Anweisungen, Verhaltensvorschriften und Kontrollmechanismen verbunden sind, d.h. mit einer 'Verrechtlichung' des Bildungssystems. Diese

Verrechtlichung dient der plankonformen Entwicklung des Bildungssystems, indem sie autonome Entscheidungsspielräume minimiert. Durch die zentrale Steuerung und Kontrolle sollen zugleich die Grundsätze der Sparsamkeit und der Zweckmäßigkeit der Verwendung der eingesetzten Budgetmittel, d.h. das wirtschaftliche Ziel der Effizienz des Mitteleinsatzes, realisiert werden. Zwangsläufig ist mit diesem Steuerungssystem jedoch auch der Nachteil einer mangelnden Flexibilität und Anpassungsfähigkeit sowie fehlender Anreize und gravierender Hemmnisse für Innovationen verbunden, der bei einer dynamischen Umwelt des Bildungssystems zu einem Mangel an dynamischer Effizienz führt.

3 Steuerung im Hochschulbereich

Das hierarchische System von Steuerung und Kontrolle erlaubt nur in Ausnahmefällen die vollständige Überwachung der Zielerreichung und des plankonformen Verhaltens der einzelnen Akteure. Fehlen in der Realität die Voraussetzungen vollkommener Information, vollständiger Planbarkeit der Abläufe und eines geringen Niveaus der Kontrollkosten, so treten zunächst auf verschiedenen Ebenen 'principal-agent'-Probleme auf: in Abweichung von den jeweiligen Zielvorgaben können die einzelnen Akteure individuelle, abweichende Interessen verfolgen (Ressourcen verschwenden, die Annehmlichkeit der eigenen Arbeitssituation verbessern etc. – vgl. zum Agency-Problem *Fama* 1980). Dieses Verhalten wird möglich aufgrund einer Situation asymmetrischer Information von Prinzipal und Agent (nur der Agent verfügt über fachspezifisches Wissen, Detailkenntnis der Organisation und ihrer Abläufe etc.), aufgrund mangelnder Zurechenbarkeit von Leistungsergebnissen und beobachtbaren Aktivitäten (eine Klasse kann 'schlecht' sein im Fall guter Schüler und eines 'schlechten' Lehrers oder bei 'schlechten' Schülern und einem guten Lehrer) sowie aufgrund (prohibitiv) hoher Kontrollkosten. 'Principal-agent'-Probleme treten damit auf im Verhältnis eines Bildungsministers, der für die bildungspolitischen Ziele verantwortlich ist, zu einer Ministerialbürokratie, die für die Umsetzung dieser Ziele zuständig ist, im Verhältnis der Bildungsverwaltung zu den Leitern der einzelnen Bildungsinstitutionen wie Schulen und Hochschulen oder der nachgeordneten Behörden und Ämter sowie im Verhältnis von 'Leitern' (Schuldirektoren, Hochschulpräsidenten, Dekanen etc.) zu den einzelnen Mitgliedern der jeweiligen (Teil-)Organisation, die letztlich den Ablauf von Bildungsprozessen steuern.

Die Kontrollmängel, die sich aus dieser Situation ergeben, nehmen an Bedeutung zu in dem Maße, als es den Produktionsabläufen an Überschaubarkeit, Planbarkeit und der Möglichkeit direkter Beeinflussung fehlt. Dies gilt für die Lehre und

Forschung an Hochschulen in höherem Maße als für den Ablauf von Bildungsprozessen in Schulen (oder gar für die Prozesse industrieller Produktion). Wenn ein System zentraler Steuerung und Kontrolle zudem nur unter relativ statischen Umweltbedingungen durch detaillierte Planung und Regulierung den effizienten Einsatz der Mittel eines Bildungsbudgets sichern kann, so erfordert die innovative Rolle, die die Gesellschaft den Hochschulen zugewiesen hat, ein hinreichendes Maß an Entscheidungsautonomie im Hinblick auf die Organisation und den Ablauf ihrer Leistungserstellung, um die dynamische Effizienz dieses Bildungssektors zu sichern.

Im Hinblick auf Steuerung, Planung und Kontrolle hat der Hochschulbereich daher traditionell eine Ausnahmestellung im gesamten Bildungssystem eingenommen, die als höhere Autonomie charakterisiert werden kann. Grundsätzlich war auch der Hochschulbereich dem Prozess der 'Verrechtlichung' nicht entzogen, mit dem die Bildungspolitik versucht, Kontrollmängel zu reduzieren, Einheitlichkeit und Transparenz zu erhöhen und den effizienten Mitteleinsatz zu sichern. Für die Hochschulen hat dieser Prozess zudem in stärkerem Maße eine Einschränkung ihrer Autonomiespielräume bedeutet als für die traditionell stärker regulierten Schulen.

Der Versuch, durch Verrechtlichung und Regulierung Plankonformität der Entwicklung und Effizienz im Hochschulbereich zu sichern, ist allerdings von vornherein dadurch beschränkt, dass im wesentlichen nur die Inputfaktoren und die Rahmenbedingungen des Leistungsprozesses an den Hochschulen kontrolliert werden können, nicht jedoch die tatsächlichen Abläufe von Lehre und Forschung sowie die Quantität und insbesondere die Qualität der erzielten Outputs. Mit zunehmender Regulierung und Kontrolle sind zudem wachsende Kontrollkosten verbunden – nicht allein aufgrund eines umfangreicheren Berichtswesens etc., sondern auch in Form negativer Auswirkungen auf die Motivation der Mitglieder der Organisation – sowie die Nachteile mangelnder Anpassungsfähigkeit und von Innovationshemmnissen aus dem starren Korsett von Regulierungen.

Die traditionell höhere Autonomie im Hochschulbereich bedeutet zunächst für die Bildungspolitik eine Reduzierung ihrer Steuerungsmöglichkeiten auf die Ressourcenausstattung der Hochschulen (soweit sie aus öffentlichen Haushalten finanziert wird) sowie auf die Festlegung der institutionellen Rahmenbedingungen der Hochschulen (Organisationsrecht, Dienst- und Besoldungsrecht, Studienrecht, institutionelle Strukturen der Forschungsförderung, Bedingungen für Drittmittel-Aktivitäten und Nebentätigkeiten etc.). Fehlende Planbarkeit von Leistungserstellung und Outputs führt zur Orientierung der Ressourcenausstattung an einfachen Indikatoren (wie der Zahl der Studierenden) und input-bezogenen Kennziffern (wie der Budgetausgaben je Studierenden) bzw. zu einer Praxis der Fortschreibung (oder der generellen Kürzung) bisheriger Budgetansätze. In den Aushandlungsprozessen zu Budgetentscheidungen werden die Hochschulen vom Ziel der Maximierung ihres Budgets geleitet, wobei sie allenfalls einer Glaubwürdigkeitsbeschränkung (etwa im Hinblick auf Kennziffern-Vergleiche mit anderen Hochschulen) unterliegen.

Im Rahmen einer gegebenen Budgetausstattung und definierter institutioneller Arrangements liegt die höhere Autonomie der Hochschulen in den Entscheidungsspielräumen, die der 'akademischen Selbstverwaltung' überantwortet sind. Die Steuerungsmöglichkeiten der Hochschulentwicklung, die hierdurch bestimmt werden, hängen damit davon ab, mit welchem Grad der Detaillierung bzw. Flexibilität die Budgetausstattung der Hochschulen vorgegeben wird und in welchem Maße institutionelle Regelungen verbindlich vorgegeben sind bzw. Richtliniencharakter haben. Andererseits sind Effektivität und Effizienz der Steuerung des Hochschulbereichs von den Funktionsbedingungen der akademischen Selbstverwaltung abhängig.

Die Diskussion zur Reform institutioneller Strukturen im Hochschulbereich in den letzten Jahren geht von der Erkenntnis aus, dass der Versuch, die Steuerungskapazität der staatlichen Hochschulpolitik über eine detaillierte Planung der Hochschulentwicklung und über die verstärkte Regulierung von Strukturen und Abläufen zu erhöhen, in ein 'planwirtschaftliches Modell' führt, das die Steuerungsprobleme im Hochschulbereich nicht lösen kann und das der Leistungsfähigkeit und Innovationskraft der Hochschulen abträglich ist. Die Umkehrung dieser Entwicklung bedeutet höhere Autonomie der Hochschulen durch 'De-Regulierung', d.h. reduzierte und allgemeinere Vorgaben der Hochschulpolitik, die den Hochschulen selbst erweiterte Entscheidungsspielräume und Gestaltungsmöglichkeiten einräumen. Die Umkehrung dieser Entwicklung bedeutet jedoch nicht notwendig die korrespondierende Aufwertung des traditionellen Systems akademischer Selbstverwaltung.

Die traditionelle „governance structure" der Hochschulen beruht auf einer komplementären Funktion von staatlicher Planung und Kontrolle bzw. der akademischen Selbstverwaltung. Während die staatliche Steuerung vom Steuerungsmechanismus der Hierarchie bestimmt wird, liegen der Selbstverwaltung im autonomen Bereich der Hochschulen die Mechanismen von Verhandlung und demokratischer Abstimmung zugrunde. Entscheidend für diese duale Struktur ist das Dilemma staatlicher Planung und Kontrolle, die bei dem Versuch detaillierter

Steuerungsvorgaben nicht nur mit hohen Kontrollkosten konfrontiert ist, sondern zugleich mit dem Problem mangelnder Flexibilität und Anpassungsfähigkeit sowie mit negativen Effekten auf die Motivation der Mitglieder der Institution.

Tatsächlich haben die Mitglieder der Hochschulen beträchtliche Interpretations- und Entscheidungsspielräume gegenüber Steuerungsvorgaben 'von oben' und damit die Möglichkeit, ihren eigenen Präferenzen zu folgen, sowie weitreichende Möglichkeiten, ihre Handlungen und ihren Beitrag zu den Zielen der Organisation einer wirksamen Kontrolle zu entziehen. Sind die Mitglieder der Organisation in der Definition ihres Leistungsbeitrags daher weitgehend autonom, so können sich auch im Vergleich von Hochschulen oder Fakultäten, die denselben regulierenden Rahmenbedingungen unterliegen, beträchtliche Leistungsunterschiede ergeben, wenn die tatsächliche Leistungsorientierung der Mitglieder zwischen Hochschulen nicht zufällig verteilt ist.

Die Freiräume zur Definition der eigenen Arbeitsleistung gegenüber staatlichen Vorgaben, den Zielen der Organisation und den Kontrollmechanismen einer Hochschulverwaltung sind jedoch nicht unbegrenzt. So hat die akademische Selbstverwaltung institutionelle Arrangements entwickelt und etabliert, die ein Mindestniveau der Leistung der Mitglieder der Organisation sichern sollen; hierzu gehören insbesondere die professionellen Standards, die die formale Qualifikation, die Auswahlverfahren bei der Rekrutierung neuer Mitglieder und die Karriereentwicklung bestimmen sowie die Verfahren kollektiver Entscheidung und kollektiver Kontrolle nach professionellen Standards.

Insgesamt kann die akademische Selbstverwaltung als ein System des 'Professionalismus' charakterisiert werden: Von den Aufgaben und Funktionsbedingungen wissenschaftlicher Lehre und Forschung abgeleitete professionelle Standards sollen die akademische Selbstverwaltung leiten und derart den Autonomiespielraum der Hochschulentwicklung ausfüllen. Die Autonomie der Hochschulen und ihr Recht der Selbstverwaltung dienen dabei nicht nur den ökonomischen Zielen einer effizienten Organisation der Hochschulen und einer effektiven Steuerung der Hochschulentwicklung; historisch hat sich die akademische Selbstverwaltung vor allem als Abwehrrecht gegenüber staatlicher Einflussnahme auf wissenschaftliche Lehre und Forschung entwickelt und sie dient insofern auch dem Verfassungsgrundsatz der Freiheit von Lehre und Forschung (ebenso wie die institutionelle Regelung des unkündbaren Berufsbeamtentums historisch den Schutz vor Disziplinierungsmaßnahmen des absolutistischen Staates zum Ziel hatte).

Professionelle Standards können nur durch 'professionals' kontrolliert werden. Die Entscheidungs- und Kontrollaufgaben müssen daher Institutionen der Selbstverwaltung übertragen werden, in denen der Gruppe der 'professionals' eine entscheidende Rolle zukommt. Die hierarchische Struktur staatlicher Planung und Steuerung legt demgegenüber nur einen regulierenden Rahmen fest und etabliert Mechanismen, die nur generell, formal und ex post eine Kontrollfunktion erfüllen (z.B. Rechnungshofprüfung, Rechtsaufsicht, Beschwerde- und Berufungsinstanzen). Die institutionellen Regelungen im einzelnen können eine Mitbestimmung verschiedener Gruppen von Mitgliedern der Organisation, eine abgestufte Mitwirkung in verschiedenen Entscheidungsprozessen, die Hinzuziehung von 'Externen' ('professionals' oder Repräsentanten des 'öffentlichen Interesses') oder spezielle Entscheidungsregeln vorsehen, sofern der Kern einer Selbstverwaltung nach professionellen Standards hierdurch nicht eingeschränkt wird (bzw. umgekehrt durch die Hinzuziehung externer 'professionals' noch gestärkt wird).

Eine Selbstverwaltung, die von professionellen Standards bestimmt wird, bedeutet jedoch nicht, dass Entscheidungs- und Kontrollaufgaben hierdurch in technokratischer Weise erfüllt, durch Sachzwänge determiniert oder in anderer Weise strikt sachrational, intersubjektiv nachprüfbar und transparent wahrgenommen würden. Wesentliche Entscheidungselemente sind Verhandlungen und Abstimmungen, die Raum lassen für eine Kultur der Organisation, z.B. das Prinzip der Kollegialität, für Machteinflüsse, Koalitionen, Zustimmungstausch und Kompromisse; die bestimmt werden durch unvollkommene Information, durch unterschiedliches Engagement, Verhandlungsgeschick und Erfahrung: Letztlich handelt es sich bei der akademischen Selbstverwaltung um ein 'politisches Geschäft' mit Restriktionen durch professionelle Standards als der legitimatorischen Basis der Hochschulautonomie.

Die Entwicklung der Hochschulen zu Großorganisationen und veränderte Ansprüche an die gesellschaftlichen Funktionen des Hochschulbereichs lassen jedoch die traditionelle Selbstverwaltung bzw. die duale Struktur von staatlicher Planung und Kontrolle und 'Professionalismus' im autonomen Bereich der Hochschulentwicklung zunehmend als ineffizient und ineffektiv erscheinen. Beklagt werden eine schlechte Organisation der Hochschulen und ein ineffizienter Ressourceneinsatz, Qualitätsdefizite in Lehre und Forschung sowie ein Mangel an internationaler Wettbewerbsfähigkeit, die mangelnde Orientierung der Hochschulen an gesellschaftlichen Problemlagen und den Anforderungen des Arbeitsmarktes, die unzureichende Transparenz, Rechenhaftigkeit und Verantwortlichkeit im Gebaren der Hochschulen sowie das Fehlen eines modernen Managements für den Großbetrieb Hochschule.

4 Institutionelle Reformen im Hochschulbereich

Während die Hochschulpolitik zunächst versucht hatte, durch detailliertere staatliche Planungsvorgaben und zusätzliche Kontrollmechanismen die behaupteten Steuerungsdefizite und Organisationsmängel zu beheben, haben die Erfahrungen mit diesem Ansatz der verstärkten Regulierung in den letzten Jahren zunehmend einen paradigmatischen Wechsel der Hochschulpolitik eingeleitet: Im Sinne einer De-Regulierung beschränkt sich die staatliche Steuerung der Hochschulentwicklung auf grundlegende Planungsvorgaben und Rahmenregelungen, während die erweiterte Autonomie der Hochschulen in verstärktem Maße einer Steuerung durch den Mechanismus von Markt und Wettbewerb unterworfen wird.

Markt und Wettbewerb sind die Steuerungsmechanismen, die für den privaten Unternehmenssektor charakteristisch sind. Sie sichern dort die Anpassung im Strukturwandel des wirtschaftlichen Wachstums, ein hohes Maß der Effizienz des Ressourceneinsatzes, die Aufrechterhaltung des Innovationsprozesses und die Erhaltung der internationalen Wettbewerbsfähigkeit. Für den Paradigmenwechsel der Hochschulpolitik im Sinne von 'Mehr Markt – Weniger Staat' wird daher die Übertragbarkeit dieser Steuerungsmechanismen auf den Hochschulbereich und deren Wirksamkeit unter den spezifischen Bedingungen wissenschaftlicher Lehre und Forschung zum entscheidenden Problem.

Hochschulen weisen zwar wichtige Merkmale eines wirtschaftlichen Betriebs auf, sie sind jedoch wirtschaftlichen Unternehmen nicht vergleichbar: Es fehlt die eindeutige und eher eindimensionale Zielvorgabe aus dem Interesse privater Eigentümer von Unternehmen bzw. die entsprechende Messbarkeit der Zielerreichung oder des Unternehmenserfolgs, es fehlt die weitgehende Planbarkeit des Produktionsprozesses von Unternehmen und es fehlt die hierarchische Struktur der internen Organisation von Unternehmen. Andererseits sind die Studierenden nicht den Kunden eines Unternehmens vergleichbar; sie sind vielmehr Mitglieder der Organisation und Beteiligte am Prozess wissenschaftlicher Lehre und Forschung. Ebenso stellen die 'Schnittstellen' des Hochschulbereichs zum 'Zulieferbereich' der Sekundarschulen, zum Staat oder zu anderen Institutionen als Finanzierungsträger und zum 'Abnehmerbereich' des Beschäftigungssystems allenfalls marktähnliche Verbindungen oder 'Quasi-Märkte' dar.

Dennoch können vom Unternehmens-Modell und vom Markt-Modell Steuerungsinstrumente und Steuerungsmechanismen für den Hochschulbereich abgeleitet werden, die die Selbstverwaltung im autonomen Bereich effizienter und effektiver machen können, indem sie das traditionelle System von Verhandlung und Abstimmung ergänzen oder ablösen.

Grundlegend ist zunächst ein modernes (kaufmännisches) Rechnungswesen mit einer entwickelten Kostenrechnung (Kostenarten-, Kostenstellen- und Kostenträgerrechnung) als notwendiges betriebswirtschaftliches Instrument, um die betrieblichen Abläufe in Hochschulen transparent zu machen. Grundlegend ist ferner die Verlagerung der Budgetabwicklung auf diejenige organisatorische Ebene, der die Ergebnisverantwortung für spezifische Aufgabenbereiche (wie ein EDV-Zentrum) bzw. die Teilprozesse, die die gesamte Leistungserstellung der Hochschulen ausmachen (wie einzelne Studienrichtungen), zukommt (*Zboril* 1998). Wie in Unternehmen können auch Leistungsbeziehungen zwischen den verschiedenen organisatorischen Einheiten über Verrechnungspreise auf internen Märkten gesteuert werden (einschließlich der Option des Zukaufs von außen bzw. der Alternative 'make or buy').

Damit ein entwickeltes 'Controlling',[1] neue Kennzahlen- und Management-Informationssysteme zu Effizienzverbesserungen führen, ist einerseits eine Professionalisierung der Hochschulverwaltung – nicht allein auf der Ebene zentraler Einrichtungen, sondern auch der einzelnen organisatorischen Einheiten – Voraussetzung. Entscheidend für die möglichen Effekte auf Effizienz und Effektivität der Hochschulen wird andererseits die Institutionalisierung von Anreiz- und Sanktionsmechanismen, die Leistungsverbesserungen bzw. Kosteneinsparungen bewirken können. Ein grundlegendes Problem liegt hier jedoch in der Erfassung und Bewertung von Größen des Leistungsprozesses, die sich – anders als im Unternehmensbereich – weitgehend einer einfachen Messung entziehen.

Dasselbe Problem ergibt sich bereits, wenn im Verhältnis zu den staatlichen Finanzierungsträgern die Budgetzuweisungen in einer Quasi-Markt-Beziehung an Leistungsindikatoren der Hochschulen geknüpft werden sollen. Ein einfacher Mechanismus, der zum Beispiel ein globales Budget als Funktion der Zahl der Studierenden zuweist, wäre offensichtlich unzureichend; wird zusätzlich eine

1 Im Unterschied zum vergangenheitsbezogenen Rechungswesen richtet Controlling den Blick planend nach vorn: Von einer Planung der Ziele und Entwicklungslinien für die Zukunft, die von den verantwortlichen Organisationseinheiten bestimmt wird, leitet sich eine Budgetierung der notwendigen Maßnahmen und Mittel zur Zielerreichung ab; über eine laufende Betriebsdatenerfassung und das entsprechende Berichtswesen kann die tatsächliche Entwicklung kontrolliert und – bei Abweichungen – steuernd eingegriffen werden.

Differenzierung der Pro-Kopf-Kosten nach Studienrichtungen zugrundegelegt und die Zuweisung über Korrekturfaktoren wie die Studierendenzahl, die durchschnittliche Studiendauer oder die Abbrecherquote modifiziert, so mag sich die Budgetvorgabe derart einem Satz von Leistungsindikatoren für die Lehraufgaben von Hochschulen annähern, während jedoch die Forschungsleistung lediglich als 'Nebenprodukt' in der Budgetzuweisung berücksichtigt würde.

Eine umfassende, regelmäßige Evaluierung der Forschungsleistung der Hochschulen, wie sie unter dem Ziel der Transparenz und der Verantwortlichkeit des Leistungsgeschehens der Hochschulen gefordert wird, kann dagegen aufgrund ihrer Komplexität, Mehrdimensionalität und Fachgebundenheit nicht in eine allgemeine Formel für die Budgetzuweisung für den Forschungsbereich übersetzt werden. Denkbar ist jedoch, dass ein Forschungsanteil am Gesamtbudget hochschulintern nach Kriterien auf die einzelnen organisatorischen Einheiten bzw. Forschungsprogramme und -projekte aufgeteilt wird, die die Ergebnisse von Forschungsevaluierungen berücksichtigen.

Die besonderen Schwierigkeiten einer Erfassung und Bewertung von Forschungsleistungen über generelle Indikatoren könnten die Begründung dafür sein, in der allgemeinen Budgetzuweisung an die Hochschulen nur eine Grundausstattung für den Forschungsbereich vorzusehen und den Großteil der Mittel, über ein Budget und das Begutachtungsverfahren von Institutionen der Forschungsförderung gesteuert, als Finanzierung von einzelnen Forschungsprojekten den Hochschulen zufließen zu lassen. Über die politische Entscheidung zur Dotierung der Forschung an den Hochschulen hinaus (und allenfalls noch die Dotierung einzelner Forschungsschwerpunkte und –programme) erfolgt die Finanzierung der Forschung an einzelnen Hochschulen damit über den Wettbewerb an einem ‚Quasi-Markt' für Forschungsmittel, der von professionellen Standards bestimmt wird.

Eine radikale Lösung geht dagegen von einer Bewertung der Leistungsindikatoren von Hochschulen durch den 'Markt' aus: Anstelle der direkten Finanzierung der Hochschulen durch den Staat kann der staatliche Finanzierungsbeitrag den Nachfragern in Form von Bildungsgutscheinen zur Verfügung gestellt werden, die diese nach ihrer Einschätzung des Leistungspotentials der konkurrierenden Anbieter einlösen und hierdurch das verfügbare Budget der einzelnen Hochschulen bestimmen. Abgesehen von der verteilungspolitischen Begründung für die Einführung von Studiengebühren, geht auch das Argument der allokativen Effizienz eines Finanzierungsbeitrags der Studierenden zum Budget der Hochschulen davon aus, dass in dieser Weise eine Bewertung konkurrierender Leistungsangebote stattfindet, von der Leistungsverbesserungen der Hochschulen erwartet werden können.

Während die Budgetausstattung der Hochschulen traditionell durch staatliche Steuerung, ergänzt durch das Element von Verhandlungen, bestimmt wird und die interne Allokation über Verhandlungen und Abstimmung vorgenommen wird, ist es jedenfalls das Ziel veränderter Finanzierungs- und Budgetzuweisungsprozesse, den Steuerungsmechanismus von Markt und Wettbewerb zum Tragen zu bringen: Die Verfügbarkeit von Ressourcen soll, in der einen oder anderen Form, von 'Marktreaktionen' auf die Leistungen der Hochschulen in Lehre und Forschung abhängen.

Damit die Leistungsanreize von Markt und Wettbewerb wirksam werden können, sind jedoch auch erweiterte Entscheidungsspielräume sowie Entscheidungsmechanismen und Anreizstrukturen innerhalb der Organisation 'Hochschule' notwendig, die den Strukturen im Unternehmensbereich angenähert sind. Dies bedeutet eine Stärkung des hierarchischen Steuerungsinstruments von Anweisung und Kontrolle, d.h. die Zurückdrängung des demokratischen Prinzips des 'Professionalismus', sowie eine verstärkte Abhängigkeit der Personalentscheidungen sowie der individuellen Einkommens- und Karriereentwicklung im Hochschulbereich von Leistungsindikatoren, d.h. die Zurückdrängung von Strukturen des Dienst- und Besoldungsrechts des öffentlichen Sektors.

Die Stärkung hierarchischer Steuerung bedeutet insbesondere eine stärkere Position von leitenden Organen der Hochschulen wie Rektoren, Dekanen, Leitern von Departments etc. sowie die Notwendigkeit organisatorischer Regelungen für die Besetzung derartiger Funktionen, um Kompetenz und Unabhängigkeit der jeweiligen Entscheidungsträger zu sichern (z.B. Wahlmodus, Funktionsdauer). Eine stärker leistungs- und marktorientierte Entlohnung von Hochschullehrern steht im Zusammenhang eines Karrieremodells, das eine abgestufte Karriereentwicklung vorsehen sollte und in einen erweiterten Kündigungsschutz mündet ('tenure'), wie er aus Gründen der Unabhängigkeit eines Kerns von 'bewährten' Hochschullehrern notwendig ist (*Mc Pherson/Schapiro* 1999).

Den erweiterten Verhaltensmöglichkeiten durch höhere Autonomie der Hochschulen müssen durch veränderte institutionelle Arrangements Anreizstrukturen entsprechen, deren Verhaltenswirkungen ein höheres Maß an Effizienz und Effektivität des Betriebs der Hochschulen erwarten lassen. Erhalten Steuerungsinstrumente und Anreizstrukturen, wie sie für den Unternehmensbereich charakteristisch sind, daher auch für die Hochschulen – in geeignet modifizierter Form –

Bedeutung, so wird allerdings ein Phänomen auftreten, das die Institutionenökonomie als 'Pfadabhängigkeit' bezeichnet: alle Reformen hängen in ihrer Wirksamkeit von der vorausgegangenen Entwicklung und von der geschichtlichen Prägung des betreffenden Bereichs, von Faktoren einer Kultur von Organisationen und der Mentalität der in ihnen tätigen Menschen ab.

Wenn die neuere Institutionenökonomie in neoklassischer Tradition von der Prämisse individuell ökonomisch rationalen Verhaltens ausgeht, bleibt so die Frage, ob in Wirtschaftsunternehmen wirksame Mechanismen ('extrinsische Anreize') im Kontext von Hochschulen und für das Verhalten von Hochschulangehörigen vergleichbare Wirksamkeit entfalten, oder ob nicht andere Wertorientierungen und Verhaltensmuster ('intrinsische Motivation') auch andere, oder zumindest schwächere Effekte spezifischer Anreizstrukturen bewirken werden.[2] Grundsätzlich muss auch davon ausgegangen werden, dass objektive Leistungsindikatoren, die nur einen Teil des möglichen Beitrags zu den Zielen der Organisation abbilden, keinen idealen Anreizmechanismus für die Mitglieder einer Organisation begründen können, so dass effiziente Leistungsprämien daher vielfach nur eine geringe Höhe aufweisen werden bzw. mit anderen Leistungsanreizen kombiniert werden müssen. Notwendigerweise werden zudem subjektive Beurteilungen des gesamten Leistungsbeitrags sowie der Leistungsfähigkeit eine Rolle spielen (z.B. auch der künftigen Leistungen im Hinblick auf Karriereentscheidungen), wodurch sich die Schwierigkeiten eines idealen Anreizmechanismus noch verschärfen (*Gibbons* 1998, *Dixit* 1997).

5 Reform und internationale Wettbewerbsfähigkeit der Hochschulen

In höherem Maße, als dies für weite Bereiche der Wirtschaft gilt, ist das System von Wissenschaft und Hochschulbildung heute international orientiert bzw. durch vielfältige Kommunikations- und Austauschprozesse international und global organisiert. Internationalisierung und Globalisierung fördern generell einen 'Wettbewerb der Systeme': Die je besonderen institutionellen Ordnungen stehen mit-

2 Geht die verhaltenswissenschaftlich orientierte ökonomische Theorie von einem erweiterten Konzept von ‚Nutzen' aus, das die Komponenten ‚Selbstwertgefühl', ‚Zielerreichung', ‚Aufgabenbewältigung' und ‚Sinn' als wichtige Motive für menschliches Verhalten mit umfasst, so können derartige nicht-pekuniäre Motive neben ökonomisch-finanziellen Anreizen insbesondere auch die Bewertung von beruflichen Positionen im Hochschulbereich oder das Maß der Leistungsorientierung von Hochschullehrern bestimmen. Zu einem erweiterten Nutzen-Konzept vgl. Loewenstein 1999.

einander in Konkurrenz im Hinblick auf die Förderung bzw. die Beeinträchtigung der Effizienz des wirtschaftlichen Handelns und der Entwicklungsdynamik wirtschaftlicher Strukturen.

Für den wirtschaftlichen Bereich spielt die grenzüberschreitende Mobilität von Gütern und Kapital – insbesondere des Finanzkapitals, zunehmend auch des Realkapitals – die entscheidende Rolle für den Wettbewerb institutioneller Ordnungen, der die nationalen Regulierungssysteme einem Konkurrenzdruck aussetzt. Die relative Attraktivität von Wirtschaftsstandorten kann dabei als ein Wettbewerb der immobilen Faktoren, d.h. der Faktoren Arbeit, Boden und institutionelle Rahmenbedingungen eines Landes, um die mobilen Faktoren, d.h. das mobile Kapital, beschrieben werden (*Giersch* 1989). Die 'Abwanderungsoption' beschränkt die Regierungen als institutionelle Anbieter in ihren politischen Handlungsmöglichkeiten, sie fördert neuartige institutionelle Arrangements als adäquate Problemlösungen und sie verändert auch die Gewichtung organisierter Gruppeninteressen im innerstaatlichen politischen Entscheidungsprozess.

In den Bereichen Wissenschaft, Hochschulen und Hochtechnologie (den 'science-based industries') spielt jedoch auch eine zunehmende Migrationsbereitschaft des Faktors Arbeit, d.h. des wissenschaftlichen Nachwuchses und von hochqualifizierten Arbeitskräften eine Rolle, die sich in einer internationalen 'scientific community', in einem internationalen Experten-Arbeitsmarkt oder auch in einem internationalen Markt von Risikokapital für die Gründung von Unternehmen zunehmend frei bewegen. Im wettbewerblichen Vergleich ungünstige, hemmende nationale Regulierungssysteme führen zur 'Abwanderungsoption' der Verlagerung von Forschungs- und Entwicklungsaktivitäten, von Unternehmensgründungen etc. aus dem Hoheitsbereich des Staates in Richtung günstigerer Rahmenbedingungen für diese Aktivitäten in einem anderen Staat.[3]

Unterliegen Hochschulen institutionellen Regelungen, die ihre Effizienz und Effektivität beeinträchtigen und die ausländische Hochschulen nicht treffen, so kommt es zu Wettbewerbsnachteilen, die sich in höheren Kosten, in geringerer Produktivität oder in Abwanderung niederschlagen können. Die Strategie des Abbaus von Regulierungen, der erweiterten Autonomie der Hochschulen in Ver-

3 Deutlich zu beobachten war eine solche Abwanderung in der Vergangenheit im Berich der Biotechnologie von der Bundesrepublik Deutschland insbesondere in die USA; eine Entwicklung, die durch veränderte institutionelle Rahmenbedingungen inzwischen korrigiert bzw. umgekehrt werden konnte.

bindung mit veränderten Entscheidungs- und Kontrollmechanismen von Selbstverwaltung und Außenbeziehungen, stellt eine Reaktion der Hochschulpolitik dar, um die Wettbewerbsposition der heimischen Hochschulen wieder zu verbessern bzw. die Attraktivität der heimischen Hochschulen für international mobile Studierende und Hochschullehrer zu erhöhen. Ein Versagen der Hochschulpolitik, einen geeigneten institutionellen Rahmen für Lehre und Forschung an den Hochschulen bereitzustellen, würde sich dagegen in der Abwanderung der mobilen Kräfte sichtbar äußern, wobei unter diesen mobilen Kräften Jüngere und überdurchschnittlich Leistungsfähige und Leistungsorientierte überrepräsentiert sein werden. Ähnliches gilt in einem inter-institutionellen Wettbewerb, wenn sich innerhalb des Hochschulsektors die institutionellen Regelungen für verschiedene Bereiche wie Universitäten und Fachhochschulen oder private und staatliche Hochschulen unterscheiden und sich hieraus Wettbewerbsnachteile ergeben.

Ein wesentliches Motiv der allgemeinen politischen Diskussion zur Hochschulreform liegt in der Einschätzung eines Mangels an internationaler Wettbewerbsfähigkeit des deutschen Hochschulsystems. Referenzmaßstab sind dabei insbesondere die Elite-Universitäten der USA und ein US-amerikanisches Hochschulsystem, das traditionell in einem hohen Maße durch den Steuerungsmechanismus von Markt und Wettbewerb bestimmt wird. Allerdings wird dabei vielfach außer acht gelassen, dass sich die institutionellen Strukturen der Hochschulsysteme beider Länder auch in anderer Weise tiefgreifend unterscheiden. Markt und Wettbewerb haben in den USA zu einem stark differenzierten Hochschulsystem mit dramatischen Unterschieden der akademischen Standards geführt, während die deutsche Hochschullandschaft durch prinzipiell gleichrangige Institutionen charakterisiert wird, für die nur auf der Ebene einzelner Studienrichtungen ein interuniversitäres 'Ranking' sinnvoll bestimmt werden kann, und wo sich intrauniversitär beträchtliche Unterschiede der 'Ranking'-Position einzelner Studienrichtungen ergeben können. Die Einführung und Verstärkung der Steuerungselemente von Markt und Wettbewerb wird jedoch auch unter diesen Ausgangsbedingungen zu einer verstärkten Differenzierung der Hochschullandschaft führen: der Wettbewerb setzt Differenzierungsfolgen frei, die innerhalb und zwischen den Hochschulen erhöhte Ranking-Unterschiede für einzelne Lehr- und Forschungsbereiche bewirken werden.

Literatur

Dixit, A. (1997), „Power of Incentives in Private versus Public Organizations", in: *American Economic Review*, 87,2, S. 378 – 382.

Fama, E.F. (1980), „Agency Problems and the Theory of the Firm", in: *Journal of Political Economy*, 88, S. 288 – 307.

Frey, B.S. und Kirchgässner, G. (1994), *Demokratische Wirtschaftspolitik: Theorie und Anwendung*. 2. A. München.

Gibbons, R. (1998), „Incentives in Organizations", in: *Journal of Economic Perspectives*, 12,4, S. 115 – 132.

Giersch, H. (1989), „Anmerkungen zum weltwirtschaftlichen Denkansatz", in: *Weltwirtschaftliches Archiv*, 125, S. 2.

Loewenstein, G. (1999), „Because It Is There: The Challenge of Mountaineering... for Utility Theory", in: *Kyklos*, 52,3, S. 315 – 344.

Mc Pherson, M.S. und Schapiro, M.O. (1999), „Tenure Issues in Higher Education", in: *Journal of Economic Perspectives*, 13, 1, S. 85 – 98.

Olson, M. (1992), *Die Logik des kollektiven Handelns*. 3. A. Tübingen.

Zboril, N.A. (1998), *Fakultäts-Informationssystem als Instrument des Hochschul-Controlling*. Stuttgart.

Jens Harms

Wirtschaftlichkeit unter Bedingungen des New Public Management – unter besonderer Berücksichtigung des Schulwesens

1 Reform der Haushaltswirtschaft

Seit Anfang der 90-er Jahre wird in Deutschland in Bund, Ländern und Gemeinden über eine Reform der Haushaltswirtschaft diskutiert. Der Grund für diesen Reformeifer liegt einerseits in den finanzwirtschaftlichen Problemen der öffentlichen Haushalte, die vor allem durch den Vereinigungsprozess bedingt sind; andererseits an der aus der angelsächsischen Welt kommenden Diskussion über eine Umorientierung des Staates.

In Deutschland sind es vor allem die Kommunen, die eine Vorreiterfunktion im Reformprozess einnehmen. Dies ist u.a. dadurch bedingt, dass Kommunen eine Vielzahl von Gütern und Leistungen anbieten, für die Gebühren erhoben werden; diese Güter sind somit einer ökonomischen Bewirtschaftung zugänglich. Bei Bund und Ländern ist dies viel schwieriger: Sie erstellen eine Vielzahl von reinen und meritorischen öffentlichen Gütern, die aufgrund ihrer hohen externen Effekte aus Steuermitteln finanziert werden.

Bei Bund, Ländern und Gemeinden erfolgt die Bewirtschaftung der Haushaltsmittel bisher nach kameralen Prinzipien. Rechtlich ist die Kameralistik im Haushaltsgrundsätzegesetz (HGrG) normiert, welches für alle Gebietskörperschaften gleichermaßen anzuwenden ist. Bestimmend für das kamerale System sind die Prinzipien der Einheit des Haushalts, des Bruttoprinzips sowie der zeitlichen und sachlichen Spezialität.

Aufgrund des Prinzips der Einheit des Haushalts wird durch jede Einnahme bzw. jede Ausgabe immer der gesamte Haushalt betroffen, d.h. es gibt keine segmentierten ökonomischen Verantwortlichkeiten. Dies hat – so wird kritisiert – zur Folge, dass keine Anreize für ein wirtschaftlicheres Verhalten öffentlicher Leistungsanbieter vorhanden sind.
Das Bruttoprinzip beinhaltet, dass alle Einnahmen und Ausgaben im Haushaltsplan ausgewiesen werden müssen und es zwischen ihnen keine Verrechnung (Nettoprinzip) geben darf. Auch dies ist nicht förderlich für ein wirtschaftliches

Verhalten, zumal eine Ausdehnung von Aktivitäten nicht aus dadurch gewonnenen Einnahmen finanziert werden kann.
Aufgrund der zeitlichen Spezialität wird der Haushalt für eine bestimmte Periode (in der Regel ein Jahr) aufgestellt, wobei nicht verausgabte Mittel verfallen. Diese Regelung fördert teilweise einen ineffizienten Einsatz von Mitteln, was seinen besonderen Niederschlag in dem sog. Dezemberfieber findet. Schließlich beinhaltet die sachliche Spezialität, dass die Mittel für detaillierte Zwecke eingestellt werden, so dass uno actu Ausgaben mit Aufgaben verbunden werden. Jede Ausgabe hat also eine spezifische Zweckbestimmung und die Mittel dürfen nur dementsprechend verausgabt werden.

Die Reform der Haushaltswirtschaft hat die Überwindung der Kameralistik zum Ziel. Man geht davon aus, dass die Transparenz von Kosten und Leistungen der angebotenen Güter zu einem wirtschaftlicheren Handeln der öffentlichen Hand beitragen kann. Voraussetzung dafür war die Novellierung des Haushaltsgrundsätzegesetzes, die zum 1. Januar 1998 in Kraft getreten ist. Mit dieser Novellierung wurde es möglich, aufgrund von § 33 a HGrG neben der Kameralistik zusätzlich kaufmännisch zu buchen, wobei allerdings gemäß § 6 a HGrG die globale Zuweisung von Mitteln (Budgetierung) nur dann stattfinden darf, wenn komplementär entsprechende Informations- und Steuerungsmechanismen eingeführt werden.

Auf der Grundlage des reformierten Haushaltsgrundsätzegesetzes wird derzeit ein grundlegender Umbau der staatlichen Haushaltswirtschaft in Angriff genommen. Ziel des Reformprozesses ist ein effektives und effizientes Verwaltungssystem. Die Hessische Landesregierung will den Umbau im Großen und Ganzen bis zum Jahre 2008 geschafft haben, zumindest soll bis zu diesem Zeitpunkt das kaufmännische Rechnungswesen für alle Teile der Landesverwaltung verbindlich eingeführt werden.

2 New Public Management

Der Umbau des tradierten Verwaltungssystems und die Einführung ökonomischer Steuerungsmethoden ist von angelsächsischen Ländern ausgegangen, wobei insbesondere England und Neuseeland eine Vorreiterfunktion hatten. In unterschiedlichen theoretischen Konzeptionen ging es vor allem darum, inwieweit Marktelemente in den Prozess der ökonomischen Leistungserstellung des Staates eingebaut werden können. Dabei muss zwischen strategischen und operativen Elementen unterschieden werden.

Die strategischen Elemente des New Public Managementkonzeptes sind

a) die dezentrale Ressourcenverantwortung,
b) die Output-Steuerung,
c) das Kontraktmanagement.

Als operative Elemente sind

a) die Einführung des kaufmännischen Rechnungswesens und der Kostenleistungsrechnung,
b) die Organisationsentwicklung,
c) die Neuorientierung der Personalwirtschaft und
d) die Implementierung von Interner Revision, Controlling und Berichtswesen

zu nennen.

Grundlegend für das System des New Public Management ist die dezentrale Ressourcenverantwortung, d.h. Produktions- und Finanzverantwortung sollen miteinander verbunden werden. Die bewirtschaftende Stelle („agent"/Mandant) soll eigenverantwortlich über den wirtschaftlichen Einsatz der Ressourcen entscheiden, wobei der letztlich verantwortliche Entscheidungsträger („principal") mit dem Mandanten im Rahmen eines Kontraktmanagements festlegt, wie viel Produkte (Output) zu welchen Preisen erstellt werden sollen.

Die strategischen Entscheidungen sichern nun noch kein wirtschaftliches Handeln. Es bedarf daher verschiedener operativer Instrumentarien, um die ökonomische Orientierung des Prozesses der Leistungserstellung abzusichern. Dazu gehört zunächst einmal die Einführung des kaufmännischen Rechnungswesens sowie der Kosten- und Leistungsrechnung, mit denen sichergestellt werden soll, dass sämtliche Kosten erfasst werden, um diese den erbrachten Leistungen gegenüberzustellen. Dies ist Voraussetzung für ökonomische Transparenz.

Um die Ordnungsmäßigkeit und Wirtschaftlichkeit des Handelns von Mandanten sicherzustellen, bedarf es der Einführung von Interner Revision und Controlling sowie eines Berichtswesens, mit dem letztlich gegenüber der Öffentlichkeit Rechenschaft über den ökonomischen Einsatz öffentlicher Mittel abgelegt wird.

Nun ist es durchaus möglich, ein kaufmännisches Rechnungswesen in Organisationen einzusetzen, die ineffektiv strukturiert sind. Daher wird es notwendig sein, durch entsprechende Prozesskostenanalysen Organisationsentwicklungsprozesse zu unterstützen, die eine Optimierung von Verwaltungsstrukturen bewirken. Hinzu kommt eine Neuorientierung der Personalwirtschaft, die vom Alimentierungsprinzip Abstand nimmt und sich am Leistungsprinzip orientiert.

3 Das kaufmännische Rechnungswesen

Im Zentrum der Diskussion über eine Reform der öffentlichen Verwaltung steht u.a. die Einführung des kaufmännischen Rechnungswesens sowie der Kosten- und Leistungsrechnung. Damit soll erreicht werden, das kamerale System zügig zu überwinden (das allerdings aufgrund von § 33 a HGrG noch zusätzlich beibehalten werden muss) und die Voraussetzungen für eine ökonomische Steuerung der öffentlichen Leistungserstellung zu schaffen.

Das kaufmännische Rechnungswesen hat vor allem drei Funktionen:

a) eine Darstellungsfunktion,
b) eine Kontrollfunktion und
c) eine Lenkungsfunktion.

Mit der Finanzbuchhaltung (Vermögens-, Finanzierungs- und Erfolgsrechnung) wird Rechenschaft über Werteerzeugung und Werteverzehr sowie über die Finanzierung des Produktionsprozesses gelegt. Im Gegensatz zur Kameralistik ist es dabei möglich, die Veränderung der Vermögensposition des Staates darzustellen sowie über den effektiven Werteverzehr des Produktionsprozesses Rechnung zu legen.

Nun kommt es nicht nur darauf an, den Werteverzehr als Ganzen zu ermitteln, sondern diesen den produzierten Leistungen gegenüberzustellen. Diese Funktion hat die Kostenrechnung, wobei sie dazu genutzt werden soll, die Effektivität und Effizienz des Produktionsprozesses darzustellen und zu kontrollieren.

Das Rechnungswesen hat eine Darstellungsfunktion, indem der Einsatz von Haushaltsmitteln ökonomisch vorkalkuliert wird (Plankostenrechnung), wodurch einerseits die Ressourcen den gesellschaftlichen Bedürfnissen entsprechend effizient gelenkt werden können, andererseits kontrollierbar ist, inwieweit der Leistungserstellungsprozess von Vorgaben entsprechend verläuft.

Die Erkenntnisse und Schlussfolgerungen, die aus der Buchhaltung gewonnen werden können, finden letztlich ihren informativen Niederschlag in der Kosten- und Leistungsrechnung. Sie kann Grundlage sein, um den gesamten Prozess der Leistungserstellung ökonomisch zu optimieren. Dabei ist zwischen einem potenzialorientierten Ressourcen-Management, einem Prozesskosten-Management, einem qualitätsorientierten Leistungs-Management und einem Produktkosten-Management zu unterscheiden. Mit dem potenzialorientierten Ressourcen-Management wird versucht, auf die Kosten der Inputs einzuwirken. Da eine Veränderung der Kosten zu einer Neuorientierung von Prozessen der Leistungserstellung führen muss (Substitutionsprozesse), ist das Prozesskosten-Management ein weiteres Derivat der Kosten- und Leistungsrechnung. Da es aber nicht nur um Kosten, sondern auch um Leistungen geht, müssen diese ebenso bei der Steuerung der Leistungserstellung mit in Betracht gezogen werden. Leistungen haben sowohl eine Qualitäts- wie auch eine Produktkostenkomponente, so dass es gilt, einerseits ein Qualitäts-Management (Top-Quality-Management) zu betreiben, andererseits für eine anvisierte Qualität die Produktkosten zu minimieren (Wirtschaftlichkeitsprinzip).

Ein großes Problem liegt in der Definition staatlicher Leistungen, insbesondere hinsichtlich ihrer qualitativen Eigenschaften. Da die Produktion weitgehend nicht über Preise und Märkte gesteuert wird, sondern über politische Entscheidungen, bedarf es hier großer Anstrengungen, um öffentliche Leistungen mittels Kennziffern adäquat zu erfassen, um auf ihrer Grundlage den Produktionsprozess effektiv zu steuern. Da ökonomische und politische Steuerung teilweise im Widerspruch zueinander stehen können, werden sich hier künftig Problembereiche auftun, deren Lösung nicht einfach sein wird.

Die mit dem Reformprozess angestrengte ökonomische Leistungssteuerung sollte allemal auch dafür Anlass sein zu überlegen, inwieweit es sinnvoll ist, Marktmechanismen für den Prozess einer ökonomischen Allokation von Produktionsfaktoren zu nutzen. Dieses würde der Rationalität des Systems entsprechen, wobei die Problematik einer "gerechten" Verteilung ebenfalls einer veränderten Betrachtung bedürfte.

4 Die Budgetierung

Eine Budgetierung kann es sowohl im output-orientierten wie auch im (kameralen) input-orientierten Steuerungssystem geben. Im output-orientierten Steuerungssystem werden zunächst Plankosten für zu erbringende Leistungen ermittelt, um darauf aufbauend den produzierenden Einheiten Budgets zur Selbstbewirtschaftung zuzuweisen.

Die input-orientierte Budgetierung ist im Grunde eine Strategie der Flexibilisierung von kameralistischen Bewirtschaftungsmöglichkeiten. Eine eigenständigere Mittelbewirtschaftung wird hier durch eine Erweiterung der gegenseitigen Deckungsfähigkeit von Haushaltsmitteln (sachliche Spezialität), einer Verbesserung der Möglichkeiten der Übertragung von Haushaltsmitteln (zeitliche Spezialität) sowie der Möglichkeit, zusätzlich erzielte Einnahmen für selbst bestimmte Zwecke (Aufweichung der Einheit des Haushalts und des Bruttoprinzips) realisiert.

Diese Form der Budgetierung ist somit auf der Grundlage des kameralen Haushaltsrechtes möglich. In der Regel wollen die zuweisenden Stellen mit dieser Form der Budgetierung einen wirtschaftlicheren Umgang mit Haushaltsmitteln erreichen, der sich in einer so genannten „Effizienzdividende“ niederschlagen soll, die mit zwei bis drei Prozent der sächlichen Verwaltungsausgaben und der Personalausgaben veranschlagt wird. Inwieweit diese "prognostizierte Einsparung" bei den Ausgaben tatsächlich eintritt, kann nur zutreffend beurteilt werden, wenn die Sollansätze der Ausgaben in den Haushaltsplänen der Gebietskörperschaften sachgerecht veranschlagt werden.

Schaubild 1: Neue Formen der Budgetierung

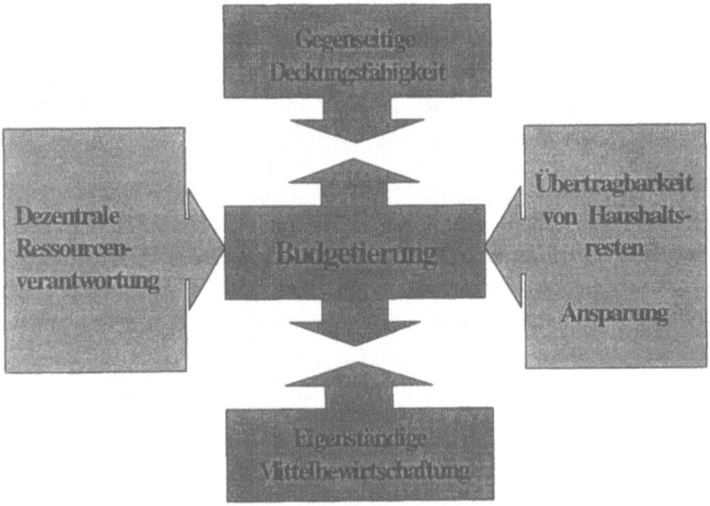

Die kommunalen Träger, die für die sogenannte äußere Schulverwaltung zuständig sind, bedienen sich seit einigen Jahren vielfach des Instrumentariums der input-orientierten Budgetierung. Für die Schulen bedeutet dies, dass die zugewiesenen Gelder auf weniger Titel verteilt werden und es den Schulen – begrenzt – ermöglicht wird, eigene Prioritäten in der Verwendung der Mittel zu setzen. Für die Schulen beinhaltet dies einen Anreiz, eigenverantwortlich wirtschaftlicher mit den Mitteln umzugehen, während die Schulträger sich teilweise davon befreien können, den Schulen vorzuschreiben, wie die viel zu knappen Mittel im Einzelnen eingesetzt werden sollen. Diese Strategie der Mittelbewirtschaftung vermag damit sowohl für die politischen Verantwortungsträger wie auch für die mittelbewirtschafteten Schulen Vorteile bringen. Allerdings ist diese Strategie noch weit davon entfernt, einem output-gesteuerten System, das auf der Grundlage einer genauen Kostenermittlung beruht, gerecht zu werden.

5 Wirtschaftlichkeit und Kontrolle

Die Erhöhung der Wirtschaftlichkeit der öffentlichen Verwaltung setzt voraus, dass den Verwaltungen die Möglichkeit gegeben wird, eine höhere Flexibilität bei dem Einsatz von Ressourcen zu gewinnen. Dies wiederum impliziert, dass es für ein wirtschaftlicheres Verhalten Anreize geben muss, also Vorteile, die sich letztlich bei den Handelnden materiell niederschlagen müssen.

Es kann nicht gesagt werden, dass das kamerale System ein wirtschaftliches Verhalten verbietet, im Gegenteil verpflichtet § 6 HGrG zu einem wirtschaftlichen Einsatz von Haushaltsmitteln. So sind die veranschlagten Titel immer nur Ausgabeermächtigungen, d.h. die zu erbringenden Aufgaben dürfen durchaus auch mit einem geringeren Mitteleinsatz als veranschlagt realisiert werden. Das Problem einer mangelnden Wirtschaftlichkeit liegt vor allem in nicht funktionierenden Kontrollmechanismen, die ökonomisch befriedigende Lösungen der Leistungserstellung sicherstellen.

In einem Aufsatz, den Harvey Leibenstein im Jahre 1973 veröffentlicht hat, setzte er sich mit der Problematik von Effizienzdefiziten auseinander. Zunächst legt Leibenstein dar, dass Produktionseinheiten, bei denen der Prinzipal nicht selbst über den Produktionsprozess entscheidet (weil er von Agenten betrieben wird), keinen eingebauten Mechanismus haben, die Effizienzproblematik aus sich heraus zu lösen. Leibenstein weist daher darauf hin, dass wirtschaftliches Handeln nur durch das Vorhandensein eines entsprechenden Kontrolldrucks sichergestellt werden kann, wobei er vier Kontrolltypen unterscheidet:

a) Konkurrenzdruck durch Wettbewerb,
b) die Definition von Leistungsstandards (standards of performance),
c) die Strategie des Kostendrucks (cost-pressure),
d) bürokratische Kontrollen.

Am effektivsten ist für Leibenstein der Konkurrenzdruck durch Wettbewerb, also das Vorhandensein von funktionierenden Märkten. Sie können das ökonomische Allokationsproblem lösen, also die den gesellschaftlichen Bedürfnissen entsprechende Zuteilung knapper Ressourcen bewerkstelligen. Voraussetzung dafür ist, dass auf den Märkten Wettbewerbspreise gebildet werden, was allerdings bei öffentlichen Gütern nicht oder bestenfalls eingeschränkt funktionieren kann.

Leibenstein sieht daher in der Definition von Leistungsstandards eine zweite Möglichkeit, einen Quasiwettbewerb zu etablieren. In diesem Fall werden Leistungsanbieter im Hinblick auf Inputs und Outputs miteinander verglichen (Benchmarking), wobei es möglich erscheint, einen Bereich von "best-practice" zu definieren, an dem sich die weniger effizient arbeitenden Anbieter anpassen müssen. Auch diese Strategie würde insgesamt eine Verbesserung des Ressourceneinsatzes zur Folge haben können.

Die Strategie des Kostendrucks ist sicherlich eine in den letzten Jahren vielfach verbreitete Vorgehensweise gewesen. Dabei werden Budgets gekürzt, wobei gleichzeitig den Leistungserbringern zur Auflage gemacht wird, die Outputs auf gleicher Höhe zu lassen. Die Möglichkeit einer Effizienzsteigerung ist solange möglich, wie Produktivitätsreserven ausgeschöpft werden können. Wie viel Produktivitätsreserven vorhanden sind, ist dabei in der Regel nicht vorhersehbar. Allerdings zeigt die Erfahrung, dass es durchaus möglich ist, bei fixiertem Mitteleinsatz Outputs zu erhöhen.

Die vierte Strategie sind bürokratische Kontrollen. Es kann sich hierbei sowohl um interne wie auch um externe Kontrollen handeln, wobei die internen Kontrollen von der Verwaltung selbst durchgeführt werden, während die Aufgabe von externen Kontrollen vorwiegend bei Rechnungshöfen liegt. Sowohl interne wie auch externe Kontrollen sollen sicherstellen, dass knappe Mittel ordnungsgemäß und wirtschaftlich eingesetzt werden, wobei – zugegebenermaßen – Kontrollen der Wirtschaftlichkeit oft hinter der Sicherung der Postulate der Ordnungsmäßigkeit zurückgeblieben sind.

Das kamerale Haushaltssystem – und dies ist zweifelsohne als ein Vorteil zu sehen – hat eine eingebaute Kontrollmacht, wobei sie sich insbesondere auf den ordnungsgemäßen Einsatz der Haushaltsmittel konzentriert. Damit ist die Wirtschaftlichkeit des öffentlichen Handelns zu einem großen Teil auf der Strecke geblieben. Dies soll nun durch die Einführung des neuen Steuerungsmodells erreicht werden, wobei zunächst die Kontrollkultur der Kameralistik aufgegeben wird. Gleichzeitig – und dies gilt es in nächster Zeit zu leisten – müssen mit der Etablierung der neuen Steuerungsformen veränderte Kontrollstrategien eingeführt werden, um letztlich nicht der Beliebigkeit des Mitteleinsatzes Vorschub zu leisten.

6 Interne und Externe Kontrollen

Mit dem neuen Steuerungssystem werden privatwirtschaftliche Strategien der Leistungserstellung auf den Staat übertragen. Dabei wird sich der Staat von der Privatwirtschaft vor allem darin unterscheiden, dass die von ihm erbrachten Leistungen nicht über funktionierende Märkte abgesetzt werden können. Soweit Märkte funktionieren würden, wäre es ohnehin sinnvoll zu prüfen, die staatliche Leistungserstellung zu privatisieren.

Schaubild 2: Formen interner Kontrolle

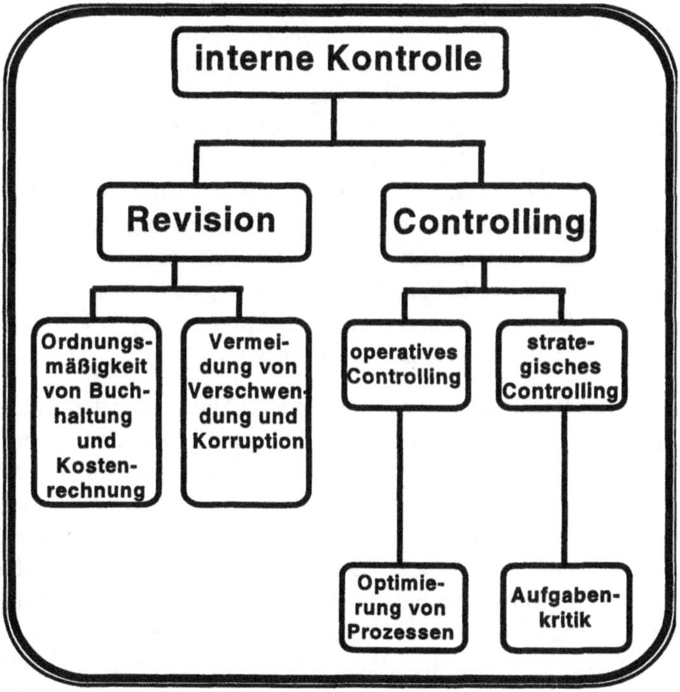

Das neue Steuerungsmodell impliziert, dass die öffentlichen Leistungsanbieter autonom sind, ökonomisch effiziente Produktionsprozesse zu definieren und sie zur Anwendung zu bringen. Dies bedeutet also, dass im Rahmen eines Kontraktmanagements die Outputs definiert werden, während Entscheidungen über den Faktoreinsatz autonom zu treffen sind.

Zunächst ist es Aufgabe der produzierenden Einheiten, für die Ordnungsmäßigkeit und die Wirtschaftlichkeit der Leistungserstellung eigenständig zu sorgen. Um dies sicherzustellen, müssen Revision und Controlling eingerichtet werden. Dabei hat die Interne Revision vor allem die Aufgabe der Ordnungsmäßigkeitskontrollen. Dies impliziert die Überwachung der Ordnungsmäßigkeit von Buchhaltung und Kostenrechnung, also durch eine Kontrolle der Leistungs- und Zahlungsströme dazu beizutragen, dass Verschwendung, Betrug und Korruption vermieden werden.

Da allerdings die aufgezeigten Kontrollstrategien ausschließlich interne Kontrollen sind und staatliche Einheiten nicht von Finanzierungsströmen bestimmt sind, die über den Markt geregelt werden, bedarf es weiter gehender externer Kontrollen. Als externe Kontrollformen sind Testatprüfungen, Ordnungsmäßigkeitsprüfungen und Wirtschaftlichkeitsprüfungen zu unterscheiden. Die Testatprüfungen, die es gleichermaßen in der öffentlichen Wirtschaft wie in der Privatwirtschaft geben muss, sollen gegenüber Gläubigern und Eigentümern sicherstellen, dass von Seiten der Geschäftsführung ein wahrer und fairer Überblick über die wirtschaftliche Lage des Unternehmens gegeben wird. Da das kaufmännische Rechnungswesen eine gewisse Gestaltungsfreiheit in der Darstellung von Geschäftsprozessen gibt, muss auch bei öffentlichen Leistungsanbietern eine jährliche Testatprüfung vorgenommen werden. Dies kann sowohl durch Wirtschaftsprüfer, durch vorgesetzte Behörden oder Rechnungshöfe geschehen, wobei letztere zumindest das Recht haben müssen, stichprobenweise die Ordnungsmäßigkeit der Rechnungslegung nachprüfen zu können.

Für die externe Kontrolle sind insbesondere Ordnungsmäßigkeitsprüfungen und Wirtschaftlichkeitsprüfungen von großer Bedeutung. Bei den Ordnungsmäßigkeitsprüfungen geht es einerseits – insbesondere in Ermangelung einer Marktkontrolle – um die Überprüfung der tatsächlich erbrachten Produktionsleistungen und um die Rechtmäßigkeit des Verwaltungshandelns. Die Sicherstellung der Produktionsleistung muss über die Bildung entsprechender Kennziffern geprüft werden, wobei es nicht nur um die quantitative Produktionsleistung, sondern auch um die Frage ihrer Qualität zu gehen hat. Dies beinhaltet auch, dass die Daten der Kosten-Leistungs-Rechnung einer externen Überprüfung bedürfen, da der Leistungserbringer – verständlicherweise – ein Interesse daran haben wird, sich selbst in einem positiven Licht zu präsentieren.

Da die Verwaltung stets auf der Grundlage von Recht und Gesetz handelt, bleibt die dahingehende Überprüfung weiterhin eine wichtige Aufgabe. Dies bezieht sich insbesondere auch auf die Verhinderung von Betrug und Korruption.

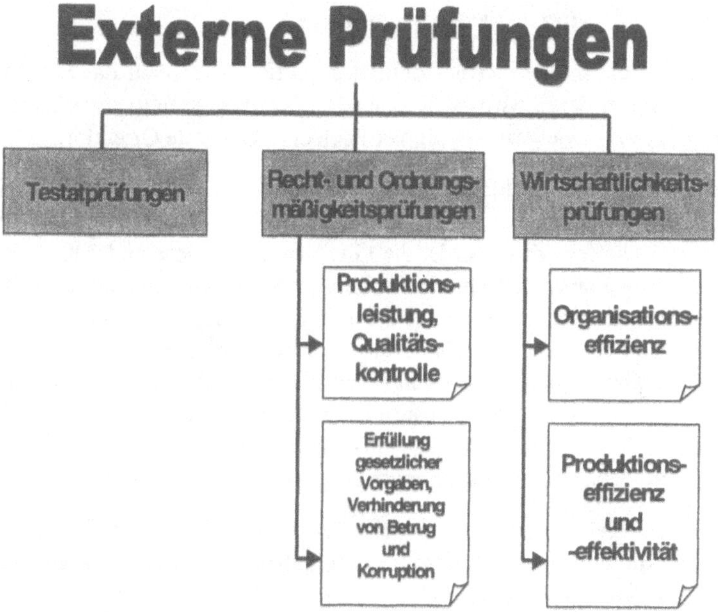

Schaubild 3: Formen externer Prüfungen

Da die Wirtschaftlichkeit des Handelns kein Selbstzweck ist, sondern nur durch externe Restriktionen sichergestellt werden kann, bleibt die externe Überprüfung der Wirtschaftlichkeit eine wichtige Aufgabe. Dabei geht es sowohl um Fragen der Organisationseffizienz als auch um Probleme der Produktionseffizienz. Eine ökonomische Strukturierung der Organisation ist in der Privatwirtschaft durch den Konkurrenzdruck bedingt. Wer ineffizient organisiert ist, wird mit zu hohen Kosten konfrontiert sein, so dass die Wettbewerbsfähigkeit darunter leidet. Da dies bei öffentlicher Verwaltung nicht im selben Maße gegeben sein wird, sie also durch externen Marktdruck keine internen Anpassungsleistungen erbringt, müssen entsprechende Kontrollen sichergestellt werden. Wirtschaftlichkeitsprüfungen im engeren Sinne beziehen sich auf die Effektivität und Effizienz des gesamten Produktionsprozesses, also auf Fragen, ob die Wirksamkeit der Leistungserstellung befriedigend ist bzw. inwieweit dem ökonomischen Prinzip bei der Leistungserstellung selbst Rechnung getragen wird. Diesbezüglich werden sich Rechnungshöfe – stärker als in der Vergangenheit – zu Wirtschaftlichkeitsprüfern der öffentlichen Verwaltung entwickeln müssen.

7 New Public Management im Schulwesen

Das neue Steuerungsmodell wird – zumindest partiell – auch auf das Schulwesen übertragen. Bereits heute wird im Rahmen der "äußeren Schulverwaltung" budgetiert, wobei dies – wie gezeigt – immer noch eine kamerale Orientierung hat.

Um dem am New Public Management orientierten Steuerungsmodell entsprechend im Schulwesen handeln zu können, wäre es wünschenswert, einige Vorbedingungen zu schaffen. Zunächst ist die Gliederung in innere und äußere Schulverwaltung problematisch. Während Sachmittelausstattung und Verwaltung Angelegenheit der Kommunen ist, sind die Länder für das Lehrpersonal und die Lernmittel zuständig. Diese Zersplitterung von Zuständigkeiten steht einer wirtschaftlicheren Gestaltung des Gesamtsystems diametral entgegen. Wirtschaftliches Handeln impliziert, dass Substitutionsprozesse zwischen Sachmitteln und Personal möglich sein müssen, so dass ein effizienterer Einsatz des Personals und damit realisierte Einsparungen auch investiv genutzt werden könnten.

Ein zweites Problem liegt in einem teilweise unprofessionellen Schulmanagement, wobei sinnvollerweise Managementaufgaben nicht durch Pädagogen erbracht werden müssen. Hier wäre eine sinnvollere Arbeitsteilung zwischen wirtschaftlicher und pädagogischer Leitung durchaus angebracht.

Drittens muss es den Schulen stärker als bisher möglich sein, ein eigenes Schulprofil zu entwickeln, sich also mit ihren besonderen Stärken darstellen zu können. Die Ökonomisierung der öffentlichen Verwaltung und damit auch des Schulwesens muss auch beinhalten, durch attraktive Angebote verstärkt Nachfrage zu stimulieren, um damit letztlich zusätzliche "Kaufkraft" auf sich zu ziehen. Wie Qualität ökonomisch entgolten wird, ist sicherlich in diesem Zusammenhang ein bisher noch nicht gelöstes Problem. Auf alle Fälle impliziert ein outputgesteuertes System, dass eine durch Leistung erhöhte Attraktivität auch positiv durch eine zusätzliche Mittelausstattung begleitet sein muss.

Eine ökonomische Steuerung setzt das Vorhandensein von ökonomischen Anreizen und Preisbildungsprozessen voraus. Effizienzsteigerungen sollten damit unbedingt positive Auswirkungen für Schule und Lehrer haben, was sicherlich auch positive Effekte für die Schüler selbst bewirken kann. Man wird nicht umhin können, in diesem Zusammenhang auch die Einführung eines „Schulgeldes“ zu thematisieren, wobei dieses durchaus durch staatlich vergebene "Vouchers" erbracht werden kann (siehe dazu den Beitrag von Levin in diesem Band). Eine konsequent gedachte ökonomische Gestaltung des Schulwesens muss diese Instrumente aus allokationstheoretischen Gründen mit ins Auge fassen. Die Frage einer gerechten Verteilung kann davon ziemlich unabhängig thematisiert werden.

Ein weiteres Problem ist das Fehlen von Erfolgsindikatoren, denn ein outputgesteuertes System baut auf einem Austausch von Leistung und Vergütung auf. Dies bedeutet, dass Indikatoren für die Leistungsmessung vorhanden sein müssen, wobei qualitative und quantitative Aspekte zu berücksichtigen sind. Dabei ist zu bedenken, dass als Zielvariable nicht der Output, sondern der Outcome gesehen werden muss, wobei eine diesbezügliche Indikatorenentwicklung noch ziemlich am Anfang steht.

Die Gestaltung des Schulwesens nach Kriterien der Effektivität und Effizienz impliziert nicht nur ein verändertes Denken, sondern wird auch die realen Strukturen grundlegend wandeln. Es wäre durchaus wünschenswert, dass zunächst einmal in Modellen die Konsequenzen eines solchen Systems simuliert werden, wobei – wie angedeutet – sowohl allokative wie auch distributive Aspekte zu berücksichtigen sind. Schulbildung ist ein meritorisches öffentliches Gut, d.h. mit seiner Erstellung sind hohe externe Vorteile für die Gesellschaft verbunden. In der Vergangenheit hat die Tatsache, dass ein solches Angebot den Charakter eines öffentlichen Gutes hatte, in der Regel dazu geführt, den Produktionsprozess nicht den Marktkräften zu unterwerfen. Dies hat allerdings – so ist es weit verbreitete Überzeugung – zu einem unbefriedigenden Angebot bei zu hohen Kosten geführt.

8 Leistungsmessung im Schulwesen

Wie Leibenstein gezeigt hat, muss immer dort für eine staatliche Kontrolle gesorgt werden, wo es keine funktionierenden Märkte gibt. Im Neuen Steuerungssystem bedeutet dies, dass die bereits genannten Kontrolltechniken auch auf das Schulsystem Anwendung finden müssen.

Da es das Ziel der Neuen Steuerungssysteme ist, vor allem die Wirtschaftlichkeit der Leistungserstellung zu steigern, muss gerade dies bei der Kontrolle eine besondere Beachtung finden. Für Wirtschaftlichkeitsprüfungen gibt es drei strategische Prüfungsansätze: Effektivitäts- und Effizienzkontrollen sowie die Ermittlung von "performance-Indikatoren".

Am schwierigsten wird es sein, die Effektivität des Leistungsangebots zu beurteilen, da es hier um die Bewertung pädagogischer Leistungen geht. Allerdings wird es gerade im output-gesteuerten System notwendig sein, schulübergreifend Lernniveauvergleiche anzustellen und die Qualität von Abschlüssen zu evaluieren.

Insgesamt gibt es auf dem Gebiet der Erfolgsmessung noch relativ wenig überzeugende Indikatorenangebote, so dass die Bildungsökonomie hier ein weites unbestelltes Feld vor sich hat.

Wenn auch Effizienzvergleiche bisher oft nicht in befriedigender Form und ausreichend durchgeführt wurden, so gehören sie doch zum Aufgabenspektrum der Rechnungshöfe der Länder. Sie haben von verschiedenen Segmenten des Schulsystems Effizienzuntersuchungen durchgeführt. Beispielhaft sind dafür Untersuchungen über die Effizienz unterschiedlicher Schulgrößen, Unterrichtsausfall, die Kosten der integrativen Beschulung oder die Ausgaben für Lehreraus- und Lehrerfortbildung zu nennen.

Schaubild 4: Ansatzpunkte zur Verbesserung der Wirtschaftlichkeit des Schulwesens

Insbesondere in England ist es üblich, das öffentliche Leistungsangebot mit Hilfe von performance indicators zu bewerten. Dabei ist es auch möglich, die performance verschiedener Anbieter zu vergleichen (Querschnittvergleiche) oder über die Zeit hinweg die qualitative Entwicklung eines Anbieters zu verfolgen (Längsschnittvergleiche). Es handelt sich hierbei um ein Benchmarking. Es soll insbesondere den weniger leistungsfähigen Anbietern Anreize vermitteln, die Effizienz ihres Angebots zu verbessern.

Da es schwer möglich ist, qualitative und quantitative Dimensionen des Angebots von Schulen mit einzelnen Indikatoren zu erfassen, sollte versucht werden, komplexe Vergleiche anzustellen. Dabei sollten sowohl Belastungs- wie auch Leistungsindikatoren einbezogen werden. Als leistungsorientierte Indikatoren würden sich etwa der relative Leistungsstand der Schüler, der Übergang von Schülern zu anderen Schulformen, Universitäten oder in den Beruf sowie die Teilnahme von Lehrern an Fortbildungsveranstaltungen anbieten. Belastungsorientierte Indikatoren wären schulspezifische Schüler-Lehrer-Relationen, die Wochenstunden bzw. Fehlzeiten von Lehrern, das Engagement von Schülern in Arbeitsgemeinschaften etc.

Schaubild 5: Überblick zu Indikatoren komplexer Vergleiche

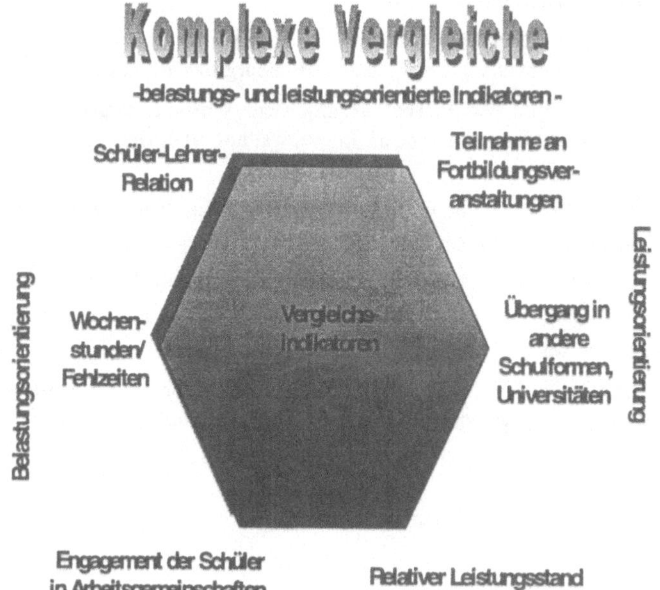

Ziel solcher Vergleiche wäre es, diese Indikatoren für verschiedene in die Untersuchungen einbezogene Schulen zu erfassen, um eine multidimensionale Bewertung des Leistungsstandards zu ermöglichen. Die Ergebnisse einer solchen Untersuchung können einerseits den Wettbewerb stimulieren, andererseits könnte an ihnen eine differenzierte und potenzialorientierte Verteilung von Mitteln festgemacht werden.

Sicherlich ist es sehr schwer, den Schulen durch wie auch immer definierte Bewertungsmaßstäbe gerecht zu werden, zumal für die Leistung der Schule auch ihr soziales Umfeld eine wichtige Rolle spielt. Solche Aspekte der Leistungsfähigkeit können oft nur befriedigend durch ein Berichtswesen erläutert werden. Ziel muss es immer sein, eine nachvollziehbare Transparenz zu schaffen. Dies ist letztlich auch der Zweck, dem die Neuen Steuerungsmodelle dienen sollen.

Literatur

Budäus; D. (1995), Public Management, Konzepte und Verfahren zur Modernisierung öffentlicher Verwaltungen, Berlin

Budäus, D. und Gronbach, P. (Hg.) (1999), Umsetzung neuer Rechnungs- und Informationssysteme in innovativen Verwaltungen, Freiburg/Berlin/München: Haufe

Harms, J. (1999), Von der Haushaltskontrolle zur Wirtschaftsprüfung. Die Finanzkontrolle im Neuen Steuerungssystem, in: Verwaltung und Management, 5. Jg., Heft 1, S. 21-26

Leibenstein, H. (1973), On the Basic Proposition of X-Efficiency, in: The American Economic Review, Vol. 68, No. 2

Power, M. (1997), The Audit Society. Rituals of Verification, Oxford

Reichard, C. (1994), Umdenken im Rathaus. Neue Steuerungsmodelle in der deutschen Kommunalverwaltung, Berlin

Stöbe, S. (1995), Ergebnisverantwortung als Leitlinie. Reform des öffentlichen Sektors in Neuseeland, in: Verwaltung und Management, 1. Jg., Heft 5, S.225-229

Axel G. Koetz

Makro-ökonomisches Schulmanagement

1 Vorbemerkungen

Dass das Großunternehmen Schule mit einem Mittelaufwand von mehr als 100 Mrd. DM p.a. und über 750 000 Beschäftigten in über 50 000 Schulen eines effektiven Managements bedarf, ist eine sich immer mehr durchsetzende Erkenntnis. Neben einem mehr betriebswirtschaftlich ausgerichteten Management (Dezentrale Ressourcenverantwortung, Controlling, Schulbudgets und eine Neuformulierung der Rolle der Schulaufsicht) ist für die politische Steuerung insbesondere auch das makroökonomische Management des gesamten Systems von Bedeutung. Makroökonomisches Schulmanagement bedeutet dabei eine finanzpolitisch und gesamtwirtschaftlich begründete Systemsteuerung. Diese Makroökonomische Systemsteuerung kann grundsätzlich erfolgen über

- statische und dynamische Modelle sowie
- inputorientierte und outputorientierte Modelle.

Die faktisch realisierten Steuerungsansätze sind dabei bisher ausschließlich *inputorientiert* und überwiegend *statisch.* Sie stellen eine Relation zwischen bestimmten Systemparametern (wie Klassengrößen, Stundentafeln usw.) und dem Ressourceneinsatz her. Damit blenden sie Fragen der Wirkungszusammenhänge zwischen Ressourceneinsatz und schulischem „Erfolg" aus. Im Gegensatz dazu versuchen outputorientierte Modelle, Investitionen in Bildung und individuelle bzw. gesamtwirtschaftliche Ergebnisse – z.B. in Form von Bildungsbeteiligung oder Wirtschaftswachstum – zueinander in Beziehung zu setzen. Der Steuerungswert dieser Modelle sinkt jedoch umso mehr, je weiter sie sich vom originären Produkt der Schule – dem Abschluss – entfernen, da die ökonometrische Messung der Wirkungszusammenhänge äußerst problematisch bis völlig unmöglich ist.

Die Modelltypen können nach ihrer Bedeutung und Steuerungsrelevanz generell in Ebenen eingeteilt werden. Dies sind

- Ebene 1: statische inputorientierte Modelle,
- Ebene 2: dynamische inputorientierte Modelle,
- Ebene 3: Output- und outcome-orientierte Modelle.

Modelle einer höheren Ebene bilden dabei jeweils die Steuerungsprobleme besser ab; zugleich haben sie auf Grund der komplexer werdenden Datenlage eine geringere faktische Relevanz.

2 Ebene 1: Statische Makroökonomische Managementmodelle

2.1 Steuerung über Schülerzahlen

Dieses Konzept liefert Ansätze für die globale Steuerung des Ressourcenbedarfs in einem statischen Modell über Finanzströme, Leistungs- und Nachfrageparameter. Dies führt z.B. zu Überlegungen zur Kostensteuerung über schüler- und lehrerstundenspezifische Kostenparameter.

Die Grundparameter des makroökonomischen Schulmanagements können dabei eingeordnet werden in

- die nachfragebestimmenden Parameter,
- die angebotsbestimmenden Parameter,
- die kostenbestimmenden Parameter.

Nachfragebestimmende Parameter sind zunächst Schülerzahlen („n"), Stundentafel („u"), Gruppen- bzw. Klassengröße („f") und der Differenzierungsgrad („d") innerhalb der Klassen/Gruppenverbünde. Sie beziehen sich insofern auf die „Endnachfrage" nach Schul- bzw. Lehrerkapazität, während andere Nutzungen von Lehrerkapazität der Aufrechterhaltung der Systemfunktion dienen und insofern den angebotsbestimmenden (genauer: angebotsreduzierenden) Faktoren zuzurechnen sind.

Die *angebotsbestimmenden Parameter* ergeben sich analog aus Lehrerzahl (L), Deputatpflichtstunden je Lehrer (a) und den angebotsvermindernden Faktoren der *Anrechnungs- und der Ermäßigungsstunden.* Unter Anrechnungsstunden („n") fassen wir dabei alle Kapazitäten, die das System für die Aufrechterhaltung seiner Funktion benötigt. Ermäßigungsstunden („e") sind in der Person des Lehrers oder der Ressource Lehrer liegende Faktoren. Beispiel für Anrechnungsstunden sind z.B. Schulleitungsanrechnungen oder Anrechnungen für die Übernahme besonderer Aufgaben in Schule und Schulverwaltung; Ermäßigungsstunden sind z.B. Ansätze für Altersermäßigung, Schwerbehindertenermäßigung oder Personalvertretung.

Kostenbestimmende Parameter ergeben sich insbesondere aus der Art der Vergütung der Lehrerkapazität. Hier sind primär die Besoldung und die Vergütung von Überstunden anzuführen.

Zusätzlich haben das jeweilige *Schulsystem* und seine Nutzung Einfluss auf das Ressourcenmanagement. So nimmt ein Gesamtschüler mehr Ressourcen in Anspruch als ein Gymnasiast und dieser wieder mehr als ein Realschüler. Umschichtungen und Veränderungen im Schulsystem oder Bewegungen in den Übertrittsquoten führen insofern bei gleicher Schülerzahl zu Veränderungen im Lehrerbedarf. In einem bestehenden Schulsystem kann diese Komponente jedoch zunächst vernachlässigt werden.

Das statische Modell steuert den Lehrerbedarf über die *Schüler/Lehrer-Relation.* In einer quantitativen Betrachtung ergibt sich in einem vereinfachten Modell folgende Formel:[1]

(1) $$r = \frac{a * f}{u}$$

oder, in detaillierterer Form,

(2) $$r = \frac{(a - n - e) * f}{(u + d)}$$

Der *Lehrerstellenbedarf* ergibt sich in der Folge als

(3) $$L = S / r$$

Bei unterstellten konstanten Kosten für die Lehrerressource kann das geschlossene statische Modell der Demonstration der politischen Handlungsmöglichkeiten im Schulsystem dienen. Bei konstantem Finanzvolumen muss in diesem Modell eine Vermehrung der Schülerzahl automatisch zu

1 r = Schüler/Lehrer-Relation; a = Stundendeputat; f = Gruppengröße, u = Unterrichtswochenstunden (Stundentafel), n = Anrechnungsstunden pro Lehrerstelle; e = Ermäßigungsstunden pro Lehrerstelle, d = Bedarf für Differenzierungsstunden; L = Lehrerstellenbedarf; S = Schülerzahl.

- Erhöhungen der Gruppengröße (f),
- Abbau von Differenzierungen (d),
- Reduktion der Stundentafel (u),
- Erhöhung des Stundendeputates (a),
- Abbau von Anrechnungs- und Ermäßigungsstunden (n, e)

oder einer Kombination aus diesen Maßnahmen führen, wobei die jeweiligen Volumina direkt ableitbar sind. Genau so können die Handlungsmöglichkeiten oder Handlungsnotwendigkeiten ermittelt werden, die sich aus jeder anderen Maßnahme oder Größenveränderung ergeben:

- Das Unterrichtsangebot wird durch Veränderungen der Pflichtstundenzahl, der Anrechnungen (Anlässe und Höhe) sowie der Ermäßigungen (Anrechnungen und Höhe) beeinflusst.

- Die Unterrichtsnachfrage wird durch Veränderungen der Gruppengröße, der Stundentafel, der Differenzierung und der besonderen Unterrichtsangebote außerhalb der Stundentafel beeinflusst

- Die Kosten werden dadurch beeinflusst, dass für einen Teil des Ressourcenbedarfes an die Stelle (teurer) Anrechnungsstunden (billige) Überstundenvergütungen treten oder dass die Besoldung der Lehrerkräfte verändert wird.

Die makroökonomische Steuerungskonzeption schlägt auf die mikroökonomische Ebene durch. So kann z.B. auf der Ebene der Einzelschule durch Bildung größerer Klassen Raum für zusätzliche Differenzierungen oder eine Erweiterung der Stundentafel geschaffen werden.

2.2 *Steuerung über Klassen*

Im Gegensatz zum schülerorientierten Modell steht das Klassenmodell. Das Klassenmodell geht von bestimmten Mindest- und Höchstschülerzahlen je Klasse aus, z.B. 17 als Mindestzahl und 33 als Höchstzahl. Diese Höchstzahl wird zugleich als „*Klassenteiler*“ bezeichnet. Im Modellfall kann z.B. eine Klasse gebildet werden, wenn mindestens 16 Schüler zusammenkommen; bei 34 Schülern müsste die Klasse geteilt werden. Lehrerkapazitäten werden jeweils je Klassenverband bereitgestellt, wobei in der Zuteilung von Kapazitäten wiederum Stundentafel, Unterrichtsstundendeputat, Differenzierung usw. berücksichtigt werden.

Während schülerorientierte Systeme jede Veränderung der Schülerzahl in Lehreranforderungen umsetzen, ist dies bei klassenorientierten Systemen nicht der Fall. Dafür ist im Moment des „Sprunges" über die Klassenteilerfrequenz eine massive Veränderung des Kapazitätsbedarfs gegeben. Wir haben es also mit sprungfixem Aufwand zu tun, wobei die Bewegung rund um den Klassenteiler von besonderer Bedeutung ist. Bei Lehrerkosten von 100 für eine Klasse entwickeln sich dabei die schülerspezifischen Kosten wie folgt:

17. Schüler	100/17	=	5,88
.			
.			
32. Schüler	100/32	=	3,13
33. Schüler	100/33	=	3,03
34. Schüler	200/34	=	5,88

Mit dem 34. Schüler erhöhen sich die Kosten durch die Klassenteilung um über 90%, um dann erst wieder langfristig auf denjenigen Wert abzusinken, den das System mit 33 Schülern kostete.

Im Rahmen des schülerzahlbezogenen Konzeptes kann die Steuerungsebene (Schulministerium, Schulaufsicht) die Feinsteuerung des Ressourceneinsatzes in der Schule weitgehend der unteren Managementebene überlassen. Die Schulleitung kann z.B. entscheiden, ob sie im Rahmen der bereitgestellten Ressourcen große Klassen bilden will und die gesparten Ressourcen z.B. für Differenzierung, besondere Kursangebote etc. nutzt. Finanzwirtschaftliche Auswirkungen ergeben sich nicht. Ganz anders sieht dies bei den klassenorientierten Steuerungsverfahren aus. Hier ist schulübergreifendes Management gefragt, hier wird die Diskussion von

- Schülerstromlenkung und
- Klassenauffülleffekt

relevant. Dies bedeutet z.B., dass die *Auf*füllung der Klassen von 25 auf 33 Schüler den Kapazitätsbedarf nicht berührt; die „*Über*füllung" von 33 auf 34 Schüler aber sehr wohl. Eine Ressourcenoptimierungsstrategie führt daher dazu, dass über entsprechende Lenkungsmechanismen die Klassen jeweils bis zur Höchstkapazität aufzufüllen sind, bei geringen Überschreitungen (z.B. 35 Anmeldungen in einer Klasse) aber Umlenkungen von Schülern an andere – unterausgelastete – Systeme erfolgen müssen.

2.3 *Effekte eines komplexen Schulsystems*

Das Schulsystem kennt natürlich nicht nur eine Schulform mit durchgängig gleicher SOLL-Struktur vom 1. Schuljahr bis zum Abitur. Faktisch müssen die hier dargestellten Konzepte für die praktische Anwendung als Steuerungsmodelle stärker differenziert werden. Insofern gibt es nicht etwa „die" Stundentafel oder „die" Schüler-Lehrer-Relation, sondern schulform- und jahrgangsspezifische Einzelparameter, aus denen zunächst schulformbezogene, dann gesamthafte Durchschnittswerte errechnet werden. Interne Verschiebungen im System führen dann zu Konsequenzen für den Ressourcenbedarf:

- So erhöht z.B. *die Einführung des Gesamtschulsystems* bei im übrigen fast unveränderter Stundentafel den Verbrauch an Lehrerkapazität pro Schüler um etwa 30%. Unter diesem Aspekt kostengünstigstes System ist die Realschule mit ihren relativ hohen Klassenfrequenzen.

- Unter Kostenaspekten ist auch die *Verschiebung zwischen der Hauptschule und bestimmten Sonderschultypen* (Lernbehinderte, Erziehungsschwierige) zu sehen. Die Beschulung von Schülern in der Sonderschule bringt einen erheblich höheren spezifischen Kostenaufwand mit sich als die Beschulung in der Grund- und Hauptschule. Vergangene Untersuchungen zeigten eine Tendenz des Grundschulbereiches auf, schwierige Schüler relativ rasch in diese Sonderschultypen abzuschieben. Das Anwachsen des Sonderschulbereiches führt aber zu einem überproportionalen Anwachsen der Kosten.

- Das *Kurssystem der gymnasialen Oberstufe* hat ebenfalls Wirkungen auf die Kosten. Dies gilt insbesondere, wenn den Schülern hinsichtlich der Leistungskurse sehr viele Wahlmöglichkeiten gegeben und in der Folge viele Kurse am unteren Ende der Bandbreite eingerichtet werden. Kommt es im Zeitablauf zu einem massiven Teilnehmerverlust, werden die Kurse zur Sicherung der Schulkarrieren der Betroffenen mit einstelligen Teilnehmerzahlen fortgeführt.

- Die Frage, ob die *Grundschule nach 4 oder nach 6 Jahren abgeschlossen* wird, ist ebenfalls kostenrelevant. Da die Grundschule keine größere Fächerdifferenzierung kennt, ist unter diesem Aspekt die 6-jährige Grundschulpflicht tendenziell die kostengünstigere Alternative. Andererseits ist die Klassenfrequenz der Grundschule niedriger als die der weiterführenden Systeme, so dass hier wiederum kostensteigernde Effekte eintreten. Schließlich ist – mit Ausnahmen in den Stadtstaaten – die Besoldung des

Lehrpersonals an Grundschulen geringer als die des Personals an weiterführenden Schulen, was wiederum dafür spricht, dass die Grundschule das ökonomisch günstigere System ist. Faktisch ist es erforderlich, den Kosteneffekt angesichts der Vielzahl der zu berücksichtigen Aspekte jeweils individuell zu berechnen.

Unter ökonomischen Gesichtspunkten ist vermutlich ein System am effektivsten, das in den Grundzügen auf Grundschule, Mittelschule und Gymnasium basiert und das umfangreiche Wahlmöglichkeiten nicht in der Einzelschule, sondern durch Schulkooperation und die Möglichkeit zur gezielten Schulauswahl anbietet.

2.4 Die „Deputatsstunde" als Systemwährung

Von nicht zu unterschätzender Bedeutung für die Steuerungssysteme ist die Frage nach dem „Kurs" der Deputatsstunde als eine Art von Währung im gesamten Schulfinanzsystem. Faktisch ist die Deputatsstunde dabei der Gegenwert eines wöchentlich einstündigen, über ein Schuljahr hinweg kontinuierlich gegebenen Unterrichtsangebotes. Das Land Nordrhein-Westfalen – hier als Beispiel genommen – rechnet dabei mit den Kosten der Lehrerressource in Höhe von DM 100.000.- p.a., unabhängig von Schulform und Besoldungsgruppe. In demselben Bundesland ergibt sich ein arithmetisches Mittel der den Lehrern auferlegten Deputatsstunden von knapp 25 pro Woche. Hieraus errechnet sich der *Wert der Deputatsstunde* mit

100.000 DM / 25 Std. = 4.000 DM / Std.

Wie Untersuchungen zur Lehrerarbeitszeit ergeben, hat die Deputatsstunde dabei nichts mit der tatsächlichen Lehrerarbeitszeit zu tun. Zum einen ist die gehaltene Stunde nur zwischen 35 und 45 Minuten lang. Auf der anderen Seite stehen Vor- und Nachbereitungsarbeiten für den Unterricht, die natürlich von Fach zu Fach und von Schulform zu Schulform sehr unterschiedlich sind. Im Schnitt ist davon auszugehen, dass die Deputatsstunde rund 1,5 – 2 Zeitstunden entspricht. Da pro Jahr nur ca. 39 Unterrichtswochen anfallen (gegenüber ca. 46 Arbeitswochen bei einem Arbeitnehmer mit 6 Wochen Urlaub), ergibt sich im Effekt eine Belastung der Lehrer, die leicht oberhalb derjenigen der „normalen" Arbeitnehmer liegt, was in Anbetracht der Zeitsouveränität und des Besoldungsniveaus als angemessen anzusehen ist.

Problematisch wird die Währung „Deputatsstunde" in dem Moment, in dem nichtunterrichtliche Leistungen durch Anrechnungs- oder Ermäßigungsstunden hierüber entgolten werden sollen, was im Schulsystem bekanntlich üblich ist. Dabei sind zwei Fragen zu stellen:

- Ist die jeweilige Leistung stundenmäßig „richtig" bewertet ?
- Ist die Vergabe von Deputatsstunden aus Sicht der Steuerung ökonomisch ?

Beide Fragen sind in der Regel mit Nein zu beantworten:

- Sowohl bei Anrechnungs- als auch bei Ermäßigungsstunden wird auf Plan- oder Sollansätze abgehoben, die in der Regel nur sehr indirekt mit dem tatsächlichen Zeitbedarf verknüpft sind. Dies ist in der Praxis auch gar nicht anderes möglich und stellt letztendlich das Ergebnis einer politischen Entscheidung dar. Würden wir das System im Einzelfall in Frage stellen und eine Detailbewertung der jeweiligen Leistung fordern, wäre das Management der Schule überfordert.

- Die Nutzung von Deputatsstunden als Zahlungsmittel für Sonderleistungen ist deutlich teurer als die Vergütung von Überstunden. In Nordrhein-Westfalen beträgt der durchschnittliche Ansatz für eine Überstunde im Schuljahr 99/2000 rund 39 DM (über alle Schulformen und Besoldungsgruppen). Auf ein Schuljahr gerechnet ergibt dies einen Wert von etwa DM 1.521.- (39 DM x 39 Wochen), der dem Wert für die Deputatsstunde von rund DM 4.000 gegenüberzustellen ist. Dabei sind zusätzlich für die Deputatsstunde noch Ansätze für das Ruhegehalt (Zuschlag 30%) vorzunehmen, während die öffentliche Hand bei bezahlten Überstunden noch Steuern i.d.R. nahe am Spitzensteuersatz einfordern kann. Faktisch kostet also eine über Deputate entgoltene Leistung mehr als das Dreifache einer als Mehrarbeit bezahlten Leistung.

Probleme für die „Währung" Deputatsstunde können sich bei der gelegentlich diskutierten Auflösung des starren Stundenplansystems ergeben. Wenn es keine Unterrichtsstunden mehr gibt, müssten gewissermaßen Planwerte für Lernzielerreichung an deren Stelle treten – zusätzlicher Aufwand sowohl für das Schulmanagement wie auch für ein Controlling, das sicherstellen muss, dass die Kapazitäten auch wirklich so eingesetzt werden, wie von der Schulpolitik verlangt.

2.5 *Kostenaspekte*

Kostenaspekte können im statischen Modell leicht eingebracht werden, indem aus der Schüler-Lehrer-Relation eine Schüler-Unterrichtskosten-Relation entwickelt wird. Hierzu müssen lediglich die spezifischen Kosten einer gegebenen Unterrichtsstunde ermittelt werden. Die makroökonomische Steuerung kann erfolgen über die Beeinflussung der

- Kosten einer Unterrichtsstunde,
- (Jahres)-Kosten eines Schülers ,
- Kosten einer typischen Schülerlaufbahn.

Von besonderem Interesse ist dabei der Kostenaufwand für die Lehrerressource. Hinzu kommen aber noch weitere Kosten, etwa im Bereich der Schulgebäude und Gebäudeunterhaltung, der nichtpädagogischen Mitarbeiter, des Schülertransportes und der Lernmittelfreiheit.

- Die Kosten der Unterrichtsstunde ergeben sich aus den Lehrerpersonalkosten, dem Unterrichtsdeputat der Lehrer und der „Blindleistung" des Systems, die sich insbesondere durch den Aufwand für Anrechnungs- und Ermäßigungsstunden ergibt. Je mehr Möglichkeiten hier eröffnet werden, um so höher sind die Kosten. Der Grad der Blindleistung ist dabei in den einzelnen Bundesländern außerordentlich unterschiedlich. Während in den großen Flächenstaaten wie Nordrhein-Westfalen, Bayern, Baden-Württemberg hier ein durchaus effektives Controlling realisiert wird, ist insbesondere in den beiden nördlichen Stadtstaaten die Blindleistung relativ hoch und demzufolge die Wirkleistung relativ gering.

- Die Gesamtkosten des Schülers (der Stunde, der Schulkarriere...) ergeben sich in der Summe im wesentlichen aus den

  - Kosten des Lehrereinsatzes,
  - Kosten für Schulbau, Bauunterhalt, Gebäudebewirtschaftung,
  - sächlichen Kosten (Kreide, Lernmittel),
  - Kosten des Schülertransports,
  - Kosten für nichtpädagogisches Personal (Hausmeister, Sekretärinnen).

  Die Lehrerkosten machen dabei den größten Teil aus.

- Alle Kosten mit Ausnahme derer des Lehrereinsatzes gehen dabei i.d.R. zu Lasten der (kommunalen) Schulträger. In fiskalischer Sicht bedeuten dabei z.B. Initiativen der Länder zur Ausstattung der Schulen mit Informationstechnik eine Verschiebung der Finanzierungsstruktur, denn diese Kosten müssten normalerweise von den Schulträgern getragen werden. Die Länder sind hier aber zum Teil zu entsprechender Initiative genötigt, weil die Kosten für Lehrer und Ausstattung in komplementärer Beziehung zueinander stehen und das Austrocknen der nichtpädagogischen Ressourcen dazu führt, dass die Wirkung der pädagogischen Ressourcen geringer wird.

- Zum Teil bestehen aber auch direkte Austauschbeziehungen zwischen Kostenelementen. Die Reduktion der Zahl der Schulstandorte im Rahmen eines aktiven Managements der Schülerströme und Systemgrößen führt tendenziell zu einer Erhöhung der Kosten für den Schülertransport.

- Nicht zu vernachlässigen sind schließlich die Kosten der Lernmittelfreiheit. Unterschiedliche Elternanteile und unterschiedliche Systeme führen zu unterschiedlichen Kosten und Kostendynamiken.

- *„Geld statt Stellen“*. Vor dem Hintergrund der Kostenunterschiede von Deputats- und Überstunden wird eine ressourcenoptimierende Steuerung bei Knappheit der Lehrerressource darauf ausgerichtet sein, Zusatzleistungen möglichst monetär und in keinem Fall durch Anrechnungen, Stundenerlasse oder Aufrechnungen zu entgelten. Wären dagegen mehr Lehrer vorhanden als erforderlich („kw-Stellen“), würde es sinnvoller werden, möglichst viele derartige Sonderaufgaben von Lehrern über Anrechnungsstunden zu vergüten.

- Systemorientiert ist dabei zugleich die Frage zu stellen, wie weit „teure“ Lehrerkapazitäten durch Verwaltungskräfte oder Aushilfspersonal zu substituieren sind, wenn die jeweilige Aufgabe keinen Pädagogen erfordert. In der Regel wird dies billiger sein. Andererseits zeigt die Erfahrung, dass Lehrer mit Anrechnungsstunden sehr gut zu motivieren sind und hier häufig mehr Arbeit geleistet als entgolten wird. Damit relativiert sich die oben angesprochene Bewertungsproblematik wieder.

All diese „Nebenfragen“ müssen bei Systementscheidungen hinsichtlich des Managements der Lehrerressource mit berücksichtigt werden.

3 Ebene 2: Dynamische makroökonomische Managementmodelle

Dynamische Modelle berücksichtigen – basierend auf den Grundannahmen der statischen Modelle – zusätzlich die sich im Zeitablauf darstellenden Effekte demographischer Fluktuationen bei den Schüler- und Lehrerpopulationen. Ableiten lassen sich z.B. Konzepte für eine kostenminimale langfristige Deckung des Unterrichtsbedarfes unter Berücksichtigung demographischer Bewegungen.

3.1 Lehrer- und Schülerzyklen

Der generative Zyklus dauert ca. 30 Jahre; innerhalb des generativen Zyklus bewegen sich Schüler- und Lehrerzahlen mit unterschiedlichen Frequenzen und Reaktionszeiten. So dauert der Schülerzyklus mit einem Vorlauf von 6 Jahren zwischen 9 und 13 Jahren. Der Lehrerzyklus hat einen Vorlauf von ca. 6 Jahren vor Schulbeginn, 13 Jahren Schulausbildung und rund 7 Jahren Studium und Vorbereitungsdienst und dauert danach ca. 25 – 35 Jahre.

Dieser Unterschied in der Frequenz führt dazu, dass es auf Grund demographischer (z.B. „Pillenknick"), bildungspolitischer und finanzwirtschaftlicher Effekte immer wieder zu Schüler- oder Lehrerüberschüssen kommt.

3.2 Bewegungsdynamik der Schülerzahlen

Die Schülerzahlen entwickeln sich entsprechend der demographischen Entwicklung, der Wanderung und in einem detaillierteren Modell entsprechend den Übergangs- und Versetzungsquoten. Statisch gesehen ergeben sich die Schülerzahlen als Summe der Produkte der Besetzung der jeweiligen Alterskohorte und dem relativen Anteil der Schüler der jeweiligen Schulform an dieser Alterskohorte. Das dynamische Modell berechnet die Entwicklung der jeweiligen jahrgangsspezifischen Schülerkohorten in jedem Schuljahr als Produkt der Schülerkohorte mit den jeweiligen Übergangswahrscheinlichkeiten (Versetzer, Nichtversetzer, Abgänger, Rückgänger an andere Schulformen) und der Überlebenswahrscheinlichkeit der Angehörigen der jeweiligen Altersgruppe.

Im Grundsatz liegen dabei zumindest für die demographische Bewegung relativ langfristige Modellprognosen vor. Wir wissen bei einem stabilen Schulsystem 6 Jahre voraus, wie viele Schulanfänger zu erwarten sind und in der Folge mit zum Teil noch längeren Vorläufen, wie viele Schüler sich in der Sekundarstufe I und II des allgemeinbildenden und berufsbildenden Systems befinden werden. Weniger stabil sind die Quoten in den Abendschulsystemen, da hier eine hohe Abhängigkeit von außerschulischen Anreizsystemen besteht. Zum Beispiel können die Modalitäten für die Gewährung von Arbeitslosenunterstützung und/ oder Fortbildungsmaßnahmen hier zu kurzfristigen Bewegungen führen.

Dabei sind die Dynamiken je nach Schulform unterschiedlich stark und gegeneinander versetzt, wie beispielhaft folgende Analyse für das Land Nordrhein-Westfalen zeigt (Schülerzahlen der jeweiligen Schulformen 1995 = 100):

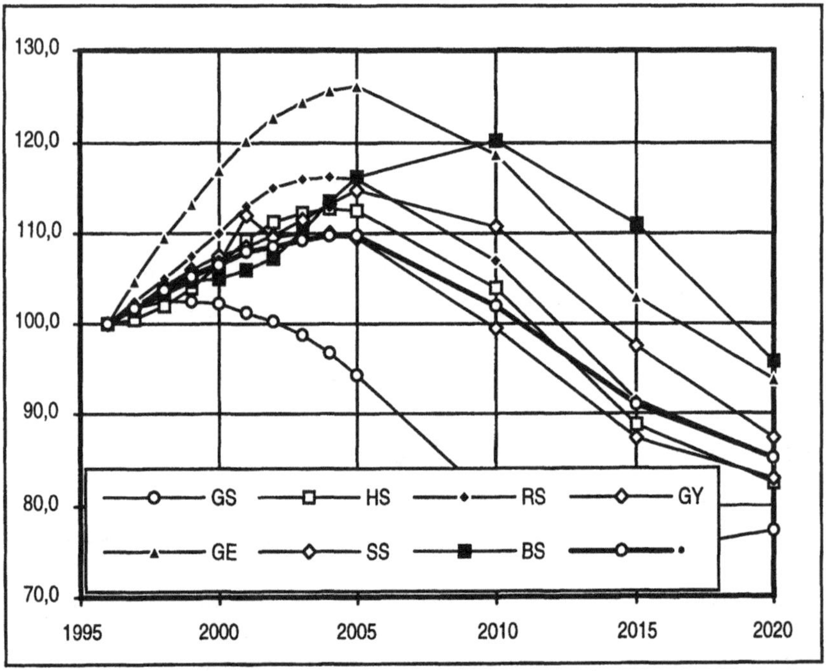

Während die Grundschule (GS) ihren Spitzenbedarf noch vor dem Jahr 2000 hat und dann systematisch abfällt, erreichen Gesamtschule und Gymnasium ihr Maximum etwa 2005 und die berufsbildende Schule erst 2010. Hier wird deutlich, dass das Schulsystem nicht als Einheit zu sehen ist, sondern dass die systeminternen Dynamiken eine hohe Bedeutung haben.

3.3 Bewegungsdynamik der Lehrerzahlen

In einem dynamischen System ist die Bewegung der Lehrerpopulation die volatilste Variable. Starke Ausschläge in der Bewegung ergeben sich aus der Einstellungspolitik und der Verfahrensweise bei Pensionierung und Ruhestandseintritt. In der Bundesrepublik Deutschland bildet sich hier insbesondere der massive Aufbau von Lehrerkapazität in den 60er Jahren und die sich ergebende Pensionierungswelle ab der Jahrtausendwende ab.

So werden sich die Berufsaustrittsquoten der späten 90er Jahre im ersten Jahrzehnt des 3. Jahrtausends zum Teil verdreifachen und später wieder ebenso sprunghaft zurückgehen.

Neben der demographischen Komponente spielt die Entwicklung des durchschnittlichen Pensionierungsalters eine Rolle. Vor einigen Jahren konnte in einer Untersuchung festgestellt werden, dass in einem norddeutschen Stadtstaat weniger als 20% der Lehrer das Pensionierungsalter von 65 bzw. 63 Jahren erreichte; über 80% wurden vorzeitig verabschiedet. Der Anteil der Frühpensionierungen ist dabei hochgradig abhängig von Entwicklungen des Dienstrechtes und von der Intensität schulaufsichtlicher Kontrolle. Im Jahr 2000 wird z.B. mit einem massiven Anstieg der vorzeitigen Pensionierungen gerechnet, da ab dem Folgejahr bei Frühpensionären Abzüge von der Pensionshöhe erfolgen sollen.

3.4 Modelldynamik und Ressourcenmanagement

Die massive und rasche Ausweitung des Bildungssystems in den 60er und 70er Jahren führte zu einem starken Lehrermehrbedarf. Andererseits führte der „Pillenknick“ dazu, dass mit einer entsprechenden Nachlaufzeit die Schülerzahlen kurzfristig zurückgingen. So ergab sich zunächst eine Lehrerunterdeckung, die das Lehrerausbildungssystem nicht füllen konnte und die mit „angelernten“ Lehrkräften („Miekätzchen“, nach dem früheren nordrhein-westfälischen Schulminister Mikat) gefüllt werden mussten. Folgerichtig wurde die Ausbildungskapazität massiv erhöht. Als dann die Wirkung des „Pillenknicks“ auf die Schule durchschlug, waren auf einmal deutlich zu viele Lehrer vorhanden – in Nordrhein-Westfalen in der Spitze rund 20.000 Stellen –, und das Lehrerbildungssystem war überdimensioniert. Mit den überzähligen Stellen wurden dann zusätzliche Unterrichtsangebote und eine weitere Verbesserung des Systems abgedeckt, was in dem Moment nicht mehr funktionierte, als ein demographisches Zwischenhoch und Zuwanderungen Ende der 80er Jahre wiederum zu einem Wachstum der Schülerzahlen führte. Die fehlende Berücksichtigung der Dynamik hatte dazu geführt, dass langfristige Verpflichtungen eingegangen worden waren, die aber nur durch mittelfristig verfügbare Ressourcen gedeckt waren.

Bei gegebenem Finanzvolumen ergab sich in der Folge die Notwendigkeit, den „Schülerberg zu untertunneln“, d.h. durch Veränderung der den Ressourcenbedarf bestimmenden Parameter mit gegebenen finanziellen Mitteln den Unterrichtsbedarf zu decken. Hier werden die Verknüpfungen zwischen dynamischem und statischem Modell sichtbar.

Ein typisches dynamisches Steuerungsproblem zeigte sich zusätzlich bei der Frage, wie mit dem nächsten Schülerberg (etwa zwischen 2000 und 2005) umzugehen sei. Aus Sicht der Finanzminister schien sich dabei eine Mehreinstellung von neuen Lehrern nicht anzubieten, da der Unterrichtsbedarf nach 2005 deutlich zurückgehen wird, die Lehrer aber auf Lebenszeit, für rund 30 Jahre, eingestellt wären. Die Detailanalyse der Schüler- und Lehrerdynamiken zeigte jedoch, dass diese quasi-statische Betrachtung zu Fehlsteuerungen führt. In den Jahren nach 2000 scheiden nämlich innerhalb weniger Jahre diejenigen Lehrkräfte aus dem Schuldienst aus, die zu Beginn der Bildungsexpansion eingestellt wurden. Die Austrittsquoten verdreifachen sich zum Teil gegenüber der Zeit vor der Jahrtausendwende. Selbst eine relativ hohe Anzahl von Lehrern, die über einige Jahre hinweg zur Abfederung des Schülerberges eingestellt würden, führten also nicht zu einer langfristigen Belastung des Haushaltes, sondern nur dazu, dass über einige Jahre hinweg der Ersatzeinstellungsbedarf weniger stark steigen würde als ohne diese Maßnahmen. Zusätzliche Kosten entstünden nur in der Zeit der tatsächlichen Ressourceninanspruchnahme; sie müssten zudem gegengerechnet werden gegen eventuell anfallende vergütete Überstunden oder Einstellungen auf Zeit. Das Modell der Finanzminister, die scheinbar ihre Lektion aus dem Desaster der späten 80er Jahre gelernt hatten, erwies sich also als genau so verfehlt, da wiederum die – diesmal mit anderen Vorzeichen auftretenden – Dynamiken nicht berücksichtigt worden waren.

Als der Autor dieses Artikels diese Modelle in der 2. Hälfte der 90er Jahre erstmals präsentierte, war das Erstaunen über diese Zusammenhänge bei vielen Verantwortungsträgern noch relativ hoch. Die Akzeptanz des Konzeptes führte jedoch in mehreren Bundesländern zu zusätzlichen Lehrereinstellungen. Die neuen Bundesländer weisen dabei generell in den ersten zwei Dekaden nach der Vereinigung eine besondere Entwicklung auf. An die Stelle des Schülerberges tritt ein „Schülerloch“, besonders in der Primarstufe und in der Sekundarstufe 1. Lediglich Gymnasien und Berufsschulen sind, ähnlich der Situation im Westen, überbelegt. Eine langfristige makroökonomische Steuerung hat die Lehrerkapazität an die gesunkenen Bedarfszahlen heranzuführen. Ganz kurzfristig geschah dies etwa in Sachsen über Abfindungsangebote (in der Spitze bis zu etwa DM 60.000), mittelfristig über das Angebot von Teilzeitbeschäftigung gegen Zusage sicherer Arbeitsplätze an die Lehrkräfte. Eine weitere Überlegung, nämlich die Integration der Ressourcensteuerung des Schulsystems und der des Lehrerausbildungssystems, ist nicht realisiert. So werden denn in den neuen Bundesländern Überkapazitäten in der universitären Lehrerausbildung geschaffen, die wiederum zu Ressourcenanforderungen in der Ausbildung von Lehramtsanwärtern führen (Studienseminare, Gehaltszahlungen), obwohl nach der Entwicklung der Schülerzahlen für viele der teuer ausgebildeten Lehrkräfte keine Stellen zur Verfügung stehen werden. Hieraus ergeben sich u.a. Begründungen für eine Zusammenfassung von Schul- und Hochschulressort in einem Ministerium.

3.5 Spezifische Kosten- und Haushaltsaspekte

Die dynamische Betrachtung der Kostenaspekte ist unter anderem vor dem Hintergrund der Dynamiken von Interesse, die sich aus dem Zusammenhang von Lehrerbesoldung, Altersermäßigungen und vorzeitigem Ruhestand ergeben. Für sich genommen erhöhen etwa Altersermäßigungen die Kosten des Systems, Möglichkeiten der Altersteilzeit komplizieren das Management. Andererseits treten ohne derartige Maßnahmen Lehrer häufiger vorzeitig in den Ruhestand. Scheinbare Kosteneinsparungen führen also zu deutlichen Mehrkosten in Folgeperioden – und umgekehrt.

Neue Modelle des dynamischen Ressourcenmanagements haben den Gedanken des „Lebensarbeitszeitkontos“ aufgegriffen. Lehrer sollen in der Zeit hohen Unterrichtsbedarfes durch zusätzlich gegebene Stunden dazu beitragen, den Mehreinstellungsbedarf zu reduzieren. Dabei können sie Arbeitszeitpotentiale ansammeln, die sie später in verminderte Unterrichtsleistung, Sabbatjahre oder vorzeitigen Ruhestandseintritt eintauschen.

Hier stellt sich die Frage nach der „Verzinsung“ angesammelter Guthaben und nach der haushaltsmäßigen Bewertung der erbrachten Leistungen. Die Verzinsungsfrage kann dabei leicht gelöst werden: Als Folge der Einkommensanstiege auch im öffentlichen Dienst wird die heutige Überstunde, die in 10 oder 15 Jahren als Freistunde genommen wird, dann einen erheblich höheren monetären Wert haben. Haushaltsrechtlich ist die Lösung nicht so einfach, auch wenn einzelne Bundesländer hier sehr pragmatisch vorgehen, d.h. die Rechtsprobleme schlichtweg vernachlässigen. De facto bedeutet nämlich die heute genutzte Überstunde, die dem Lehrer in 15 Jahren zurückgegeben wird, eine vom Parlament nicht genehmigte Haushaltsüberschreitung (heute) und zugleich eine ebenso wenig genehmigte zusätzliche Kreditaufnahme, wobei der Kredit in 15 Jahren fällig wird. Hierfür wäre im Prinzip eine entsprechende Verpflichtungsermächtigung erforderlich. Das haushaltsrechtliche Instrumentarium hierfür wird im wesentlichen noch entwickelt werden müssen, da ansonsten die Prinzipien der Haushaltsklarheit, der Haushaltswahrheit und das parlamentarische Budgetrecht nur mangelhaft gewahrt sind.

4 Ebene 3: Erweiterte Makroökonomische Managementmodelle

Während die Modelle der Ebene 1 und 2 für die schul- und finanzpolitische Managementpraxis der Bundesländer relevant sind, haben die Modelle der Ebene 3 eher theoretischen Charakter. In diesem Zusammenhang wird der Schritt von der Input- über die Output- zur Outcomesteuerung und der Zusammenhang von Bildungsinvestitionen sowie langfristiger Sozialprodukts- und Wohlfahrtsmaximierung erläutert.

Einfache Outputparameter sind dabei z.B. Bildungsbeteiligung und (ggf. bewertete) Bildungsabschlüsse. Ein Steuerungsmodell wird z.B. fragen, welchen Aufwand man erbringen muss, um eine bestimmte gewünschte Bildungsbeteiligung und eine bestimmte Abschlussstruktur zu erreichen. Das Grundproblem liegt dabei in der Qualitätsbewertung des Outputs. Die Diskussion um Ausbildungsqualität und die Vergleichbarkeit von Abschlüssen zeigt deutlich, dass erhebliche Unterschiede zwischen formal gleichen Bildungsgängen und Berechtigungen bestehen (sowohl zwischen Schulformen wie zwischen Bundesländern). Der Versuch einer neutralen Outputbewertung könnte unter Nutzung von Vergleichsparametern, wie sie z.B. die TIMS-Studien liefern, erfolgen.

Noch weiter als *Outputparameter* gehen *Outcomeparameter*, die sich nicht einfach auf Abschlusszahlen oder Noten beziehen, sondern auf den Wert, der sich aus ihrer Erlangung für das Individuum und die Gesellschaft ergibt.

Mikroökonomische Ansätze hierfür existieren etwa in den Einkommensrankings der Absolventen amerikanischer Hochschulen. Die Hochschulen bemessen ihren "Wert" nach dem durchschnittlichen Einkommen, das ihre Absolventen bei Berufsbeginn oder in den ersten Berufsjahren erzielen. Damit werden klare Kosten-Nutzen-Relationen für den individuellen Studienplatzbewerber definiert.

4.1 Outputorientierte (Produktorientierte) Modelle

Outputorientierte Modelle verkörpern den Eingang des „ökonomischen Prinzips" ins Schulmanagement. Während die oben ausgeführten inputorientierten Modelle im Grunde ein Management nach dem Prinzip „viel hilft viel" unterstützten, ist die Fragestellung hier völlig anders. Fragen sind

- Wie kann ein „Produkt" mit möglichst wenig Aufwand erstellt werden, oder:
- Wie kann ein gegebenes Mittelvolumen mit bestmöglichem Erfolg eingesetzt werden ?

Outputorientierte Modelle wollen also die spezifische Systemleistung, den Output in Produkteinheiten pro eingesetzte Mark, maximieren. Das wichtigste *„Produkt"* ist dabei der (nach Abschlusshöhe und erzieltem Ergebnis bewertete) Schulabschluss - weitere Produkte lassen sich fast beliebig erfinden. Parameter outputorientierter Modelle können somit z.B. spezifische Kosten für einen Abschluss der Qualität „x" oder die Relation von Finanzinput und Bildungsbeteiligung sein. Hierzu werden die Zahlen der erfolgreichen Absolventen eines Bildungsganges in Relation zu den Kosten einer durchschnittlichen Schülerkarriere in dem betreffenden System gesetzt. Die Steuerung kann in der Folge über Optimierungen des jeweiligen Systems – z.B. Nutzung technischer Unterrichtshilfsmittel, Verbesserung der Qualität der Lehrkräfte, weniger Wiederholungen, effektiverer Unterricht, weniger Systemverluste durch Anrechnungen/Ermäßigungen usw.) erfolgen, so dass die spezifischen Kosten für ein bestimmtes „Produkt" reduziert werden.

Outputorientierte Modelle eignen sich dabei relativ gut für die Durchführung von länderübergreifenden „Benchmark"-Verfahren, in denen z.B. die relativen Kosten für einen Abschluss, die Relation zwischen Schulkosten und Bildungsbeteiligung usw. verglichen werden. Freilich muss bei derartigen Benchmarks immer darauf geachtet werden, dass die verglichenen „Produkte" gleich sind. Für eine ideologisierte Schulpolitik war es in diesem Zusammenhang in der Vergangenheit recht unerfreulich, wenn z.B.

- der deutlich unterschiedliche Leistungsstand gleich benoteter Abiturszeugnisse bei Gesamtschülern und Gymnasiasten (Nordrhein-Westfalen)
- die im Ländervergleich geringere Bildungsbeteiligung trotz erheblich höheren Systeminputs (Bremen) und

- das schlechte Abschneiden von Schülern in den TIMS-Studien (Deutschland)

herausgestellt wurden. Für das makroökonomische Schulmanagement waren diese Ergebnisse jedoch jeweils überaus wertvoll, gaben sie doch Anlass zu intensiver politischer Diskussion mit entsprechenden Umsteuerungen. Allein die korrekte Definition der „Produkte" hat also schon einen überaus hohen Erkenntniswert.

Darüber hinaus können outputorientierte Modelle z.B. mit Fragen wie der Möglichkeit des technischen Fortschritts im Unterricht (Computerunterstützter Unterricht, Fernunterricht, Internetnutzung etc. als partielles Lehrer-Substitut) oder dem Einfluss der Klassengröße auf die Schülerleistung umgehen und hier durchaus ent-ideologisierend wirken. .

4.2 Outcomeorientierte makroökonomische Modelle

Ein makroökonomischer Ansatz der klassischen Bildungsökonomie setzt den Aufwand für Bildung in Relation zu seinem volkswirtschaftlichen Ergebnis. Z.B. wird angenommen, dass eine höhere Qualität des Faktors Arbeit langfristig zu einem höheren Wirtschaftswachstum und einem höheren Konsumpotential führt. Diese Beziehungen sind theoretisch und formal einfach herzustellen. Demgegenüber ist jedoch angesichts der vielen denkbaren Steuerungsparameter die empirische Begründung noch nicht gelungen, so dass letztlich auch die makroökonomischen „Stellschrauben" der Schul- und Finanzpolitik (noch) nicht definiert sind. Die Aussagen bleiben tendenziell zu global, um eine erfolgreiche Steuerung zu ermöglichen.

Hauptsächliches Ergebnis an dieser Stelle ist die theoretische Vermutung, dass es makroökonomische Beziehungen zwischen Bildungsaufwendungen und gesamtgesellschaftlichem Wohlstand gibt. Diese Aufwendungen stehen in Konkurrenz zu anderen Investitionen. Für die Bestimmung der Höhe und der Verteilung der Ressourcen stehen formale Orientierungshilfen (z.B. Ergebnisse von Renditeberechnungen) zur Verfügung (vgl. dazu den Beitrag von Healy in diesem Band); die politische Entscheidung kann dadurch freilich nicht ersetzt werden.

Zwei Fragen seien in diesem Zusammenhang aufgeworfen:

- Haben Investitionen in Bildung eine höhere volkswirtschaftliche Rendite als Erhaltungssubventionen für sterbende Branchen? Welchen Effekt hätte die Umlenkung der in Landwirtschaft, Kohlebergbau und Werften versickernden Steuermilliarden in das Bildungssystem?

- Wenn Bildungsausgaben als Investition anzusehen sind, müssten sie dann nicht auch in der volkswirtschaftlichen Gesamtrechnung und im Budget als solche behandelt werden (was unter anderem zu einer deutlichen Ausweitung des verfassungsrechtlichen Spielraums für die Kreditaufnahme führen würde)?

Faktisch erscheinen makroökonomische Outcomemodelle derzeit nur als Partialmodelle möglich, in denen auf der Basis von Einkommensanalysen z.B. die diskontierten Einkommen unterschiedlicher Bildungsgruppen (und die resultierenden Steuereinnahmen des Staates) in Relation zu den (Mehr-)Aufwendungen für das Bildungssystem gesetzt werden. Auch hier freilich sind die methodischen Probleme Legion.

4.3 Outcomeorientierte nutzentheoretische Konzepte

Eine noch höhere Stufe des Modells stellt der nutzenorientierter Ansatz dar. Hier stellt sich die Frage nach dem durch die Bildungsausgaben bewirkten gesellschaftlichen Nutzen. Eine solche Betrachtung kann auch die Tatsache berücksichtigen, dass Bildung nicht nur investiven, sondern zugleich auch konsumtiven Charakter hat. Die Steuerung der Bildungsausgaben würde dann darauf hin zielen, den Nutzenentgang durch (steuerfinanzierte) Bildungskosten und den Nutzenzuwachs durch „Bildungskonsum“ und gesteigerte Kosummöglichkeiten durch bildungsinduziertes Wachstum zu vergleichen. Freilich: Das schöne Konzept stürzt rasch wieder in sich zusammen. Das unlösbare Problem des interpersonalen Nutzenvergleiches und die damit zusammenhängende Unmöglichkeit der Entwicklung einer gesellschaftlichen Nutzen- und Wohlfahrtsfunktion lassen es sofort wieder in der Mottenkiste der Modelltheoretiker verschwinden.

5 Modellbeurteilung und Konsequenzen

Die makroökonomische Steuerung des Schulbereiches dient vor allem einer Optimierung des Ressourceneinsatzes. Modelle der Ebene 1 haben sich in der Ressourcensteuerung – bis in den mikroökonomischen Bereich hinein - weitgehend durchgesetzt und werden in der Praxis der Schulverwaltung angewandt. Konzepte der Ebene 2 werden bisher nur in Grenzen und im wesentlichen als Beschreibungs- und Prognosemodelle genutzt. Als Entscheidungsmodell – z.B. im Hinblick auf langfristige Lehrereinstellungspolitiken – werden sie nicht oder nur in Grenzen genutzt; im Gegenteil zeigt die Anwendung der Konzeptionen zum Teil deutliche Fehlsteuerungen auf, die entweder zu Ressourcen- oder zu Qualitätsproblemen führen. Modelle der Stufe 3 sind an sich die attraktivsten Modelle, da sie nicht input-, sondern output- oder outcome-orientiert sind. Das Problem bleibt dabei die Quantifizierung der Aussagen. Einzelansätze (z.B. Vergleich des Ressourceneinsatzes mit den TIMSS-Ergebnissen und darauf basierende Benchmarks) erscheinen interessant, weisen aber zahlreiche Schwierigkeiten auf. Doch hat allein die Diskussion um schulische Produkte und die Frage des effizienten Ressourceneinsatzes einen Wert an sich.

Ökonometrische Wachstumsmodelle haben bisher keine für die Gesamtsteuerung nutzbaren Ergebnisse erbracht; nutzentheoretische Modelle sind „reine Theorie“ und für die Bewältigung praktischer Steuerungsprobleme irrelevant.

Eines freilich eint alle Modelle – auch diejenigen, die Theorie bleiben: Sie können erheblich zur Entideologisierung der Debatte um Bildungsfinanzierung beitragen und helfen, volkswirtschaftlich und finanzwirtschaftlich sinnvolle Konzeptionen zu begründen.

Detlef Fickermann/Ursula Schulzeck/Horst Weishaupt

Zur Effizienz regionaler Schulstandortsysteme am Beispiel von Mecklenburg-Vorpommern

Die durch den dramatischen Geburtenrückgang in den neuen Bundesländern erzwungene erneute Reorganisation des Schulsystems in den kommenden Jahren kann zu gravierenden Ineffizienzen führen, wenn die Implikationen schulorganisatorischer Lösungsansätze nicht ausreichend bedacht werden. Im Rahmen eines von der Deutschen Forschungsgemeinschaft finanzierten Projekts wird deshalb versucht, über ein Simulationsmodell die Möglichkeiten der ex-ante Evaluation zu nutzen, um finanzielle, pädagogische und regionalpolitische Auswirkungen unterschiedlicher Planungsansätze simultan zu erfassen. Im Zusammenhang dieser Untersuchung wurde die kommunale Schulfinanzstatistik umfangreichen Analysen unterzogen. Die Ergebnisse dieser Auswertungen sollen einleitend im Blick auf Ineffizienzen und die Gleichwertigkeit der Ausstattung von Schulen dargestellt werden. Der zweite Teil dieses Beitrages behandelt, unter dem Gesichtspunkt des Erhalts einer regional ausgewogenen schulischen Infrastruktur, die Ergebnisse von Modellrechnungen zur Standortoptimierung im Bereich der Grundschule und für die Schularten der Sekundarstufe I. Der Beitrag schließt mit einem Vergleich der Ausgaben für unterschiedliche Standortsysteme im Grundschulbereich.

1 Ergebnisse von Analysen der kommunalen Finanzstatistik

1.1 Vorbemerkungen

Den Ausgangspunkt der Analysen bilden die Datensätze der kommunalen Schulfinanzstatistik für alle Schulträger, die uns für die Jahre 1993 bis 1996 vom Statistischen Landesamt zur Verfügung gestellt wurden. In Mecklenburg-Vorpommern sind Gemeinden, Ämter und Zweckverbände Schulträger von Grund-, Haupt- und Realschulen und die Kreise Schulträger der Sonderschulen, Gymnasien und Gesamtschulen. Insgesamt liegen für fast 400 Schulträger (1996 waren es 364) Datensätze vor. In nicht wenigen Fällen unterhalten die Schulträger nur eine Schule einer Schulart. Dies ermöglicht Ausgabenvergleiche zwischen einzelnen Schulen.

Von den Angaben der Finanzstatistik wurden die Ausgaben der Gruppierungen 40 bis 46 (Personalausgaben), 50 bis 661 (Sächlicher Verwaltungs- und Betriebsaufwand) und 932, 935 und 94 (Ausgaben des Vermögenshaushalts: Investitionsausgaben) in die Auswertungen einbezogen. Die Analysen beziehen nur die Ausgaben für allgemeinbildende Schulen neben den schulartübergreifenden Ausgabenpositionen ein.[1] Über die Gemeindekennziffer konnte der Finanzstatistik aus den Daten der Schulraumbestandserhebung von 1994 die Hauptnutzfläche der Schulen zugeordnet werden. Wenn Angaben fehlten, wurden sie nachträglich erhoben bzw. – in wenigen Ausnahmefällen – geschätzt. Ebenfalls wurden schulstatistische Daten in den Datensatz der Finanzstatistik übernommen. Zwar stimmen Haushaltsjahr und Schuljahr nicht überein, doch wurden der Einfachheit halber die finanzstatistischen und schulstatistischen Angaben aus dem gleichen Erhebungsjahr zusammengefaßt.

1.2 Ausgabenvergleiche für einzelne Schulen

Im Hinblick auf die materiellen Lernbedingungen an den Schulen wird häufig die Frage der ungleichen Schulausstattung aufgeworfen, die sich durch Unterschiede in der Finanzkraft und in den Ausgabeprioritäten der Gemeinden ergibt. Bisher fehlten in der Bundesrepublik gut zugängliche Daten einzelner Schulträger, um die Unterschiede in der Bereitstellung von nichtlehrendem Personal, Lernmitteln für den Unterricht und von Aufwendungen für den Gebäudeunterhalt zwischen ihnen zu erfassen.

Die für den Unterricht bedeutsamen Sachausgaben faßt die Finanzstatistik in den Gruppen 52 'Ausstattungs- und Ausrüstungsgegenstände, sonstige Gebrauchsgegenstände', 638 'Weitere Verwaltungs- und Betriebsausgaben' und 661 'Sonstiger Verwaltungs- und Betriebsaufwand' zusammen. Die Unterschiede in den verausgabten Mitteln je Schüler zwischen den Schulträgern bei der Summe dieser Ausgabepositionen wird in Tabelle 1 dargestellt. Außerdem stellt sie die Unterschiede bei den kommunalen Personalausgaben je Schüler dar. Sie enthält schließlich Angaben zu den gebäudebezogenen Aufwendungen, die in den Ausgabegruppen 50 „Unterhaltung der Grundstücke und baulichen Anlagen", 51 „Unterhaltung des sonstigen unbeweglichen Vermögens" und 54 „Bewirtschaftung der Grundstücke, baulichen Anlagen usw." nachgewiesen werden. Sie werden als gebäudeabhängige Ausgaben auf die Hauptnutzfläche der Schulen bezogen. Darüber soll erfaßt werden, in welchem Umfang die Ausgaben der Schulträger für den Unterhalt der Gebäude variieren.

---

1 Die methodischen und aus der Datenqualität resultierenden Probleme der Datenanalyse wurden an anderer Stelle bereits ausführlich behandelt (WEISHAUPT 2000).

Die Unterschiede der in Tabelle 1 für das Jahr 1996 erfaßten durchschnittlichen schülerbezogenen Sachausgaben je Schüler sind zwischen den Schularten nicht sehr groß, wenn die Sonderschulen unbeachtet bleiben. Betrachtet man schülerbezogene Sachausgaben und die Personalausgaben je Schüler im Vergleich zwischen den Schulträgern, dann zeigen sich unerwartet große Unterschiede. An den Standardabweichungen der meist normal verteilten Variablen ist zu ersehen, dass die hohen Spannweiten fast ausnahmslos nicht auf einzelne Ausreißer zurückzuführen sind. Auch wenn Ausgabendurchschnitte für mehrere Jahre berechnet werden, ändert sich nichts an der hohen Varianz der Ausgaben zwischen den Schulträgern. Es scheint sich deshalb um keinen Zufallsbefund zu handeln. Man muss stattdessen davon ausgehen, dass die Bereitstellung von Mitteln für den Schulbetrieb und den Unterricht zwischen den Schulträgern in hohem Maße unterschiedlich ist.

Tabelle 1: *Unterschiede in den Ausgaben zwischen den Schulträgern für ausgewählte Ausgabearten 1996 (in DM)*

Schulart	Mittelwert[1]	Standardabweich.	Spannweite	Minimum	Maximum	Anzahl Schulträger
	Schülerbezogene Sachausgaben je Schüler					
Grundschule	208,51	179,58	1651	7	1658	164
Hauptschule mit Grundschulteil	178,26	91,10	305	58	363	17
Realschule	189,95	77,65	214	83	297	12
Realschule mit Grundschulteil	199,64	119,57	460	23	483	17
Realschule mit Hauptschulteil	222,47	137,89	807	1	808	57
Realschule mit Grund- und Hauptschulteil	185,99	100,37	531	35	566	99
Gymnasium	180,65	59,64	218	88	306	20
Gesamtschule	158,86	79,83	242	47	289	8
Sonderschule	433,56	229,25	779	104	883	18

Tabelle 1: *(Fortsetzung)*

Schulart	Mittel-wert[1]	Standard-abweich.	Spann-weite	Mini-mum	Maxi-mum	Anzahl Schulträger
	Personalausgaben je Schüler					
Grundschule	639,69	539,20	3455	0	3455	164
Hauptschule mit Grundschulteil	609,94	257,24	766	217	983	17
Realschule	406,78	278,00	897	176	1073	12
Realschule mit Grund-schulteil	501,13	228,86	848	56	904	17
Realschule mit Haupt-schulteil	360,56	247,79	1332	0	1332	57
Realschule mit Grund- und Hauptschulteil	440,61	241,00	1308	61	1369	99
Gymnasium	274,01	84,83	312	168	480	20
Gesamtschule	306,69	134,22	393	134	527	8
Sonderschule	1.986,64	1.437,41	5.038	294	5.332	18
	Gebäudebezogene Sachausgaben je qm Hauptnutzfläche					
Grundschule	114,83	91,64	663	0,3	663	164
Hauptschule mit Grundschulteil	87,13	44,32	148	32	180	17
Realschule	104,75	51,39	191	15	206	12
Realschule mit Grund-schulteil	92,08	56,03	190	13	203	17
Realschule mit Haupt-schulteil	133,06	89,28	464	0,1	464	57
Realschule mit Grund- und Hauptschulteil	108,28	52,15	237	12	249	99
Gymnasium	130,02	34,88	132	81	213	20
Gesamtschule	254,67	221,59	628	104	732	8
Sonderschule	151,90	59,52	251	86	337	18

1) ungewogenes Mittel: es wird bei der Mittelwertberechnung nicht berücksichtigt, dass die Schulen der Schulträger von unterschiedlich vielen Schüler besuchen werden.

Ganz ähnlich ist die Situation bei den gebäudebezogenen Sachausgaben. Auch hier zeigen sich große Unterschiede in dem Ausgabenniveau zwischen den Schulträgern. Sie widerlegen die Annahme, dass die Unterhaltung von Gebäuden ein gewisses Ausgabenvolumen erfordert, dem die Schulträger auch alle annähernd entsprechen.

Eine weitere wichtige Frage einer bildungsökonomischen Betrachtung der Schulausgaben richtet sich auf die Abhängigkeit der Ausgaben je Schüler von der Schulgröße. Zu vermuten ist, dass die Personalausgaben je Schüler an kleinen Schulen höher sind als an großen Schulen, da an den Schulen zunächst eine personelle Grundausstattung erforderlich ist, die bei zunehmender Schulgröße nicht sofort ergänzt werden muss. Bei den schülerbezogenen Sachausgaben sind keine Größeneffekte anzunehmen, weil – so ist zu vermuten – diese Mittel den Schulen in Abhängigkeit von der Schülerzahl zugewiesen werden. Investitionsmittel werden vermutlich entweder unabhängig von der Größe der Schule vergeben oder eher auf größere Schulen konzentriert, die als zentrale Schulen weiter ausgebaut werden. Bezogen auf die gesamten Ausgaben sind, ausgehend von den dargestellten Vermutungen, bestenfalls mäßige Korrelationen zu erwarten. Die gebäudebezogenen Ausgaben sollten ebenfalls mit der Größe der Schule zu- bzw. abnehmen. Deshalb ist bei diesen Ausgaben ebenfalls kein Einfluss der Schulgröße auf das Ausgabenniveau zu erwarten.

Um diese Zusammenhänge zu untersuchen, wurden die Schulträger mit nur einer Schule je Schulart ausgewählt. In Tabelle 2 sind die Ergebnisse entsprechender Korrelationsrechnungen für die Schularten mit einer ausreichenden Anzahl von Einzelschulen für die Jahre 1993-1996 dargestellt.

Tabelle 2: *Korrelationen zwischen Schulgröße (Schülerzahl/Hauptnutzfläche der Schule) und Ausgaben je Schüler (bzw. je qm Hauptnutzfläche) in Mecklenburg-Vorpommern 1993 bis 1996 (nur Ergebnisse für einzelne Schulen)*[1)]

Schulart	Jahr			
	1993	1994	1995	1996
	Personalausgaben			
Grundschule	**-.41**	**-.40**	**-.41**	**-.36**
Hauptschule mit Grundschulteil	-.05	-.23	-.35	-.26
Realschule	**-.79**	**-.70**	-.54	-.50
Realschule mit Grundschulteil	.09	.07	.21	.08

1) Die Anzahl der erfaßten Schulen variiert zwischen den Jahren: Grundschule 145-157, Grund- und Hauptschule 12-18, Realschule 9-12, Grund- u. Realschule 16-19, Haupt- u. Realschule 45-53 und Grund-/Haupt-/Realschule 76-98. Da Schulträger von Sonderschulen und Gymnasien die Kreise und kreisfreien Städte sind, gibt es nur vereinzelte einzelschulische Daten, die hier nicht berücksichtigt werden konnten. – Fett gedruckte Korrelationskoeffizienten sind signifikant ($p<=0.05$)

Tabelle 2: *(Fortsetzung)*

Schulart	Jahr			
	1993	1994	1995	1996
Realschule mit Hauptschulteil	**-.37**	**-.35**	**-.43**	**-.42**
Realschule mit Grund- und Hauptschulteil	**-.46**	**-.44**	**-.47**	**-.47**
	Schülerbezogene Sachausgaben			
Grundschule	**-.27**	**-.21**	**-.23**	-.16
Hauptschule mit Grundschulteil	.32	-.02	-.19	.12
Realschule	-.49	-.32	-.13	-.48
Realschule mit Grundschulteil	.07	.25	.07	-.27
Realschule mit Hauptschulteil	-.16	-.22	-.13	-.25
Realschule mit Grund- und Hauptschulteil	-.14	.00	-.03	-.14
	Investitionsausgaben			
Grundschule	.07	.02	.16	.20
Hauptschule mit Grundschulteil	-.23	-.33	.23	.40
Realschule	-.34	.09	.22	-.17
Realschule mit Grundschulteil	-.07	-.33	**.52**	-.35
Realschule mit Hauptschulteil	-.18	-.07	-.02	.18
Realschule mit Grund- und Hauptschulteil	-.04	.19	.21	.09
	Ausgaben insgesamt			
Grundschule	**-.27**	**-.24**	**-.19**	-.07
Hauptschule mit Grundschulteil	-.08	-.21	.01	.24
Realschule	-.54	-.50	-.04	-.24
Realschule mit Grundschulteil	-.08	-.30	.44	-.25
Realschule mit Hauptschulteil	-.21	-.25	-.13	.07
Realschule mit Grund- und Hauptschulteil	**-.28**	.06	.00	-.15
	Gebäudebezogene Sachausgaben je qm Hauptnutzfläche			
Grundschule	**-.17**	-.15	-.07	-.07
Hauptschule mit Grundschulteil	.11	.01	.42	.22
Realschule	-.03	-.03	.26	.38
Realschule mit Grundschulteil	-.40	-.28	-.10	-.11
Realschule mit Hauptschulteil	-.06	-.07	-.18	-.21
Realschule mit Grund- und Hauptschulteil	**-.29**	**-.24**	-.22	-.18

Deutlich ausgeprägte und über die beobachteten Jahre hinweg einheitlich negative, signifikante Größeneffekte zeigen sich nur bei den Personalausgaben der Grundschulen, Haupt-/Realschulen und Grund-/Haupt-/Realschulen: An kleinen Schulen sind die Personalausgaben je Schüler höher. Die schülerbezogenen Sachausgaben zeigen ebenfalls überwiegend schwache negative Korrelationen, was darauf schließen läßt, dass die Schulträger versuchen, größenbedingte Nachteile der Schulen auszugleichen. Die Investitionsausgaben zeigen ein uneinheitliches Bild, doch scheint sich in den letzten Jahren eine Bevorzugung größerer Schulen bei Investitionsvorhaben durchzusetzen (Wechsel von negativen zu positiven Korrelationen im Vergleich zwischen den Jahren). Die auf die Hauptnutzfläche der Schulen bezogenen gebäudebezogenen Sachausgaben lassen ebenfalls keine deutliche Abhängigkeit von der Gebäudegröße erkennen. In der Tendenz scheinen aber kleinere Gebäude etwas höhere durchschnittliche Ausgaben zu verursachen. Insgesamt sind die Einflüsse der Schulgröße auf die Schulausgaben nicht sehr ausgeprägt aber dennoch nachweisbar.

Unerwartet ist der negative Zusammenhang zwischen der Auslastung der Schulgebäude (Hauptnutzfläche je Schüler) und den gebäudebezogenen Sachausgaben je qm Hauptnutzfläche (Tabelle 3). Angenommen wurde, dass die Sachausgaben für den Gebäudeunterhalt von der Auslastung der Gebäude unabhängig sind, dies ist aber bei den relevanten Schularten mit einzelschulischen Daten nicht der Fall. Je weniger die Schulen ausgelastet sind (je höher die Fläche je Schüler ist), desto niedriger sind die gebäudebezogenen Sachausgaben je qm Hauptnutzfläche. Folglich kompensieren die Schulträger die möglichen negativen Ausgabenwirkungen unausgelasteter Schulen.

Tabelle 3: *Korrelationen zwischen der Auslastung der Schule (Hauptnutzfläche je Schüler) und den gebäudebezogenen Sachausgaben je qm Hauptnutzfläche in Mecklenburg-Vorpommern 1993-1996 (nur Ergebnisse für einzelne Schulen)*[1)]

Schulart	Jahr			
	1993	1994	1995	1996
Grundschule	**-.28**	**-.30**	**-.19**	**-.25**
Realschule mit Hauptschulteil	**-.47**	**-.34**	**-.37**	**-.29**
Realschule mit Grund- und Hauptschulteil	**-.45**	**-.41**	**-.46**	**-.32**

1) Die Anzahl der erfaßten Schulen variiert zwischen den Jahren: Grundschule 145-157, Haupt- u. Realschule 45-53 und Grund-/Haupt-/Realschule 83-98. – Fett gedruckte Korrelationskoeffizienten sind signifikant ($p<=0.05$)

1.3 Ausgabenvergleich auf der Ebene der Kreise

Da die verschiedenen Schularten unterschiedliche Schulträger (Gemeinden, Ämter, Kreise, kreisfreie Städte) haben, ist eine regionale Darstellung der Unterschiede in der Finanzausstattung der Schulen nur auf Kreisebene möglich. Um mögliche Verzerrungen regionaler Unterschiede durch teuere Spezialschulen, die nur an wenigen Standorten bestehen, zu vermeiden, wurden die Sonderschulen nicht berücksichtigt.

Die Kreisdaten zeigen sowohl bei den schülerbezogenen als auch den gebäudebezogenen Sachausgaben erhebliche und sachlich nicht nachvollziehbare Unterschiede (vgl. Karte 1 und Karte 2). Beispielsweise sind die gebäudebezogenen Sachausgaben der kreisfreien Städte, deren Gebäudesubstanz wesentlich schlechter ist als in den Kreisen (vgl. Weishaupt u.a. 1999, S. 56), nicht deutlich höher. Die Ausgaben je qm Hauptnutzfläche bewegen sich im Vergleich der Kreise zwischen 90 und 175 DM. In der Differenzierung nach Grund-, Haupt-, Real- und Gesamtschulen einerseits und Gymnasien andererseits ergeben sich Kreise, die für beide Schularten viel oder wenig ausgeben oder das Gymnasium bzw. die anderen Schularten bevorzugen. Ähnlich ist das Bild, wenn die schülerbezogenen Sachausgaben betrachtet werden. Doch fallen die Unterschiede zwischen den Kreisen bei diesen Ausgabepositionen noch deutlich größer aus. Über alle Schularten hinweg bewegen sich die schülerbezogenen Sachausgaben je Schüler im Vergleich der Kreise zwischen 96 und 273 DM.

Die absoluten Differenzen der Ausgaben zwischen den Kreisen nehmen noch erheblich zu, wenn die gesamten Schulausgaben je Schüler (ohne Sonderschulen) betrachtet werden. Wegen der Verzerrung der gesamten Ausgaben je Schüler durch die Investitionsausgaben ist es sinnvoll, sich auf die laufenden Ausgaben (Personal- und Sachausgaben) je Schüler zu konzentrieren (vgl. Karte 3). Sie streuen insgesamt zwischen 1.179 und 2.014 DM, beim Gymnasium zwischen 710 und 1.326 DM und den sonstigen Schularten zwischen 785 und 1.417 DM. Es gibt folglich Kreise, in denen für den Schulunterhalt je Schüler etwa das Doppelte ausgegeben wird als in anderen Kreisen. Von einer relativ einheitlichen kommunalen Schulfinanzierung kann also nicht gesprochen werden. Es bestehen recht willkürlich wirkende Unterschiede, von denen nicht angenommen werden kann, dass sie durch Buchungsfehler und großzügige Auslegung der Haushaltsvorschriften entstanden sind, sondern tatsächlich bestehende Unterschiede in den Ausgabeprioritäten der Schulträger zu erkennen geben.

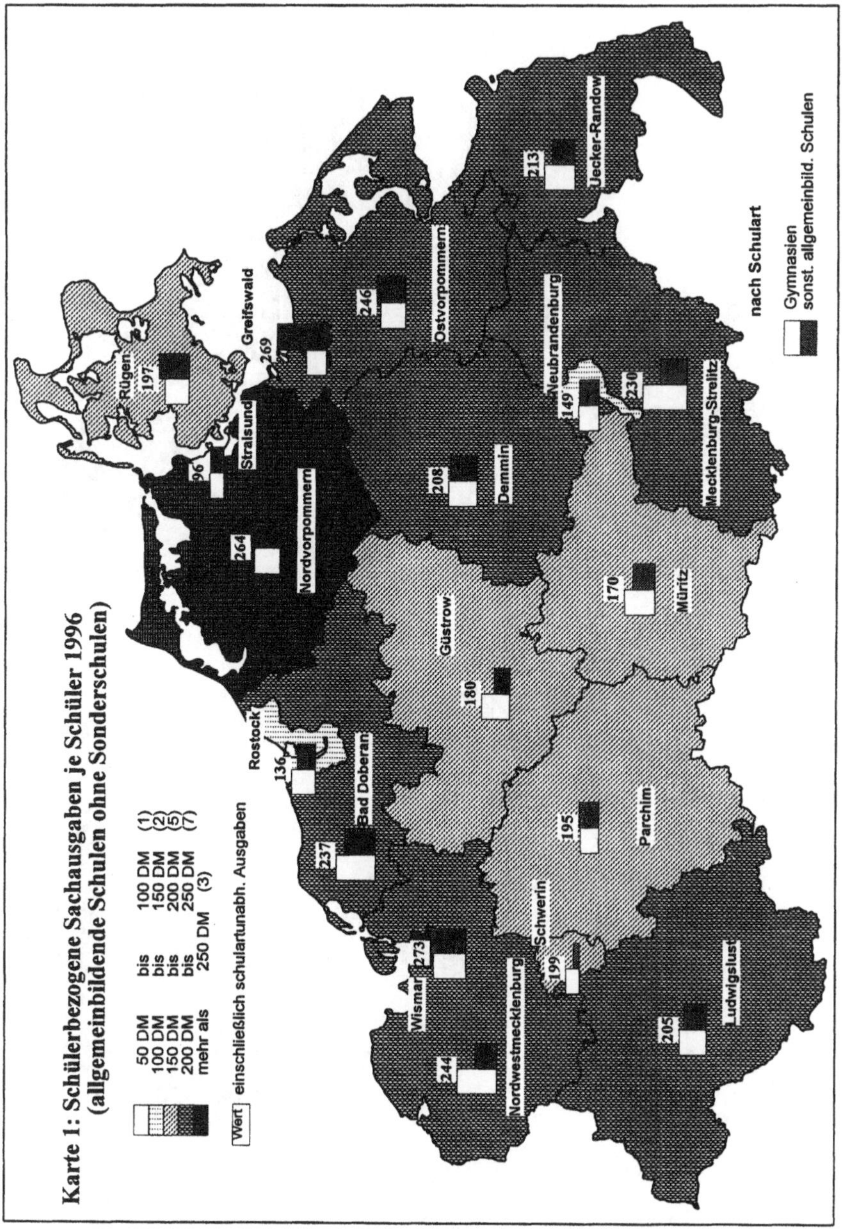

Karte 1: Schülerbezogene Sachausgaben je Schüler 1996 (allgemeinbildende Schulen ohne Sonderschulen)

Karte 2: Gebäudebezogene Sachausgaben je m² Hauptnutzfläche 1996 (allgemeinbildende Schulen ohne Sonderschulen)

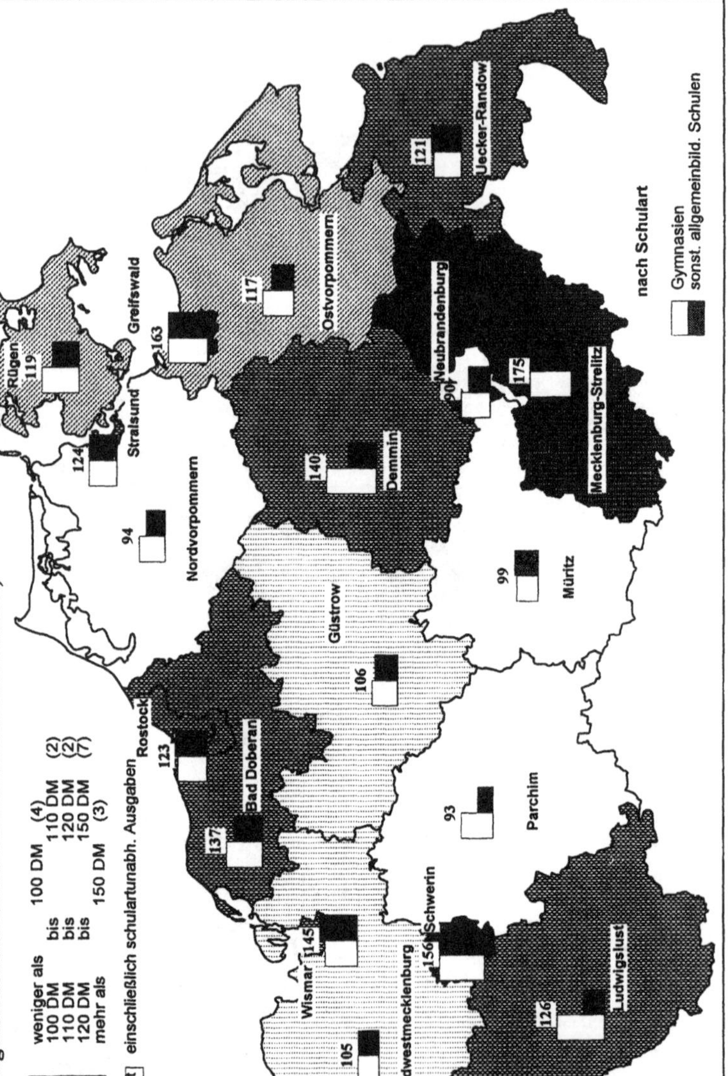

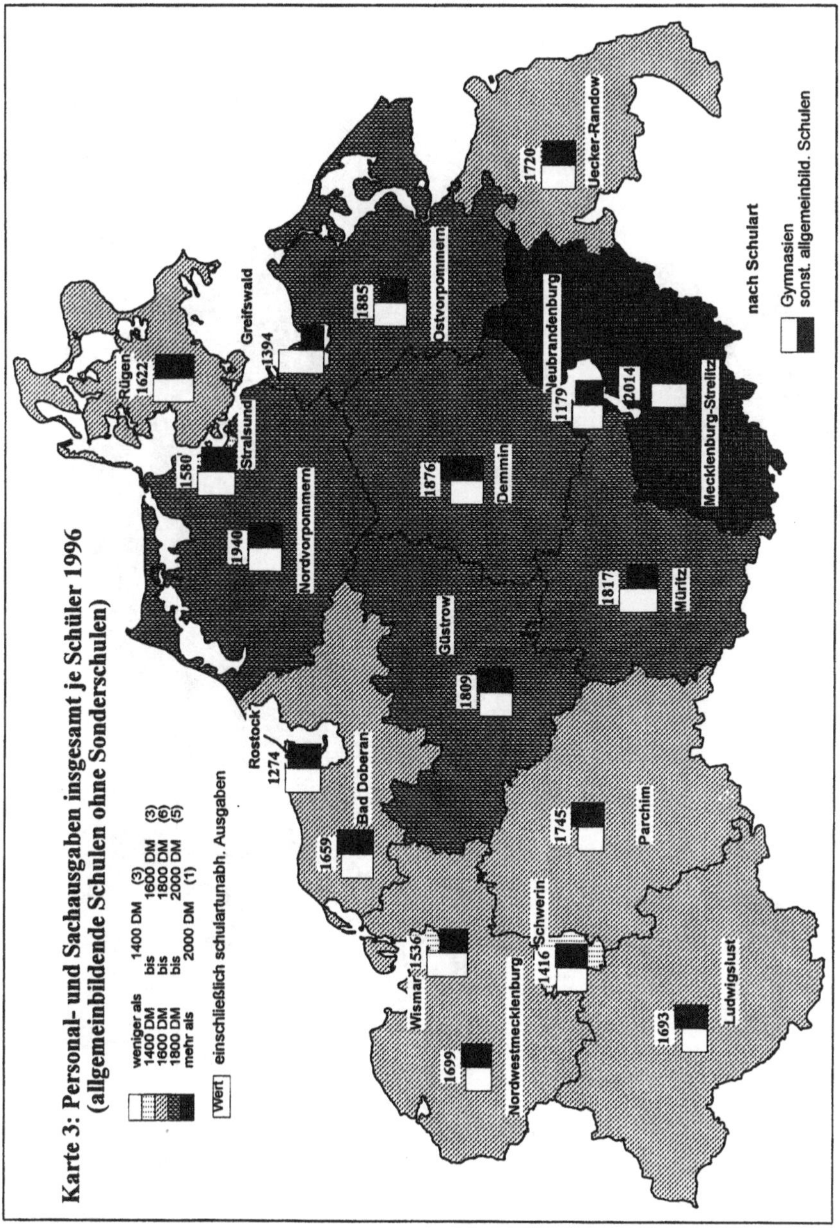

Karte 3: Personal- und Sachausgaben insgesamt je Schüler 1996 (allgemeinbildende Schulen ohne Sonderschulen)

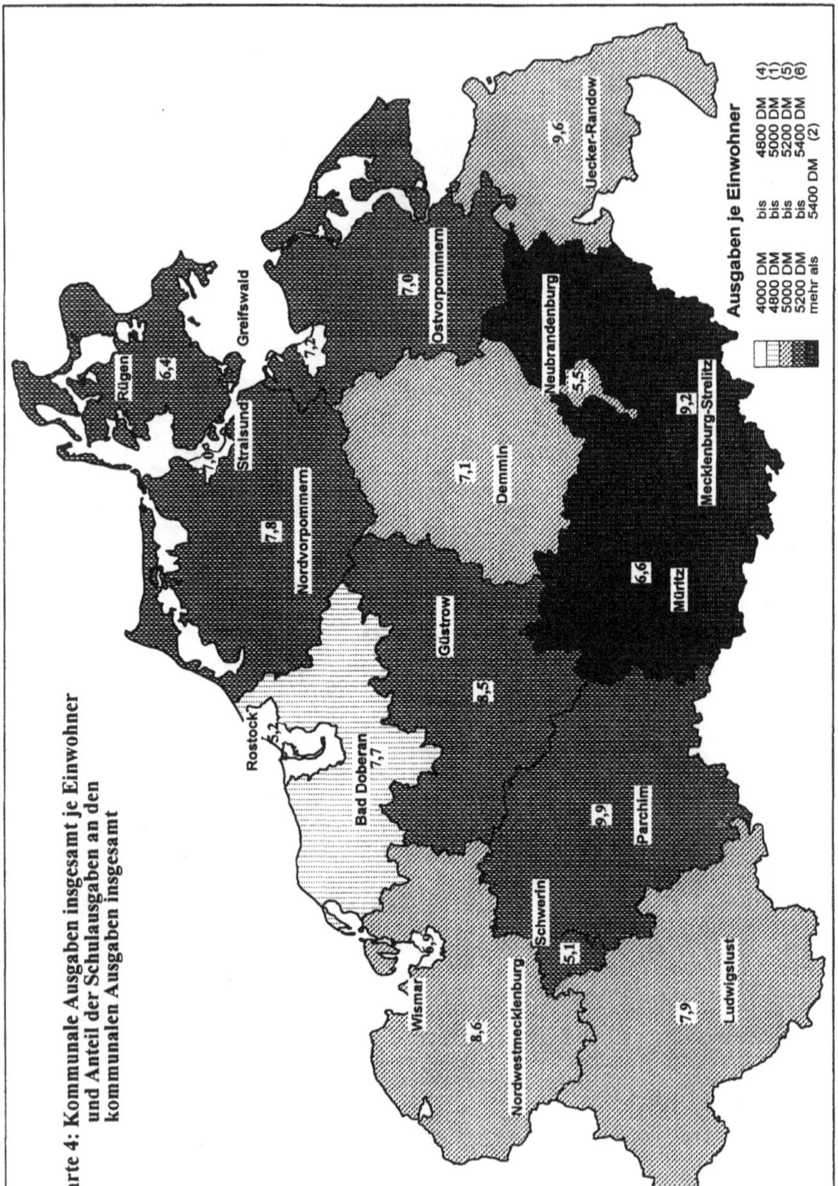

Karte 4: Kommunale Ausgaben insgesamt je Einwohner und Anteil der Schulausgaben an den kommunalen Ausgaben insgesamt

Als eine mögliche Erklärung für die Unterschiede in den Schulausgaben innerhalb der Länder lassen sich Unterschiede in der Finanzkraft der Kreise vermuten (Karte 4), und in der Tat gibt es zwischen den Kreisen auch erhebliche Unterschiede in den gesamten Ausgaben je Einwohner. Diese Unterschiede tragen einmal zu den Disparitäten bei, indem einigen Kreisen mehr Geld zur Verfügung steht. Die Disparitäten werden dadurch weiter verstärkt, dass die finanzkräftigen Kreise einen höheren Anteil ihrer gesamten Ausgaben für die Schulen verwenden.

1.4 Schlussfolgerungen

Die durchgeführten Analysen der kommunalen Finanzstatistik Mecklenburg-Vorpommerns haben Ergebnisse gezeigt, die einerseits Vermutungen über „diseconomies of scale" nur teilweise bestätigen und andererseits die Vorstellung von einer relativ einheitlichen kommunalen Schulfinanzierung deutlich widerlegen.

Hinsichtlich der Personalausgaben zeigten sich Ausgabenvorteile großer Schulen. Aber auch der Gebäudeunterhalt der Schulen scheint mit zunehmender Größe kostengünstiger zu sein. Bemerkenswert ist, dass sich die Schulträger mit ihren Ausgaben für die Gebäudeunterhaltung an der Auslastung orientieren.

Zwischen den Schulträgern und den Landkreisen variieren die Ausgaben für den Unterhalt der Schulgebäude und für den schülerbezogenen Sachaufwand in einem mit Blick auf die Einheitlichkeit der Lernbedingungen der Schüler durchaus problematisch zu nennenden Umfang. Hier wären politische Instrumente zu überlegen, die helfen, die Unterschiede zu verringern.

2 Erste Ergebnisse von Standortoptimierungen für die Primarstufe und die Sekundarstufe I

2.1 Vorbemerkungen

Für die Durchführung von Modellrechnungen zur Entwicklung der Standortsysteme in Mecklenburg-Vorpommern unter der Bedingung des dramatischen Rückgangs der Schülerzahlen war in einem ersten Schritt eine Fortrechnung der Zahl der Geburten und der Schülerzahlen durchzuführen. Dem Stand der (bevölkerungs-)wissenschaftlichen Diskussion und den Erfordernissen für die geplanten Standortoptimierungen entsprechend wurde ein Modell für eine kleinräumige Bevölkerungsfortrechnung entwickelt, das

- weitgehend auf endogene Fertilitäts- und Wanderungsannahmen basiert,
- eine endogene Regionalisierung aufweist und
- aggregatkonsistent ist.

Dabei war es zusätzlich mit Bezug auf Analysen der Geburtenentwicklung der letzten Jahre und auf einschlägige Veröffentlichungen notwendig, für die Bevölkerungsfortrechnungen einen umfassenden Kohortenansatz zugrunde zu legen.

Während zunächst die unterschiedlichsten Varianten der Anpassung des fertilen Verhaltens untersucht wurden, stellte sich im weiteren Projektverlauf heraus, dass die in den meisten publizierten Bevölkerungsfortrechnungen nicht oder nur unzureichend thematisierte Abwanderung junger Frauen einen ungleich größeren Einfluss auf die künftigen Geburtenzahlen hat als angenommene Entwicklungsszenarien der Fertilität (zu den theoretischen Annahmen und zu weiteren Einzelheiten des verwendeten Geburtenfortrechnungsmodells siehe Weishaupt u.a. 1999, S. 86ff.).

Zudem konnte durch Vergleichsrechnungen gezeigt werden, dass die vielfach im Rahmen von Gutachten zur Schulentwicklungsplanung oder auch in Schulentwicklungsplänen verwendete sogenannte "top-down-Strategie" zur Schätzung der künftigen Geburtenzahlen langfristig zu teilweise erheblichen regionalen Fehlschätzungen führt. Die Gründe hierfür liegen

- in einer unzureichenden Berücksichtigung regionaler Fertilitätsunterschiede,
- in der fehlenden Aggregatkonsistenz und
- in der fehlenden Möglichkeit, "top-down" kleinräumige Suburbanisationsprozesse hinreichend abbilden zu können.

Erste Analysen der Schülerzahlen der Schuljahre 1992/93 bis 1996/97 zeigten ferner eine Entwicklungsdynamik, die traditionelle Methoden für ihre Fortrechnung ungeeignet erscheinen ließen. Zudem erforderten die beabsichtigten Standortoptimierungen und insbesondere die damit verbundenen Sensitivitätsanalysen ein regionales Schülerzahlenberechnungsmodell, das diejenigen Parameter möglichst exakt bestimmt und zudem ihre Variation zuläßt, die die künftigen regionalen Schülerzahlen nach Schularten und Klassenstufen hinreichend genau differenzieren.

Für die Berechnung der Schülerzahlen wurde deshalb ein eigener methodischer Ansatz auf der Basis eines kombinierten Struktur- und Übergangsquotenmodells entwickelt. Dabei wurden (jeweils auf der Gemeindeebene) die Strukturquoten der Erstkläßler für die höheren Klassenstufen unter Berücksichtigung von Altersstrukturverschiebungen durch Wiederholer dynamisch fortgeschrieben. Somit kann in jedem Schuljahr in jeder Klassenstufe die Schülerzahl unter Bezug auf die jeweils relevanten Altersjahrgänge am Wohnort bestimmt werden. Für die Berechnung der Schüler nach Schularten in den Klassenstufen der Sekundarstufe I bildet ein Übergangsquotenmodell die Basis. Zur Modellierung der regionalen Unterschiede in der Gymnasialbeteiligung wurden die jeweiligen (örtlichen) Gymnasialbesuchsquoten mittels aufwendig geschätzter regionaler Sozialstruktur- und Erreichbarkeitsfaktoren abgebildet. Für diese Schätzungen wurde eigens ein Verfahren auf der Basis eines Optimierungsalgorithmus entwickelt. Jahrgangsweise wurden ferner die Schulformwechsler durch eine dynamische Fortschreibung der Beteiligungsquoten in den 5. Klassen berücksichtigt und ebenso die Schulabgänger in den Klassen 9 und 10 (zu weiteren Einzelheiten des verwendeten Fortrechnungsmodells für die Schülerzahlen siehe Weishaupt u.a. 1999, S. 135ff.). Die Schülerzahlenfortrechnung bildet die Grundlage für die Simulation der Schulstandortsysteme.

Bei den Standortoptimierungen wird nach solchen Zuordnungen aller Gemeinden des Landes zu den Schulstandorten gesucht, die eine minimale Summe der Schulweglängen ergeben. Da eine exakte Bestimmung des Optimums praktisch unmöglich ist, können nur Lösungen bestimmt werden, die dem tatsächlichen Optimum möglichst nahe kommen. Das angewendete Näherungsverfahren stellt eine Adaption des sogenannten Sintflutprinzips dar (Einzelheiten zum Verfahren siehe bei Weishaupt u.a. 1999, S. 153ff.). Bezüglich Konvergenz und Stabilität erfüllt der Algorithmus notwendige Gütekriterien. Umfangreiche Tests ergaben, dass 95% der Testergebnisse in einem Bereich von 5% um den Mittelwert aller erzielten Testwerte lagen. Etwa 85% der erzielten Ergebnisse waren nicht mehr als 5% schlechter als das beste Ergebnis aller Durchläufe (ebd.).

Da einerseits die künftigen Schülerzahlen nur auf der Gemeindeebene zur Verfügung stehen und andererseits die innerstädtischen Einzugsbereiche der Schulen bei Mehrfachstandorten nicht bekannt sind, bildet die Gemeinde das kleinste zu betrachtende Aggregat. Im Hinblick auf die Schulwege bedeutet das, dass nur die Wege zwischen den Gemeinden berücksichtigt werden, innergemeindliche Pendlerbewegungen werden nicht erfaßt. Die Entfernung zwischen zwei Gemeinden wurde als kürzester Weg in Straßenkilometern zwischen den Gemeindemittelpunkten durch Digitalisierung und Berechnung einer vollständigen Entfernungsmatrix für alle Gemeinden ermittelt.

Die folgenden Ergebnisse sind Lösungen von Optimierungen der Standortsysteme der einzelnen Schularten. Dabei wurde jede Schulart einzeln betrachtet, die frei werdenden Gebäude der einen Schulart wurden (noch) nicht für andere Schularten in Betracht gezogen. Dabei kann man davon ausgehen, dass wegen der erforderlichen Schulgröße in der Regel nur frei werdende Gymnasialgebäude für eine Umnutzung als Haupt- und Realschule bzw. Haupt- und Realschulgebäude als Grundschulen in Frage kommen (vgl. Weishaupt u.a. 1999, S. 58f.). Es wird das jeweils beste Ergebnis von mindestens drei Optimierungsläufen vorgestellt, welches jeweils für einen bestimmten Zeitraum bezüglich der landesweiten Schulwegsumme optimal ist.

2.2 *Schülerzahlen*

Im Gegensatz zu bisher veröffentlichten Ergebnissen (vgl. Weishaupt u.a. 1999) wurde für die Ermittlung der Schülerzahlen der einzelnen Schularten das oben beschriebene Schülerzahlfortrechnungsmodell mit der mittleren Variante der Geburtenprognose verwendet. Die Grundlage bildet das Schuljahr 1996/97. Für die sich zu diesem Zeitpunkt bereits im Schulsystem befindenden Schüler wurden die entsprechenden Faktoren des Modells empirisch ermittelt. Dabei wurde die Lernbehindertenquote je Klassenstufe landesweit mit dem Mittelwert der Quoten der Jahre 1996 bis 1998 fortgeschrieben, für die sonstigen Behinderten wurde ein Prozentsatz von einem Prozent angenommen. Schreibt man außerdem in der Sekundarstufe I die Gymnasialbeteiligungsquote des Schuljahres 1996/97 fort, so ergeben sich die in Tabelle 4 dargestellten Schülerzahlen. Ergänzend dazu wurde auch mit variierenden gymnasialen Beteilungsquoten von 25% bis 75% gerechnet. Die Schülerzahlen für die Haupt- und Realschulen wurden für jede Gemeinde als Differenz aus Gesamtschülerzahl und der Zahl der Gymnasiasten und Sonderschüler bestimmt.

In der Grundschule werden im Schuljahr 2002/03 landesweit die wenigsten Schüler zu erwarten sein (vgl. Tabelle 4), in den Schulen der Sekundarstufe I wird das Tief im Schuljahr 2008/09 liegen, wobei es jedoch regionale Unterschiede bezüglich dieses Zeitpunktes gibt. Nach dem Schülertief werden die Schülerzahlen wieder langsam ansteigen, insgesamt werden jedoch kaum wieder 2/3 des Niveaus des Schuljahres 1996/97 erreicht werden. In etwa 20 Jahren wird es als Folge des Geburteneinbruchs zu Beginn der neunziger Jahre erneut zu einem deutlichen Rückgang der Schülerzahlen kommen.

2.3 *Standortoptimierungen für die Grundschule*

Für die Optimierung des Grundschulnetzes wurde der Zeitraum der Schuljahre 2006/07 bis 2010/11 ausgewählt, weil das Tief der Schülerzahlen zu diesem Zeitpunkt bereits überwunden ist und sie wieder moderat ansteigen. Legt man die Ausgangssituation des Schuljahres 1996/97 zugrunde – es gab zu diesem Zeitpunkt 350 Schulstandorte mit einem Grundschulangebot, im laufenden Schuljahr sind es nach bereits erfolgten Schulschließungen nur noch 306 -, so würden bei Beibehalten der Einzugsbereiche im Schuljahr 2008/09 (6 Jahre nach dem Schuljahr mit den niedrigsten Schülerzahlen) immer noch nur 230 Standorte die nach den Richtlinien für die Schulentwicklungsplanung des Landes Mecklenburg-Vorpommern erforderliche Mindestzahl von 56 Schülern erreichen (vgl. Karte 5).

Tabelle 4: *Schülerzahlen-Fortrechnung nach Schularten im Zeitraum 1996 bis 2025*

Jahr	Schüler 1. – 4. Klasse		Schüler Sekundarstufe I (5. – 10. Klasse)		
	insgesamt	Grundschüler	insgesamt	Gymnasiasten	Haupt- und Realschüler
1996	105.177	100.412	165.299	52.576	104.886
1997	96.856	92.404	164.134	52.664	103.684
1998	83.295	79.367	162.993	51.450	103.830
1999	68.507	65.231	161.094	50.922	102.570
2000	54.407	51.831	157.593	49.999	100.195
2001	45.014	42.943	149.234	47.329	94.989
2002	42.312	40.412	134.931	42.450	86.338
2003	43.010	41.110	118.889	37.372	76.230
2004	45.452	43.452	102.455	32.217	65.795
2005	48.444	46.305	86.979	27.437	55.847
2006	51.079	48.814	74.254	23.489	47.562
2007	53.191	50.828	66.877	21.147	42.691
2008	55.009	52.562	65.239	20.655	41.504
2009	56.666	54.143	66.894	21.218	42.455
2010	58.188	55.595	70.110	22.270	44.441
2011	59.575	56.919	73.810	23.490	46.750
2012	60.813	58.100	77.187	24.615	48.856
2013	61.891	59.127	80.033	25.560	50.632
2014	62.814	60.007	82.513	26.375	52.184
2015	63.566	60.723	84.754	27.106	53.592
2016	64.105	61.236	86.853	27.781	54.920
2017	64.366	61.481	88.687	28.366	56.087
2018	64.240	61.356	90.294	28.873	57.114
2019	63.682	60.818	91.661	29.298	57.996
2020	62.678	59.854	92.740	29.626	58.700
2021	61.253	58.488	93.455	29.835	59.178
2022			93.725	29.897	59.381
2023			93.494	29.798	59.270
2024			92.699	29.517	58.807
2025			91.304	29.047	57.962

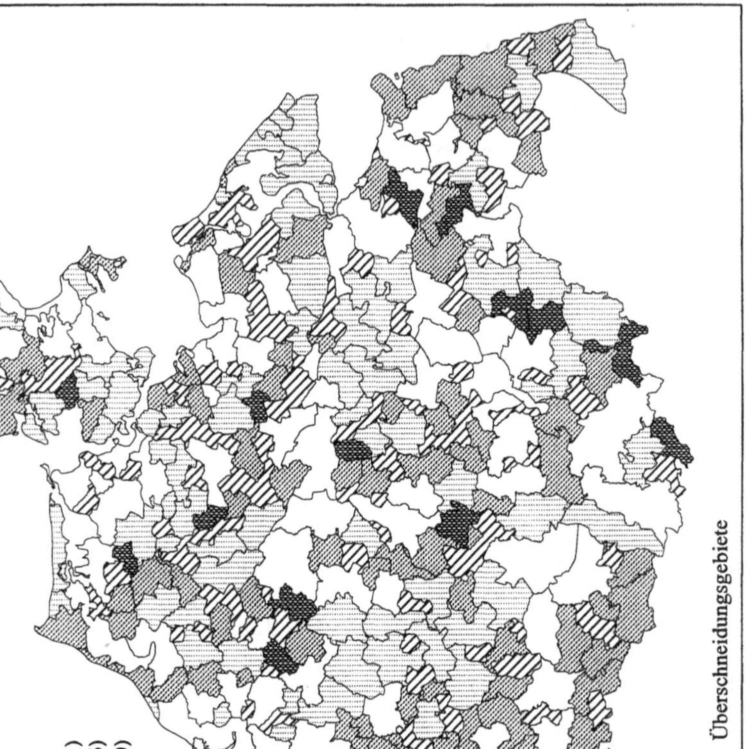

Karte 5: Grundschulregionen des Schuljahres 1996/97 im Schuljahr 2008/09

Über Standortoptimierungen wurde ermittelt, ob über veränderte („optimierte") Schuleinzugsbereiche die Zahl der bestandsfähigen Schulen erhöht werden kann bzw. wieviel Schulen insgesamt bestandsfähig sind. Die Standortoptimierungen wurden für Mindestschülerzahlen von 56 (mindestens 1-zügig) und 28 (jahrgangsübergreifend) durchgeführt. Bei geforderter Einzügigkeit (mindestens 56 Schüler pro Schule) führt die Optimierung der Einzugsbereiche zu einem Standortsystem mit 291 Standorten, von denen ca. 2/3 einzügig und 15% zweizügig sind. Die mittlere Klassenfrequenz beträgt 21,3 Schüler (vgl. Tabelle 5).

Tabelle 5: *Standortlösungen für den Grundschulbereich im Schuljahr2008/09*

	Einzugsbereiche 1996/97	Optimierung[1]	
		MSZ = 28	MSZ = 56
Anzahl Standorte	350 (306)[2]	341	291
davon kleiner als einzügig		132	0
einzügig		102	184
Anzahl Schulangebote	541 (456)	383	332
davon Einfachangebote	302 (283)	328	279
Anzahl Klassen	2.923	2.417	2.472
davon jahrgangsübergreifend		249	
Mittlere Klassenfrequenz	17,3	21,7	21,3
Einfache Wegsumme[3] (km)	70.327	59.891	71.914
Maximaler Weg[3] (km)	22,77	21,34	23,04
Schüler mit Wohnort außerhalb eines Standortes in v.H.	20,5	20,6	22,6
davon (in v.H.) mit Weg			
... bis unter 5 km	34,4	45,4	38,1
... von 5 bis unter 10 km	55,3	51,3	55,0
... von 10 bis unter 20 km	9,6	3,1	6,9
... von 20 km und mehr	0,7	0,1	0,1
Anzahl Schüler mit Weg von 10 km und mehr	1.106	353	828

MSZ = Mindestschülerzahl je Schule
1) Ergebnis mit der niedrigsten Wegsumme von drei Simulationsrechnungen
2) Situation des Schuljahres 1999/2000
3) nur Wege über die Gemeindegrenzen hinaus werden betrachtet

Läßt man grundsätzlich jahrgangsübergreifenden Unterricht in der Grundschule zu, könnten nach einer Optimierung der Einzugsbereiche fast alle (341) Standorte erhalten bleiben. Vergleicht man die so gebildeten Einzugsbereiche mit denen des Bezugsschuljahres 1996/97, sind es in vielen Regionen die jetzigen, in anderen Regionen ist allerdings auch eine völlig neue Zuordnung der Gemeinden zu den Schulstandorten nötig. In 132 der 341 verbleibenden Grundschulregionen müßte dann im Schuljahr 2008/09 unter Einhaltung der derzeit geltenden Mindestschülerzahlen ganz oder teilweise jahrgangsübergreifend unterrichtet werden. Diese Lösung verbessert die Wegsumme im Vergleich zu der bei geforderter Einzügigkeit um ca. 17%. Die Zahl der Kinder mit einem langen Schulweg (mehr als 10 km) verringert sich um etwa 60 Prozent.

Frühere Berechnungen (vgl. Weishaupt u.a. 1999, S. 173f.) zeigten, dass in den langfristig bestandssicheren Standorten die Jahre mit den niedrigsten Schülerzahlen neben dem Zulassen von jahrgangsübergreifendem Unterricht auch durch eine Absenkung der Mindestschülerzahl für die Eingangsklassen auf 10 überbrückt werden könnte.

2.4 Standortoptimierungen für Gymnasien

Als Grundlage für die Optimierungsrechnungen wurde bei den Gymnasien das Schulnetz des Schuljahres 1996/97 verwendet. Zu diesem Zeitpunkt gab es in Mecklenburg-Vorpommern 59 Standorte mit insgesamt 93 Gymnasien (darunter 2 Gymnasien mit auf den Haupt- oder Realschulabschluss bezogenen Klassen). In fünf Städten gab es ein gymnasiales Angebot an einer kooperativen Gesamtschule (darunter drei Orte ohne Gymnasium), so dass sich als Ausgangssituation ein Netz mit 62 Standorten gymnasialer Angebote ergibt.

Bei Fortschreibung der (nach dem Schülerfortrechnungsmodell ermittelten) Schülerzahlen in den Einzugsbereichen[2] des Schuljahres 1996/97 (mit der Beteiligungsquote desselben Schuljahres) erreichen im Schuljahr 2008/09 (dem Jahr mit den niedrigsten Schülerzahlen) 34 der 62 Standorte nicht die Mindestzahl von 270 Schülern (mittlere Zweizügigkeit) in den Klassen 5 bis 10 (vgl. Karte 6).

2 Zur Ermittlung der Einzugsbereiche der Gymnasialstandorte konnten mittels amtlicher Schulstatistik 818 der insgesamt 1.078 Gemeinden eindeutig einem Standort zugeordnet werden. Aus 238 Gemeinden besuchen Schüler der 5. Klassen zwei oder mehr Standorte, diese Gemeinden bilden sog. Überschneidungsgebiete. Die 23 Gemeinden, in denen es überhaupt keine Gymnasiasten gibt, wurden dem ihnen jeweils nächstgelegenen Standort zugeordnet.

Karte 6: Gymnasialregionen des Schuljahres 1996/97 im Schuljahr 2008/09

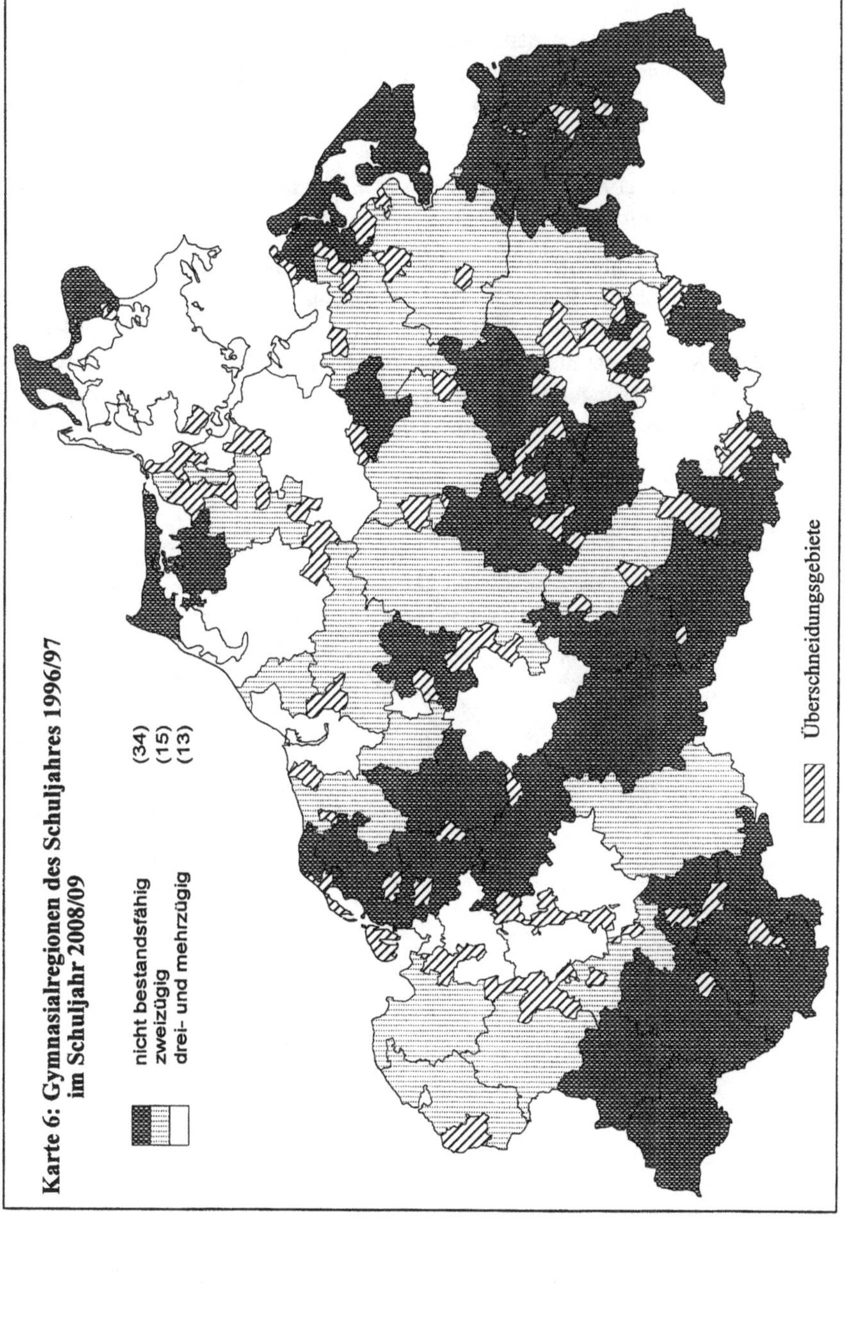

Auch nach dem Schülertief kann bei Beibehalten der heutigen Einzugsbereiche langfristig an etwa der Hälfte der heutigen Standorte keine (durchschnittliche) Zweizügigkeit mehr erreicht werden.

2.4.1 Ermittlung der maximal möglichen Standortzahl in Abhängigkeit von der Mindestjahrgangsbreite

Für die einzelnen Jahre 1996 bis 2015 wurden mit unterschiedlichen Mindestjahrgangsbreiten für die Klasse 5 Optimierungsläufe durchgeführt. Abbildung 1 zeigt die Lösungen mit der jeweils höchsten Anzahl von Standorten. Jeder Datenpunkt der Kurve steht hier für eine separate Optimierung. Die Standortsysteme unterschiedlicher Lösungen können sich auch bei gleicher Anzahl von Standorten voneinander unterscheiden. Betrachtet werden soll hier nur die Zahl der Standorte.

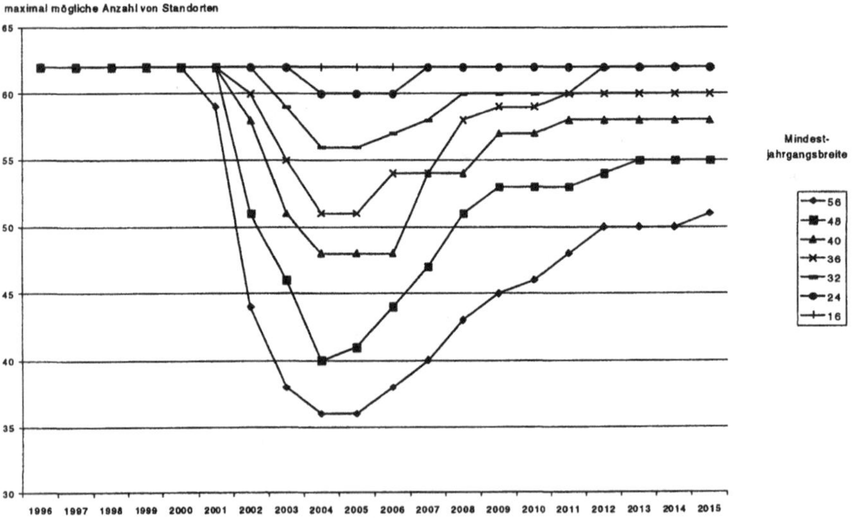

Abbildung 1: *Maximale Standortzahl in Abhängigkeit von der Mindestjahrgangsbreite in Klasse 5*

Um langfristig alle gymnasialen Standorte erhalten zu können müßte bei konstant bleibender Beteiligungsquote (Schuljahr 1996/97 als Bezugsjahr) in den Jahren nach dem Schülertief die Mindestjahrgangsbreite für die Eingangsklasse auf 32

Schüler abgesenkt werden. In den Jahren des Tiefs hätten dann viele der Standorte nur 16 Schüler in der Eingangsklasse, diese Schülerzahl erreichen alle derzeitigen Standorte mindestens (allerdings nur bei teilweiser Verschiebung der aktuellen Einzugsbereiche) in allen Schuljahren. Fordert man grundsätzlich eine mittlere Zweizügigkeit (mit 48 Schülern), kann diese nur an 40 Standorten in allen Jahren erreicht werden, will man langfristig mehr Standorte erhalten, muss man für mehr als 10 Jahre die Mindestanforderung an die Jahrgangsbreiten deutlich senken.

2.4.2 Langfristige Optimierungen

Die Standortoptimierungen wurden für einen Zeitraum nach dem Schülertief (von 2013 bis 2017) durchgeführt, einen längeren Zeitraum auszuwählen, war nicht notwendig, weil die Schülerzahlen in den späteren Jahren größer werden und ein vorher gültiges Standortsystem auch weiterhin mit großer Wahrscheinlichkeit Bestand haben wird. Die Jahre mit den besonders niedrigen Schülerzahlen sollen durch ein vorübergehendes Absenken der Mindestschülerzahl überbrückt werden um die Zahl der Schulschließungen auf die langfristig erforderliche Mindestzahl zu beschränken..

Die Organisationskriterien für Gymnasien in Mecklenburg-Vorpommern sehen für die Klassen 5 bis 10 in der Regel Dreizügigkeit vor. Für den Erhalt einer Schule am Einzelstandort sind mindestens 270 Schüler in den Klassen 5 bis 10 notwendig, dies entspricht einer mittleren Jahrgangsbreite von 45. Nach diesen Vorgaben wurde optimiert, wobei die zukünftige Beteiligungsquote in der Klasse 5 in 5-er Schritten von 25% bis 75% variiert wurde.

Gymnasien mit gymnasialer Oberstufe

Im Schuljahr 1996/97 lag die landesweite Beteiligungsquote für das Gymnasium in Klasse 5 bei 31%, bis zum Schuljahr 1998/99 ist ein leichter Anstieg auf 33% zu verzeichnen. Unter den derzeit geltenden Rahmenbedingungen könnten in den Jahren nach dem Schülertief bei einer Beteiligungsquote von 30% 48 der derzeit 62 Gymnasialstandorte den Mindestanforderungen genügen, eine wahrscheinliche Beteiligungsquote von 35% sichert langfristig den Bestand von 55 Gymnasialstandorten (vgl. Tabelle 6), in den Jahren vor 2013 wäre allerdings an bis zu 35 Standorten (im Schuljahr 2008/2009) ein Absenken der Mindestschülerzahl erforderlich. Will man alle heutigen Gymnasialstandorte erhalten, so müßte die Gymnasialbeteiligungsquote auf 50% ansteigen.

Tabelle 6: *Anzahl Gymnasialstandorte nach der Optimierung in Abhängigkeit von verschiedenen Beteiligungsquoten bei einer Mindestschülerzahl von 270 Schülern in den Klassen 5 bis 10*

Beteiligungsquote in v.H.	25	30	35	40	45	50	55	60	65
Anzahl Standorte 2013-2017	44	48	55	57	60	62	62	62	62

Tabelle 7: *Größenverteilung der Standorte in Abhängigkeit von verschiedenen Beteiligungsquoten nach Optimierung für den Zeitraum 2013 bis 2017 im Schuljahr 2013/14*

Schüler in	Beteiligungsquote in v.H.									Situation
Klasse 5-10	25	30	35	40	45	50	55	60	65	1998/99
bis 270	0	0	0	0	0	0	0	0	0	6
270 – 450	37	37	43	45	45	42	38	28	23	16
450 –630	1	5	5	3	5	8	12	21	19	14
630 – 810	1	0	1	2	2	3	2	1	8	14
810 – 990	0	0	0	1	2	2	2	3	2	3
über 990	5	6	6	6	6	7	8	9	10	9

Die letzte Spalte von Tabelle 7 zeigt die Anzahl der Standorte in Abhängigkeit von der Schülerzahl im Schuljahr 1998/99. Gegenwärtig sind die mittleren Größenklassen noch relativ homogen besetzt, in Zukunft wird es auch nach den Jahren des Schülertiefs außer in den kreisfreien Städten nur noch Standorte mit einem (zwei- bis dreizügigen) Gymnasium geben.

Tabelle 8: *Anteil Fahrschüler und Schulwege in Abhängigkeit von verschiedenen Beteiligungsquoten nach Optimierung für den Zeitraum 2013 bis 2017 im Schuljahr 2013/14*

	Beteiligungsquote in v.H.								
	25	30	35	40	45	50	55	60	65
Anzahl Standorte	44	48	55	57	60	62	62	62	62
Schüler mit Wohnort außerhalb eines Standortes in v.H.	47,7	46,5	44,9	44,5	43,2	42,9	42,9	42,9	42,9
davon in v.H. mit Weg									
... bis 5 km	9,8	10,8	12,0	12,0	12,4	12,5	12,5	12,6	12,7
... 5 bis 10 km	30,2	33,4	35,7	37,3	37,2	38,0	38,4	38,5	38,4
... 10 bis 15 km	28,9	27,0	28,3	30,2	30,9	30,4	30,9	31,1	31,1
... 15 bis 20 km	16,6	17,5	16,1	13,6	12,7	13,3	13,2	12,9	12,7
... mehr als 20 km	14,5	11,3	7,9	6,8	6,7	5,7	5,1	4,9	5,1

Die Tabelle 8 zeigt, dass unabhängig von der gymnasialen Beteiligungsquote der Anteil der Fahrschüler mit über 40 % sehr hoch ist. Durchschnittlich beträgt der Schulweg für Schüler, die nicht am Standort wohnen ca. 11 bis 12 km in Abhängigkeit von der Beteiligungsquote und mit einer hohen Varianz bezüglich der einzelnen Wohnortgemeinden

Der Landesraumordungsplan sieht vor, dass alle Ober, Mittel- und Unterzentren mit einem Gymnasium ausgestattet sein sollen. Derzeit gibt es 62 Standorte mit einem gymnasialen Angebot und auch genauso viele Orte mit Zentralitätsstufen, die Gymnasialstandort sein sollten. Es gibt 8 ländliche Zentralorte, die Standort eines Gymnasiums (somit überversorgt) sind, ein Gymnasialstandort besitzt überhaupt keine Zentralitätsstufe, ebenso viele Unterzentren (die teilweise in deutlicher Entfernung von einem Standort liegen) sind nicht Gymnasialstandort (also unterversorgt). Nach Optimierung des Standortsystems sind diejenigen Standorte, die kein Gymnasium "bräuchten" in der Regel bestandsfähig, so entfällt z.B. bei Optimierung der Jahre 2013 bis 2017 mit einer Beteiligungsquote von 35% nur ein Standort niedriger Zentralitätsstufe.

Alternative Optimierungsrechnungen, die nur alle zentralen Orte der entsprechenden Zentralitätsstufe als potentielle Standorte zuließen, ergaben in Zahl der Standorte und der Wegsummen vergleichbare Lösungen wie die Optimierungen mit den tatsächlichen Standorten. Es wäre demnach auch ein gleichwertiges Standortsystem mit drei neuen Gymnasialstandorten denkbar, welches das Zentrale-Orte-Konzept berücksichtigt.

2.4 Haupt- und Realschulen

Die Einzugsbereiche der Haupt- bzw. Realschulen wurden mit den Daten der 7. bis 9. Klassenstufe ermittelt. Für die Fortschreibung der Real- bzw. Hauptschülerzahlen wurde für diese Jahrgänge landesweit der relative Anteil von Haupt- und Realschülern ermittelt und für jede Gemeinde alle potentiellen Haupt- und Realschüler in diesem Verhältnis auf die jeweiligen Standorte verteilt. Während für die Realschule in Mecklenburg-Vorpommern eine Mindestzügigkeit von 15 Schülern gilt, sind es für Hauptschulklassen nur 12 Schüler. Im Schuljahr 2008 (Schülertief) werden nur 23 der 216 Hauptschulstandorte dieser Forderung genügen (vgl. Karte 7), auch einige Jahre später (2013) sind es nur 37 Standorte. Von den 236 Realschulstandorten erreichen im Jahr 2008 nur 105 die geforderte Mindestschülerzahl (vgl. Karte 8), im Jahr 2013 werden es 127 sein. In Mecklenburg-Vorpommern gibt es kaum reine Haupt- (1) bzw. Realschulen (56 an 36 Standorten), die Mehrzahl der Angebote besteht aus kombinierten Haupt- und Realschulen (häufig auch noch mit Grundschulteil). Im Schuljahr 1996/97 gab es an 255 Standorten ein Haupt- bzw. Realschulangebot (einschließlich der Insel Hiddensee, die im weiteren nicht betrachtet wird), davon an 217 Standorten nur eines und an 22 Standorten 3 oder mehr Angebote. Analog zu den Gymnasien (s.o.) wurden auch für diese Standorte die Einzugsbereiche bestimmt und die Schülerzahlen bis zum Jahr 2025 fort geschrieben. Da eine organisatorische Trennung von Haupt- und Realschulen auch langfristig nicht realisierbar sein wird, vor allem reine Hauptschulangebote werden nicht flächendeckend angeboten werden können, wird im folgenden nicht mehr zwischen Haupt- und Realschule unterschieden.

Die Mindestschülerzahl für kombinierte Haupt- und Realschulen beträgt 84 Schüler, es wird also lediglich Einzügigkeit verlangt. Bei Beibehalten der aktuellen Einzugsbereiche (ohne Unterscheidung nach Haupt- und Realschülern) werden bis zu 106 Standorte (im Schuljahr 2008/09) selbst dieser Forderung nicht genügen. Nach dem Schülertief werden immer noch etwa 75 Standorte (im Schuljahr 2013/14) die Mindestschülerzahl nicht erreichen.

Wie bei den Gymnasien wurden die Standortoptimierungen für den Zeitraum 2013 bis 2017 mit unterschiedlichen Schülerzahlen (resultierend aus den verschiedenen angenommenen Gymnasialbeteiligungsquoten) durchgeführt.

Tabelle 9: *Größenverteilung der Standorte von Haupt- und Realschulen im Jahr 2013 in Abhängigkeit von verschiedenen Beteiligungsquoten am Gymnasium nach Optimierung im Zeitraum 2013 bis 2017*

Schulgröße	Gymnasialbeteiligung in v.H.					
	25	30	35	40	45	50
Anzahl Standorte	239	236	230	221	212	205
davon in v.H.						
... einzügig	64,0	67,8	70,0	72,9	75,5	77,1
... zweizügig	23,8	21,6	20,0	20,8	19,3	18,0
... dreizügig	8,4	6,8	6,5	2,7	1,4	1,5
... vier- und mehrzügig	3,8	3,8	3,5	3,6	3,8	3,4

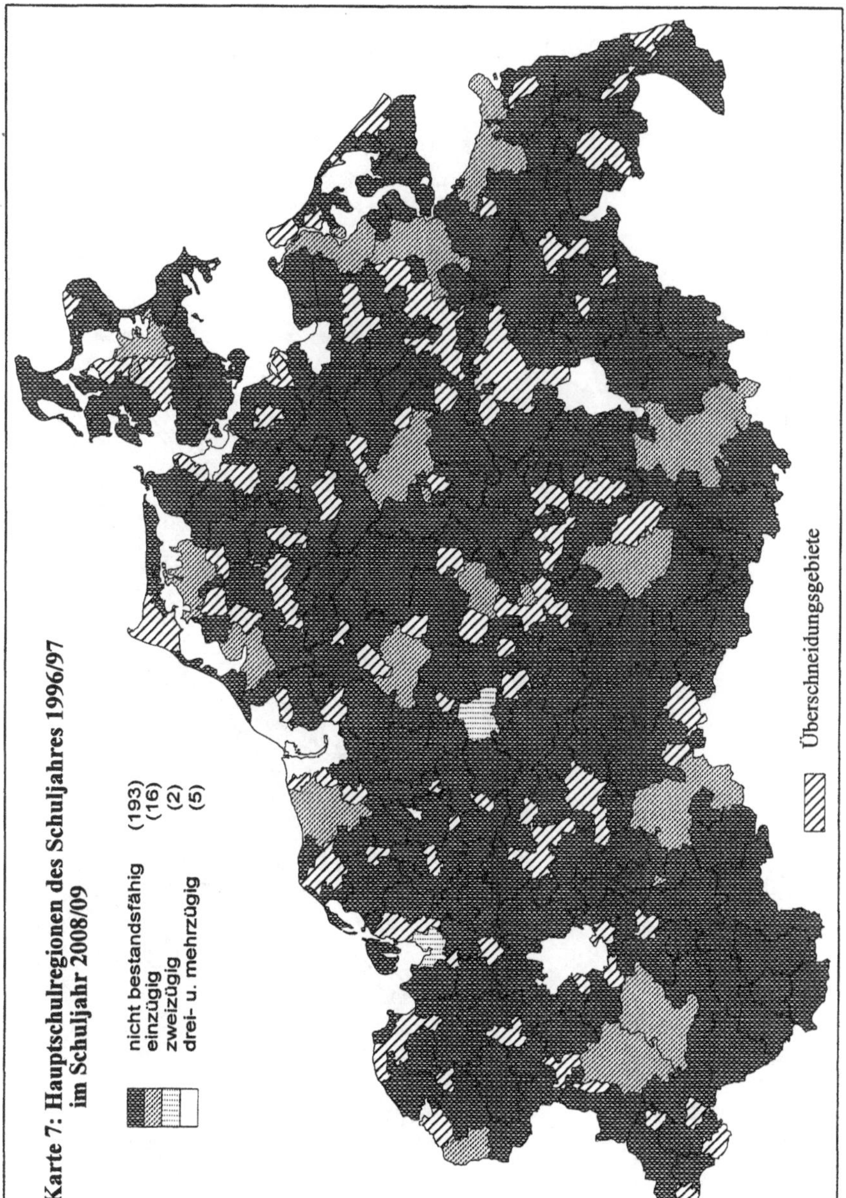

Karte 7: Hauptschulregionen des Schuljahres 1996/97 im Schuljahr 2008/09

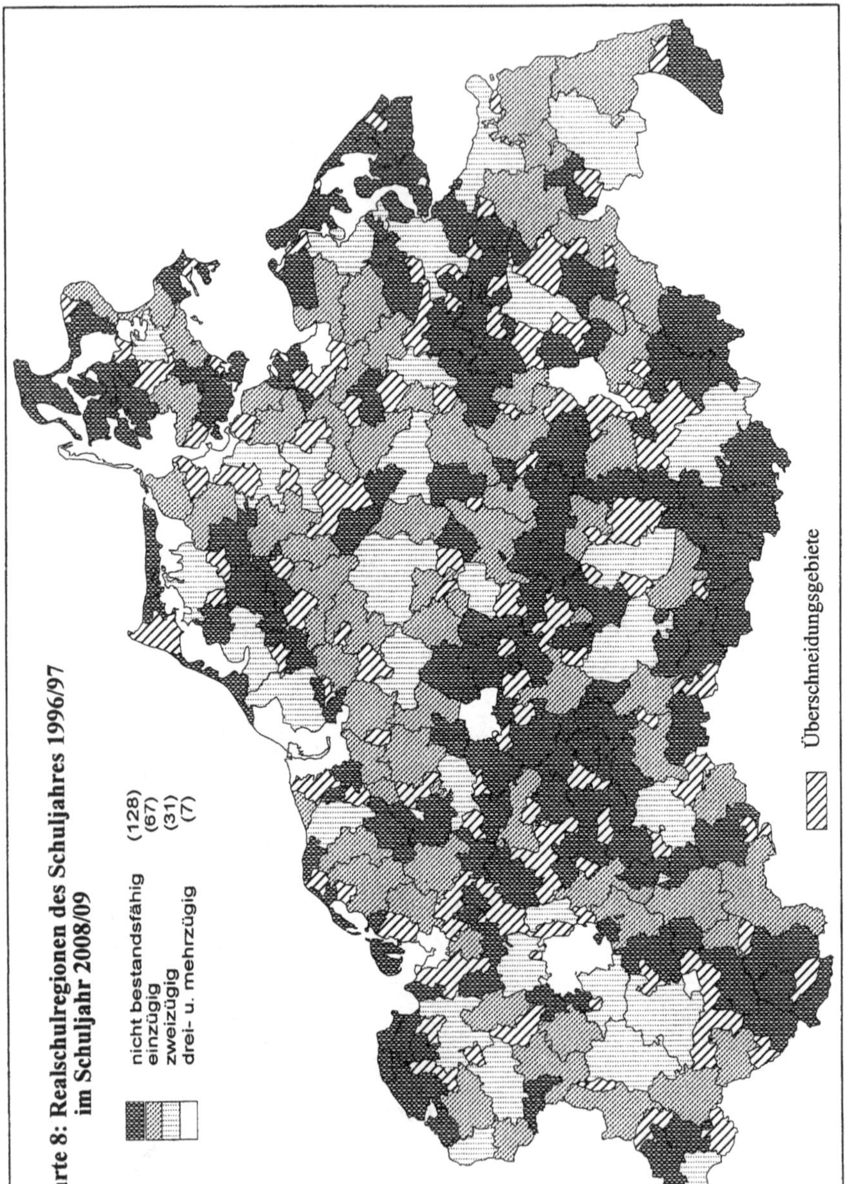

Karte 8: Realschulregionen des Schuljahres 1996/97 im Schuljahr 2008/09

Optimiert man das Standortsystem der Haupt- und Realschulen für die Jahre im Schülertief, würden bei einer durchschnittlichen Gymnasialbeteiligung von 30% bis 35% 210 der heute 254 Standorte Bestand haben, bei einer Beteiligung von 40% wären es nur noch etwa 200. Überbrückt man die Jahre des Tiefs und toleriert in dieser Zeit auch geringere Schülerzahlen (das würde Jahrgangsbreiten von weniger als 14 Schülern bedeuten), müßten weniger Standorte aufgegeben werden. Die Mehrzahl der verbleibenden Standorte wäre dann allerdings einzügig und es gäbe im wesentlichen nur in den kreisfreien Städten ausreichend Schüler für mehr als ein Schulangebot.

Betrachtet man dazu für das gleiche Jahr auch die Größenverteilung der Gymnasialstandorte (nach Optimierung des Zeitraums 2013 bis 2017, vgl. Tabelle 7) zeigt sich, dass auch nach dem Schülertief das Schulangebot in der Sekundarstufe I in der Mehrzahl aus einzügigen Haupt- und Realschulen sowie zweizügigen Gymnasien bestehen wird. Erst bei einer Gymnasialbeteiligung von über 40% würden sich deutlich mehr große Gymnasialstandorte ergeben, spiegelbildlich dazu würde aber das Angebot an Haupt- u. Realschulen deutlich verringert.

Tabelle 10: *Anteil Fahrschüler bei Haupt- und Realschulen und Schulwege in Abhängigkeit von verschiedenen Gymnasialbeteiligungsquoten im Jahr 2013 nach Optimierung im Zeitraum 2013 bis 2017*

	Gymnasialbeteiligung in v.H.					
	25	30	35	40	45	50
Anzahl Standorte	239	236	230	221	212	205
Schüler mit Wohnort außerhalb eines Standortes in v.H.	29,0	29,4	29,9	31,0	31,9	32,8
davon in v.H. mit Weg						
... bis 5 km	33,9	33,0	31,7	31,1	29,2	27,9
... 5 bis 10 km	55,7	54,9	55,8	56,2	57,4	57,7
... 10 bis 15 km	9,1	10,8	11,7	11,7	12,1	12,9
... 15 bis 20 km	1,0	1,0	0,7	0,9	1,1	1,4
... 20 km und mehr	0,3	0,3	0,1	0,2	0,1	0,1

Aufgrund des dichteren Angebotsnetzes bei den Haupt- und Realschulen sind die Schulwege deutlich kürzer als bei den Gymnasien. Auch bei sehr hoher Gymnasialbeteilung (und daraus resultierend geringer Zahl von Haupt- und Realschülern) entsteht nur für einen geringen Prozentsatz der Schüler (weniger als 2%, maximal 250 Schüler) ein Schulweg von mehr als 15 km. Tabelle 10 zeigt die Verteilung der Schulwege für das Schuljahr 2013. Durchschnittlich beträgt der Schulweg für Schüler, die nicht am Standort wohnen etwa 7 km (für Gymnasiasten sind es durchschnittlich 11 bis 12 km, vgl. Tabelle 8). Anders als bei den Gymnasien wird es im Haupt- und Realschulbereich auch in Zukunft keine Probleme bei der Umsetzung des Zentrale-Orte-Konzepts geben. Alle Zentralorte, die bereits 1996 Schulstandorte waren (in 5 ländlichen Zentralorten gab es 1996 kein Haupt- oder Realschulangebot), bleiben es auch unabhängig von der Höhe der Gymnasialbeteiligung nach Optimierung des Standortsystems.

2.5 Ausgabenvergleich für die Standortlösungen im Grundschulbereich

Bei den dargestellten Optimierungen handelt es sich um reine Wegsummenoptimierungen, es wurden keine Ausgaben optimiert. Im Nachhinein kann man aber die Transportausgaben, welche sich unmittelbar aus der Summe aller Schulwege ergeben, sowie die Ausgaben für den Lehrerbedarf berechnen. Damit lassen sich die verschiedenen Lösungen auch in bezug auf diesen Teil der Ausgaben vergleichen.

Für die Ausgaben des Schülertransportes wird nach Analyse der kommunalen Finanzstatistik und der Richtlinien der Schulträger zur Schülerbeförderung von einem Kilometersatz von 0,25 DM ausgegangen. Das ist der Durchschnittswert für das ganze Land. Zwischen den einzelnen Kreisen gibt es zum Teil beträchtliche Unterschiede in den Ausgaben je Schülerkilometer, deren Ursachen aber nicht festgestellt werden konnten. Außerdem berücksichtigt der Kilometersatz nur die in der Schul-Finanzstatistik ausgewiesenen Schülertransportausgaben. Weitere – auch zweckgebundene Zahlungen – aus öffentlichen Haushalten an die Verkehrsbetriebe und private Aufwendungen der Familien sind also nicht berücksichtigt.

Für die Berechnung des Lehrerbedarfs wurde die Verwaltungsvorschrift des Kultusministeriums Mecklenburg-Vorpommerns vom 18.05.1998 zur Unterrichtsversorgung an allgemeinbildenden Schulen verwendet. Die darin festgelegten Richtlinien zur Klassenbildung und zur Berechnung des Unterrichtsbedarfs (insbesondere auch für jahrgangsübergreifend gebildete Klassen) wurden in ein Programm zur Ermittlung der jeweils (mindestens) benötigten Lehrervollzeitstellen umgesetzt. Dabei gingen in die Berechnung auch alle zu berücksichtigenden Abminderungsstunden ein, soweit sie nicht aus dem Landespool oder für Personalvertretungen gewährt werden. Der Umfang an Abminderung für schwerbehinderte Lehrkräfte und für Diagnostik in Förderbereichen sowie für Beratung zur Feststellung sonderpädagogischen Förderbedarfs wurde nach seinem derzeitigen Verhältnis zur Gesamtlehrerzahl bzw. -schülerzahl fortgeschrieben. Zur Ermittlung der Altersabminderung wurde standortbezogen der Bestand an Grundschullehrern fortgerechnet. Der künftige Lehrerbestand wurde auch herangezogen, um standortbezogen die Zahl der notwendigen Neueinstellungen zu bestimmen. Bei der Ermittlung der Personalausgaben wurden die sogenannten Nasensätze der Haushaltsplanung ohne Versorgungsaufwendungen des Jahres 1997 von Mecklenburg-Vorpommern zugrunde gelegt.

Die in Tabelle 11 dargestellten Ergebnisse bezüglich der so ermittelten Transport- und Personalausgaben lassen einen Vergleich der Niveauunterschiede der Ausgaben der (wegsummenoptimierten) Standortlösungen zu. Die Gesamthöhe der Ausgaben hängt wesentlich davon ab, wie man die Konzentrationsprozesse an den Mehrfachstandorten abbildet, in denen ca. die Hälfte der Grundschüler beschult wird. Die Berechnungen gehen (in allen Varianten) von der Annahme aus, dass es dort mindestens zweizügige Grundschulen geben wird.

Tabelle 11: *Ausgabenvergleich für das Schuljahr 2008/09*

	Einzugsbereiche 1996/97[6]	Optimierung[1]	
		MSZ = 28	MSZ = 56
Anzahl Standorte	350 (306)	341	291
Anzahl Klassen	2.923	2.417	2.472
davon jahrgangsübergreifend		249	
Mittlere Klassenfrequenz	17,3	21,7	21,3
Unterrichtsbedarf in Stunden	67.108	61.414	59.734
Abminderung Schulleitung	5407	3413	3621
Schul- u. Kreispool	731	604	618
Sonst. Abminderungsstunden[2]	394	483	470
Lehrerbedarfsstunden	73.640	65.914	64.443
Anzahl Lehrervollzeitstellen	2.727	2.441	2.387
Anzahl Lehrer[3]	3.030	2.713	2.652
Lehrerbestand 2008	2.606	2.606	2.606
Anzahl möglicher Neueinstellungen 1998 – 2008	424	110	46
Lehrerkosten[4] in DM	185.153.510	165.964.106	161.912.988
Transportkosten[5] in DM	7.032.702	5.989.064	7.191.414
Personal-/Transportkosten in DM	192.186.212	171.953.170	169.104.402

MSZ = Mindestschülerzahl je Schule

1) Ergebnis mit der niedrigsten Wegsumme von drei Simulationsrechnungen
2) Abminderung wegen Alter, Schwerbehinderung und diagnostischer Aufgaben
3) einschließlich Teilzeitzuschlag
4) in gegenwärtigen Preisen ohne Versorgungsaufwendungen
5) Hin- und Rückweg – 0,25 DM je Kilometer
6) in Klammer: Schuljahr 1999/2000

Der größte Finanzbedarf entsteht unter den beschriebenen Annahmen, wenn die aktuellen Einzugsbereiche der Grundschulstandorte beibehalten werden, was zu einer sehr ineffizienten Klassenbildung führt. Der Vergleich der Optimierungslösung mit mindestens geforderter Einzügigkeit mit der, die generell jahrgangsübergreifenden Unterricht zuläßt, liefert zum Teil überraschende Ergebnisse: Trotz des Erhaltes von wesentlich mehr Standorten bzw. Schulen (vgl. Tabelle 11) werden bei jahrgangsübergreifendem Unterricht weniger Klassen gebildet, und die mittlere Klassenfrequenz ist größer als bei der Lösung mit jahrgangsgegliedert gebildeten Klassen. Obwohl bei jahrgangsübergreifendem Unterricht mehr Schulen zu verwalten sind, ist die Zahl der hierfür zu gewährenden Abminderungsstunden nicht größer. Nimmt man noch die Schülertransportausgaben hinzu, so wird der Mehrbedarf für die Differenzierung – im Schuljahr 2008 entsteht in den 249 jahrgangsübergreifend gebildeten Klassen ein Mehrbedarf von ca. 1.680 Unterrichtsstunden – teilweise ausgeglichen. Insgesamt zeigen die Berechnungen für diese beiden Standortlösungen hinsichtlich der Ausgaben nur noch geringe Unterschiede (Die Lösung mit jahrgangsübergreifendem Unterricht würde etwa 1,7% mehr kosten). Würde man die kleinen Standorte als Außenstellen anderer Standorte organisieren, ergäbe sich nochmals eine Einsparung von ca. 1 Mio. DM, so dass die Mehrausgaben für Unterricht durch Minderausgaben für Schülertransport in etwa ausgeglichen werden (weniger als 1% Mehraufwand). Betrachtet man neben den Ausgaben auch nichtmonetäre Wirkfaktoren, hier insbesondere die Länge der Schulwege von Grundschulkindern, ist das Zulassen jahrgangsübergreifenden Unterrichts zu präferieren.

Für die politischen Entscheidungsträger verweisen die Ergebnisse darauf, dass langfristig in Mecklenburg-Vorpommern ein wenigstens einzügiges dezentrales Netz von Grundschulen organisierbar ist, wenn für einige Jahre eine Unterschreitung der Mindestjahrgangsbreite toleriert wird. Ebenfalls ist ein Schulsystem mit sehr vielen Grundschulen mit jahrgangsübergreifenden Klassen denkbar, welches eine wohnortnahe schulische Versorgung aller Grundschüler sicherstellt (eine Konzentration von Schulen findet dann nur in Mehrfachstandorten statt). Beide Alternativen stellen weiterhin die Versorgung aller Zentralorte mit einer Grundschule sicher (bis auf diejenigen 5 ländlichen Zentralorte, welche auch 1996 schon keine Grundschule hatten). Obwohl Kreisgrenzen bei den Optimierungen nicht berücksichtigt wurden, werden in den neu gebildeten Standortsystemen fast alle Schüler im Wohnkreis beschult. Hinsichtlich der laufenden Schulausgaben sind beide Alternativen nahezu gleichwertig. Noch nicht berücksichtigt sind bei diesem Vergleich allerdings die zusätzlichen Aufwendungen für den Unterhalt der Schulgebäude. Angesichts der Bedeutung von Schulgebäuden für das kulturelle Leben der Gemeinden ist jedoch zu überlegen, ob Aufwendungen für den Schulgebäudeunterhalt allein den Schulausgaben zugerechnet werden sollten. Ferner wurde bisher auch nicht überprüft, inwieweit bei den Lösungen mit wenigen Standorten die Kapazität der verbleibenden ausreicht. In Einzelfällen könnten hier Kosten für Erweiterungs- oder Anbauten entstehen.

3 Zusammenfassung

Die Effizienz regionaler Schulstandortsysteme wurde in diesem Beitrag aus unterschiedlicher Perspektive analysiert. Einleitend behandelt wurden auf der Grundlage der kommunalen Finanzstatistik die Ausgaben nach der Schulgröße, der Auslastung der Schulen und im Hinblick auf regionale Disparitäten die kommunalen Aufwendungen für allgemeinbildende Schulen. Es zeigte sich, dass größenbedingte Ineffizienzen weniger auftraten als erwartet und die Schulen eine geringere Auslastung über niedrigere Aufwendungen für den Gebäudeunterhalt kompensieren. Auffällig sind vor allem große Ausgabedisparitäten zwischen den Schulen einzelner Schularten, die sachlich kaum nachvollziehbar und zu vertreten sind. Ebenso zeigten sich zwischen den Kreisen unerwartet hohe Unterschiede in den verschiedenen Komponenten der kommunalen Schulausgaben, die Zweifel an der Einheitlichkeit der schulischen Lernbedingungen zwischen den Kreisen Mecklenburg-Vorpommerns aufkommen lassen.

Im zweiten Teil richtete sich die Perspektive der Analyse auf die Möglichkeiten einer wohnortnahen regionalen Organisation des Schulangebots unter der Bedingung des nachhaltigen Schülerzahlenrückgangs. Dabei wurde vorausgesetzt, dass die mehrjährige Phase der „Talsohle" der Schülerzahlen durch verringerte Klassenfrequenzen in den Schulen des ländlichen Raums überbrückt werden muss, um eine Verringerung der Zahl der Schulstandorte auf das Notwendige zu begrenzen. Ansonsten wären weitreichende Organisationsveränderungen des Schulwesens unvermeidlich. Denn auch wenn der Zeitraum nach der Talsohle der Schülerzahlen betrachtet wird, sind in der Grundschule weitere Schulschließungen nur zu vermeiden, wenn jahrgangsübergreifender Unterricht an mehr als einem Drittel der Grundschul-Standortgemeinden ermöglicht wird.

In der Sekundarstufe I steht die Angebotsdichte von Haupt-/Realschulen und Gymnasien in einer Wechselbeziehung. Mit einer Erhöhung der Übergangsquote auf das Gymnasium steigt die Zahl der dauerhaft tragfähigen Gymnasien, während zugleich die Zahl der Angebotsstandorte von Haupt-/Realschulen zurückgeht. Bei einer gymnasialen Besuchsquote von 35 % bleiben 55 (von gegenwärtig 62) Gymnasialstandorte dauerhaft wenigstens zweizügig erhalten und 230 (von gegenwärtig 255) wenigstens einzügige Haupt-/Realschulstandorte. Für viele

Schüler entstehen in der Sekundarstufe lange Anfahrtzeiten, weil 45 % der Gymnasiasten und 31 Prozent der Haupt-/Realschüler nicht am Schulort wohnen. Wollte man aus Gründen der fachlichen Qualität des Unterrichts die Mindestgröße der Haupt-/Realschulen auf zwei Parallelklassen erhöhen (Landesregierung Brandenburg 2000), sind 70 % der Schulstandorte gefährdet.

Die Ausgabenimplikationen unterschiedlicher Strategien der Anpassung der Schulorganisation an rückläufige Schülerzahlen wurden im dritten Teil am Beispiel der Grundschule dargestellt. Dabei zeigt sich, wenn gleichzeitig die Personal- und Schülertransportausgaben berücksichtigt werden, dass sich die Ausgaben zwischen beiden Strategien stark annähern. Wohnortnahe Systeme der Schulorganisation müssen nicht teurer sein als zentralisierte. Dies gilt insbesondere, weil die Schulen auch eine über die Unterrichtung der Schüler hinausreichende soziale und kulturelle Funktion für ihre Gemeinde erfüllen.

4 Literatur

Fickermann, D./Schulzeck, U./Weishaupt, H.: Die Kosten-Wirksamkeitsanalyse als methodischer Ansatz zur Bewertung alternativer Schulnetze. Bericht über eine Simulationsstudie. In: Zeitschrift für Pädagogik 46(2000), H.1., S. 61-80.

Landesregierung Brandenburg (Hrsg.): Bericht der Regierungskommission „Entwicklung der Schulen der Sekundarstufe I im ländlichen Raum des Landes Brandenburg" an die Landesregierung. Potsdam 2000.

Weishaupt, H.: Ex-ante Evaluation alternativer Schulnetze. Projektkonzeption und Ergebnisse der finanzstatistischen Analysen. In: von Weizäcker, R.K. (Hrsg.): Schul- und Hochschulorganisation. Berlin 2000, S. 15-39.

Weishaupt, H./Fickermann, D./Plaschkies, S./Schulzeck, U.: Anwendung von Optimierungsverfahren im Rahmen der Schulnetzplanung. Bericht an die Deutsche Forschungsgemeinschaft über Ergebnisse des gleichnamigen Projekts im Förderzeitraum 01.03.1997 bis 28.02.1999. (Erfurter Studien zur Entwicklung des Bildungswesens, Band 10.) Erfurt 1999.

Klaus Beckmann

Die sozialen Opportunitätskosten der Hochschulausbildung Empirische Annäherung für Deutschland, 1994 und 1997

EDUCATION, n. That which discloses
to the wise and disguises from the foolish
their lack of understanding.

– *Ambrose Bierce*

1 Gegenstand, Ziel und Aufbau der Arbeit

Wenn die Ökonomie zu einer theoriegeleiteten Bildungspolitik beitragen soll, dürfte es in erster Linie um zwei verbundene Fragen gehen: erstens um eine Charakterisierung der „optimalen" (Hochschulaus-)Bildung nach Niveau und Struktur und zweitens um die Analyse von Institutionen, die angetan sein können, ein Optimum zu erreichen. Versteht man „optimal" im üblichen wohlfahrtsökonomischen Sinne, so kommt es auf einen Vergleich der umfassenden gesellschaftlichen Erträge und Kosten der Hochschulausbildung (für jeden institutionellen Rahmen) an. Dabei sind grundsätzlich Verteilungswirkungen und Verteilungsgewichte zu berücksichtigen.

Diese Arbeit ist als Beitrag zu einer solchen ökonomischen Kosten-Nutzen-Analyse zu verstehen. Aus zweierlei Gründen beschränke ich mich dabei auf eine Betrachtung der Kostenseite: Erstens liegen bereits zahlreiche Studien vor, die sich um eine Berechnung von Bildungsrenditen und damit eine Annäherung an die privaten und fiskalischen monetären Erträge einer Hochschulausbildung bemühen (Card 1995, S. 24–30). Und zweitens treten dann, wenn man über diese Versuche hinausgehen und auch die nicht-monetären privaten bzw. nicht-fiskalischen externen Erträge eines Hochschulstudiums ermitteln will, erhebliche konzeptionelle und praktische Schwierigkeiten auf. Vermutlich vermag ein Ökonom allein diese Schwierigkeiten gar nicht zu bewältigen – man vergegenwärtige sich nur die Erweiterung der Perspektive, die mit dem Blickwechsel von der Hochschul*aus*bildung zur Hochschul*bildung* verbunden ist.

Selbst die Betrachtung der Kosten erfolgt allerdings aus einer eher pragmatischen Perspektive, bei der es mehr darum geht, stilisierte Fakten über die deutsche

Hochschullandschaft aufzudecken, als theoretische Streitfragen entscheiden zu helfen. Interesse finden mag dieser Beitrag daher vor allem bei jenen, die sich mit der Hochschulpolitik befassen oder empirische Schätzungen der Hochschulkosten für andere (bildungs-)ökonomische Forschungen benötigen.

Mit dem Beitrag verfolge ich zwei Ziele. Zum einen soll eben eine empirische Annäherung an die sozialen Kosten der Hochschulausbildung versucht werden, wobei ich vorangegangene Arbeiten von Lüdeke (1983) sowie Lüdeke und Beckmann (1998) fortschreibe und erweitere. Zum anderen geht es mir darum, die konzeptionellen Überlegungen und die notwendigen Vereinfachungen – ausdrücklich auch für Nicht-Ökonomen – zu erläutern, die hinter solchen Versuchen stehen. Dazu skizziere ich zunächst im zweiten Abschnitt den theoretischen Hintergrund unserer Kostenstudie, um dann im dritten Abschnitt einen Überblick über die verwendeten Datenquellen zu geben. Der vierte Abschnitt ist der Präsentation und Diskussion der Ergebnisse gewidmet. Eine Zusammenfassung (Abschnitt 5) beschließt die Arbeit. Die detaillierte, schrittweise Erläuterung der Methode wurde in den Appendix ausgelagert und als Glossar gestaltet.

2 Soziale Kosten der Hochschulausbildung

In diesem Abschnitt wird die Systematik der Hochschulkosten erläutert.[1] Tabelle 1 gibt einen Überblick über die relevanten Größen.

Wir unterscheiden zunächst zwischen direkten und Entzugskosten der Hochschulausbildung. Während die erste Kategorie die Kosten der Produktion im Hochschulsektor umfasst, kommen Entzugskosten dadurch zustande, dass die Auszubildenden *infolge ihrer Studienentscheidung* keine (oder weniger) Erwerbsarbeit leisten. Wiederum können wir interne von externen Kosten trennen – mit der gleichen Fallunterscheidung bei den Externalitäten, die wir im Rahmen der Diskussion der Erträge trafen – und bei den internen Kosten zusätzlich zwischen ausgabewirksamen und kalkulatorischen (impliziten) Kosten unterscheiden.

Ausgabewirksame Produktionskosten sind die Aufwendungen für Löhne und Gehälter der Lehr- und Verwaltungspersonals, für den Unterhalt der Hochschulge-

---

1 Für eine etwas andere Darstellung derselben Materie vgl. Lüdeke und Beckmann (1998, sect. 2). Siehe auch Schnitzer, Dohmen und Schwenzen (1996, S. 25–28).

bäude und sonstige öffentliche Aufwendungen im Zusammenhang mit der Lehre. Auch bei den Studenten fallen ausgabewirksame Kosten für Lehr- und Lernmittel an, beispielsweise für Lehrbücher, Kopien und Computer, die wir im folgenden allerdings vernachlässigen.[2]

Tabelle 1: *Kategorien sozialer Kosten der Hochschulausbildung im Überblick*

	PRODUKTIONSKOSTEN	ENTZUGSKOSTEN
INTERNE KOSTEN	**Ausgabewirksam** • Löhne/Gehälter • Unterhalt Gebäude • Sachaufwand	Einkommensverzicht
INTERNE KOSTEN	**Kalkulatorisch** • Zinsen • Abschreibungen • Pensionsrückst.	
INTERNE KOSTEN	Zusätzliche Mühen des Studiums	
EXTERNE KOSTEN	Gruppeninterne Ext. → Drängelkosten	Fiskalische Externalitäten • entg. direkte Steuern • entg. indirekte Steuern • entg. Beiträge zur Sozialversicherung (anteilig)
EXTERNE KOSTEN	Fiskalische Externalitäten → Entg. indirekte Steuern	
EXTERNE KOSTEN	Reale Externalitäten (Störungen Dritter)	Pekuniäre externe Kosten (bei Marktunvollkommenh.)

Kalkulatorische Produktionskosten sind insbesondere Kapitalkosten, die bei öffentlicher Produktion nicht ausgewiesen werden, obgleich sie bei privaten Unternehmen zu Recht in die Gewinn- und Verlustrechnung eingehen. Neben den ent-

2 Kosten, die wir bei unserer Schätzung der gesellschaftlichen Kosten der Hochschulausbildung nicht weiter berücksichtigen, sind in Tabelle 1 leicht grau hinterlegt.

gangenen Zinsen auf das eingesetzte Kapital sind hier die Abschreibungen zu berücksichtigen. Darüber hinaus fallen Pensionsansprüche verbeamteter Lehrkräfte und Verwaltungsmitarbeiter an, für die implizite Arbeitgeberbeiträge angesetzt werden müssen.

Zu den gesamten internen Produktionskosten sind noch externe Kosten zu zählen, die zum einen aus dem Verzicht des Staates auf indirekte Steuern, wie sie bei alternativem Einsatz der Ressourcen anfielen, zum anderen aus Störungen Dritter durch den Studienbetrieb (z.B. Landschaftsverschandelung durch eine Universität) bestehen.

Auch quantitativ von einiger Bedeutung können drittens *gruppeninterne* Externalitäten sein, die als *Drängelkosten* in Qualitätsverschlechterungen eines gegebenen – gemeinsam nutzbaren – Angebots für die Altsassen bestehen, wenn ein weiterer Nutzer hinzutritt. Beispiele aus dem Hochschulbereich sind die Überfüllung von Hörsälen im Vorlesungsbetrieb, schlechtere Beratung und Betreuung, unzweckmäßige Lerngruppengrößen – oder schlicht Zeitverlust durch Schlangestehen in Bibliotheken und Mensen. Solche Kosten der Übernutzung werden grundsätzlich bezogen auf eine bestimmte Kapazität des gemeinsam nutzbaren Angebots definiert. Auf das Auftreten eines weiteren Nutzers kann man jedoch grundsätzlich auf zwei Arten reagieren: erstens durch eine Anpassung des Angebots (Erhöhung der Kapazität / Produktion), zweitens durch die Inkaufnahme von Drängelkosten. Daher treten Produktions- und Drängelkosten in gewisser Weise alternativ auf (Lüdeke und Beckmann 1998, S. 6), und wer – wie wir es im empirischen Teil tun werden – allein die Erstgenannten betrachtet, der unterstellt letztenendes implizit, dass man auf Nachfrageänderungen immer in der Weise mit Kapazitätsänderungen reagiert, dass es an der Grenze nicht zu zusätzlichen Drängelkosten für die Altsassen kommt.[3]

Eingangs dieses Abschnittes wurden Entzugskosten bereits von den Produktionskosten als diejenigen Kosten abgegrenzt, die dadurch entstehen, dass die Auszubildenden ihre Arbeitskraft nicht am Arbeitsmarkt oder in der Haushaltsproduktion – im weitesten Sinne als unvermarktete nutzenstiftende Tätigkeit verstanden – einsetzen. Üblicherweise misst man sie durch das Entgelt, das ein vergleichbarer

3 Unsere Ergebnisse werden nahelegen, dass diese Prämisse als Beschreibung der Realität nicht ganz gerechtfertigt erscheint (siehe die Diskussion der Entwicklung der Lehrkosten im vierten Abschnitt).

(nicht studierender) Arbeitnehmer am Arbeitmarkt erzielen kann.[4] Das setzt allerdings voraus, dass der betreffende Student auch eine *zusätzliche* Stelle hätte finden können, so dass die entgangenen Einkommen seinen tatsächlichen Opportunitätskosten (bei Marktarbeit) oder zumindest einer Untergrenze für die privaten Kosten (bei Hausarbeit) entsprechen. Wäre er ohne Studium unfreiwillig erwerbslos gewesen, so lägen seine privaten Opportunitätskosten weit niedriger.

Selbst wenn unser Student eine Arbeit fände, so bedeutet dies noch nicht, dass *auch aus Sicht der Gesellschaft* die Opportunitätskosten dem entgangenen Lohn entsprechen. Verdrängt er nämlich einen anderen Arbeitnehmer (und nimmt das Arbeitvolumen insgesamt daher nicht zu), so bestehen die Opportunitätskosten nunmehr in dem Arbeitsleid des (potentiell) Verdrängten – damit erscheinen grundsätzlich auch *negative* Entzugskosten denkbar. Unser weiteres Vorgehen setzt daher stets die – zugegebenermaßen heroische – Annahme der Vollbeschäftigung voraus.

Versteigt man sich aber einmal zu dieser Annahme, so drängt sich sofort eine Unterteilung nach privaten Entzugskosten – dem Nettoeinkommen – und externen Entzugskosten auf, die dadurch entstehen, dass der Auszubildende keine direkten Steuern zahlt und indirekte Steuern spart, die dadurch entstehen, dass sein Bruttolohn unterhalb des Beitrags der Arbeitskraft zum Bruttoinlandsprodukt liegt. Soweit Zwangsbeiträge zur Sozialversicherung Steuercharakter haben (siehe etwa Murphy und Welch 1998), sind sie hier anteilig zu berücksichtigen; andererseits müssen Ansprüche, die Studierende während des Studiums ohne Gegenleistung erwerben – etwa durch Anrechnungszeiten bei der Gesetzlichen Rentenversicherung – als Kostenbeteiligung des Staates veranschlagt werden.

---

4 Dagegen wird gelegentlich eingewandt, ein Student „hätte aufgrund seiner höheren Begabung auch sonst ein höheres Einkommen erzielen können" (Holtzmann 1994, S. 12). Angesprochen ist damit die Frage eines möglichen *selection bias* und allgemeiner das Problem, dass sich Individuen für bestimmte Ausbildungen und Karrieren – zumindest teilweise – *entscheiden* (Card 1995). Daher ist der von Holtzmann (1994) behauptete Zusammenhang keineswegs selbstverständlich. Personen mit „höherer Begabung" weisen im Allgemeinen auch höhere Opportunitätskosten (durch Lohnverzicht) auf und studieren deshalb u.U. weniger (Griliches 1997, S. S334–S335). Anders gewendet: Möglicherweise wählen die Individuen mit hohem von der Ausbildung unabhängigen Einkommenspotential das Berufsleben, und die beobachteten Marktlöhne der Vergleichsgruppe *überschätzen* die Opportunitätskosten der Studenten. Wer die Situation in der akademischen Informatik kennt, wird dies nicht ohne weiteres von der Hand weisen. Empirisch scheint die Verzerrung indessen nicht besonders groß zu sein (Card 1995, Griliches op.cit.), so dass von dieser Seite her die Verwendung der beobachteten Marktlöhne in Studien wie der unsrigen nicht verworfen werden muss.

Schließlich fallen durch die Aufnahme eines Studiums (wie auch durch die spätere Aufnahme einer Tätigkeit) die üblichen pekuniären externen Kosten und Erträge an: Studienbedingte Zurückhaltung beim Arbeitsangebot wird die Löhne der direkten Konkurrenten auf dem Arbeitsmarkt *ceteris paribus* ein wenig senken und die Verzinsung des in der jeweiligen Branche eingesetzten Kapitals ein wenig erhöhen. Wechselt der Student den Wohnort – relativ zu dem Ort, in dem er bei Wahl der zweitbesten Möglichkeit gewohnt hätte –, so erhöht dies unter sonst gleichen Umständen die Mieten (und die Einkommen der Kneipenbesitzer etc.) in jenem Ort und senkt sie in diesem und so fort. Solche pekuniären Externalitäten stellen bekanntlich nicht nur ein notwendiges Element des Preismechanismus dar, sondern gleichen sich in einem neoklassischen allgemeinen Gleichgewicht ohne „Marktversagen" und ohne Staat auch wertmässig aus. Aus diesen Gründen wollen wir sie im Folgenden vernachlässigen.

Dies wollen wir auch bei einer letzten möglichen Kategorie interner Opportunitätskosten tun, dem grösseren Arbeitsleid, das Studenten im Vergleich zur Erwerbsarbeit empfinden mögen.[5] Hier fehlt jede Grundlage für eine empirische Quantifizierung.

Soweit ein Teil der ausgabewirksamen Kosten beim Staat oder bei Parafiski anfällt, muss er unter Nutzung von Einnahmeinstrumenten refinanziert werden, deren Einsatz in aller Regel zu weiteren sozialen Kosten („Kosten der Steuererhebung") führt – vor allem zu Verwaltungskosten und den Zusatzlasten der Besteuerung, die durch steuerinduzierte Substitutionseffekte entstehen. Im Allgemeinen[6] ist ein Euro in privater Hand deshalb mehr wert als ein Euro in den Händen der staatlichen Entscheidungsträger. Die marginalen Kosten öffentlicher Mittel („marginal cost of public funds", MCF) erfassen dies in Form eines Aufschlages auf die Kosten des öffentlichen Angebots.

Ähnliche Aufschläge (oder Abschläge) können aufgrund verteilungspolitischer Erwägungen angemessen sein: Unter der Annahme abnehmender individueller

5 Den umgekehrten Fall müsste man als konsumtive Erträge des Studiums erfassen.

6 Ein kritischer Überblick über die gebräuchlichen Maße für die MCF findet sich bei Håkonsen (1998). Man beachte, dass nicht bei jeder Konzeption die MCF stets grösser als Eins sein müssen. Weitere theoretische Möglichkeiten ergeben sich, wenn man auch den Nutzen der Bürger aus dem steuerfinanzierten öffentlichen Angebot berücksichtigt (Schöb 1994). Beispielsweise kann der Fall eintreten, dass die Besteuerung eines Gutes der Finanzierung eines komplementären „öffentlichen" Gutes dient; in diesem Fall lägen die sozialen Grenzkosten der Bereitstellung des „öffentlichen" Gutes unter den marginalen Produktionskosten (Sandmo 1976).

Einkommensgrenznutzen wird „die Gesellschaft" unter sonst gleichen Umständen einen Euro in der Hand eines „Reichen" schon dann geringer schätzen als einen Euro in der Hand eines „Armen", wenn sie nicht avers gegenüber der Ungleichheit der individuellen Wohlfahrt ist. (Für eine ungleichheitsaverse Gesellschaft trifft dies in c.p. größerem Masse zu.) Von der Grundidee her mag es sich daher anbieten, Kosten und Erträge, die bei „Reichen" anfallen, geringer zu gewichten als Vor- und Nachteile der „Armen" – wenngleich zur konzeptionellen Festlegung und empirischen Bestimmung angemessener Gewichte noch etliche knifflige Fragen zu klären sind.

Im Rest des vorliegenden Papiers wollen wir allerdings zur Vereinfachung von der Ermittlung des MCF und von Verteilungsgewichten absehen.

3 Vereinfachende Annahmen und Datenbasis

Damit ist der Hintergrund wie auch die analytische Grundlegung unserer empirischen Untersuchung skizziert. Der nächste Schritt besteht grundsätzlich in einer ausführlichen Schilderung eines pragmatischen Weges, wie man die sozialen Opportunitätskosten der Hochschulausbildung auf dieser Grundlage schätzen kann. Um die Darstellung im Text nicht zu überfrachten, verlege ich diese Darstellung in den Appendix; dort werden die relevanten Kostenkategorien in ausführlichen Tabellen dargestellt und zeilenweise in der Art eines Glossars kommentiert – allerdings durchsetzt mit einigen weiterführenden Bemerkungen.

Aus Vereinfachungsgründen werden durchgängig drei bedeutsame Annahmen getroffen: Erstens gehen wir von einem Vollbeschäftigungsgleichgewicht in einem neoklassischen allgemeinen Gleichgewichtsmodell mit vollkommenen Märkten und vollständiger Konkurrenz aus. Dies gestattet uns insbesondere, die Brutto-Markteinkommen von Individuen mit Hochschulzugangsberechtigung, die nicht studieren, als die gesellschaftlichen Opportunitätskosten durch Lohnverzicht zu deuten. Zweitens unterstellen wir konstante Skalenerträge wo nötig, so dass die marginalen Opportunitätskosten, die uns letztlich interessieren, mit den durchschnittlichen Kosten übereinstimmen, die wir empirisch ermitteln können. Drittens werden sämtliche realen Externalitäten mit Ausnahme der Forschung, die durch die Produktion von Hochschulausbildung entstehen mögen, ebenso vernachlässigt wie die MCF und Verteilungsgewichte.

Grundlage bilden insbesondere die amtliche Studentenstatistik und die Hochschulfinanzstatistik einschließlich einiger Sonderauswertungen durch das statistische Bundesamt. Die Opportunitätskosten durch Lohnverzicht ermittle ich im wesentlichen unter Nutzung von Daten aus der Beschäftigtenstichprobe des IAB (Sonderauswertung für diese Studie). Für die Berechnungen der kalkulatorischen Kapitalkosten stütze ich mich auf den 25. Rahmenplan für den Hochschulbau – einschließlich einer Sonderauswertung der Gesamtflächen nach Hochschultyp, Region und Nutzern –, für die Aufteilung der Kosten im Rahmen der Finanzierungsrechnung – insbesondere für die Aufteilung der privaten Kosten auf die Studierenden und ihre Eltern – ziehe ich die Sozialerhebungen des Deutschen Studentenwerkes (Schnitzer et al. 1995; 1998) heran. Um volkswirtschaftliche Eckdaten wie Zinssätze und Abschreibungsprozentsätze zu bestimmen, werden die Volkswirtschaftlichen Gesamtrechnungen genutzt.

4 Ergebnisse

Tabelle 2 fasst das Herzstück dieses Beitrags, die Schätzung der direkten Produktionskosten und der Entzugskosten der Hochschulausbildung im Jahre 1997, nach Fächergruppen[7] zusammen. Eine detaillierte Aufstellung der Kosten nach Fächergruppen und Kostenkategorien findet sich – einschliesslich ausführlicher Kommentare – im Appendix. Dort wird auch dargestellt, wie die Produktionskosten der Lehre an den Hochschulen oder der Produktion anderer Outputs – vor allem Forschung und medizinischer Dienstleistungen – zugerechnet und anschliessend auf die Financiers (im Sinne einer formalen Inzidenz) aufgeteilt werden.[8]

7 Dabei werden die Fächergruppen „Sport" sowie „Sprach- und Kulturwissenschaften" zusammengefasst (*Spr/Kul/Sp*). *Re/Wi/So* bezeichnet die Fächergruppe „Rechts-, Wirtschafts- und Sozialwissenschaften", *Mathe/Nat* die Mathematik und die Naturwissenschaften, *Agr/Fo/Ern* die „Agrar-, Forst- und Ernährungswissenschaften", *Ingen* die Ingenieurwissenschaften und *Med* die Human- und Veterinärmedizin, die wir hier ebenfalls zu einer Gruppe kombinieren. Die Werte in der Durchschnittsspalte (ø) stellen jeweils mit den Studentenzahlen gewichtete Durchschnitte der Resultate für die Fächergruppen dar.

8 Zur Beschränkung auf die formale Inzidenz finden sich einige Bemerkungen im Appendix. Etwas weiter in Richtung auf die materielle Inzidenz – die letztlich interessiert – gehen Holtzmann (1994) und vor allem Grüske (1994).

Tabelle 2: *Ergebnisse für das Jahr 1997 (DM p.a. in laufenden Preisen)*

	ø	Spr/Kul/Sp	Re/Wi/So	Kunst	Mathe/Nat	Agr/Fo/Ern	Ingen	Med
Anzahl Studenten	1822483	442648	565680	79231	273639	38531	318869	103885
Produktionskosten	33.293	14.677	12.019	20.707	33.601	35.448	27.529	254.141
— ausgabenwirksam	69,1%	69,7%	72,8%	68,5%	64,7%	63,8%	62,0%	82,4%
— kalkulatorisch	30,9%	30,3%	27,2%	31,5%	35,3%	36,2%	38,0%	17,6%
Kosten der Lehre	13.874	9.599	8.157	16.291	17.084	20.218	16.276	43.193
Entzugskosten	56637	60787	55088	57542	55059	53494	56727	51742
Soziale Kosten	**70.511**	**70.387**	**63.245**	**73.834**	**72.143**	**73.712**	**73.003**	**94.935**
Kollektiv finanziert	47.777	45.457	41.321	50.573	50.197	52.538	50.310	74.773
(Anteil)	67,8%	64,6%	65,3%	68,5%	69,6%	71,3%	68,9%	78,8%
Privat finanziert	22.734	24.930	21.924	23.260	21.945	21.174	22.694	20.162
— Anteil Eltern	5,7%	6,3%	6,1%	5,5%	5,4%	5,0%	5,3%	3,7%
— Anteil Studenten	26,6%	29,2%	28,6%	26,0%	25,1%	23,7%	25,8%	17,5%

Zum Vergleich zeigt Tabelle 3 die gleichen Resultate für das Jahr 1994.[9] Darüber hinaus werden in Tabelle 4 die Ergebnisse aus Lüdeke (1983) für das Jahr 1979 in vergleichbarer Form aufbereitet, soweit dies möglich ist. Bei der Gegenüberstellung der Tabellen ist allerdings dreierlei zu bedenken:

a. Den drei Untersuchungen liegt grundsätzlich die gleiche Methodik zugrunde, wie sie im Abschnitt 2 und im Appendix beschrieben wird. Im Detail wurden jedoch einige Annahmen variiert, unter denen die Behandlung der entgangenen Beiträge zur gesetzlichen Rentenversicherung sicherlich die bedeutsamste ist. In Lüdeke und Beckmann (1998) wurde unterstellt, dass den Rentenbeiträgen in voller Höhe zusätzliche Ansprüche gegenüberstehen. Ein staatlicher Finanzierungsbeitrag ergab sich dann nur dadurch, dass den Studenten bestimmte Ausbildungszeiten als fiktive Beitragszeiten angerechnet werden. Analog handhabt dies Lüdeke (1983), wobei allerdings für 1979 erheblich längere Anrechnungszeiten zu berücksichtigen waren.[10] Infolge der Entwicklung der Bevölkerung und der Löhne muss allerdings heute ein erheblicher Teil der Rentenbeiträge als Steuer gelten (Murphy und Welch 1998). Daher habe ich bei der Ermittlung von Tabelle 2 diejenigen Steueranteile an den entgangenen Rentenbeiträgen zugrundegelegt, die sich aus meinen an anderer Stelle dargelegten Berechnungen (Beckmann 2000) ergibt. Diese Änderung allein erklärt den Großteil des Wachstums des staatlichen Finanzierungsanteils von 1994 bis 1997.

---

9 Auf eine Aufschlüsselung der einzelnen Kostenkomponenten im Anhang verzichte ich allerdings aus Platzgründen. An den Details interessierte Leser werden auf Lüdeke und Beckmann (1998) verwiesen. Zur Ermittlung der Ergebnisse von Tabelle 3 wurden Teile dieser Berechnungen für die vorliegende Arbeit überarbeitet; beispielsweise wurden unterdessen die Daten aus der Beschäftigtenstatistik für 1994 verfügbar, so dass die ursprünglich verwendete Hochrechnung auf der Grundlage der 1990er Werte ersetzt werden konnte.

10 Die anrechenbaren Ausbildungszeiten wurden in zwei Schritten von sieben Jahren auf drei Jahre gekürzt. (Einen Teil dieses „Guthabens" verbrauchen typische Studenten aber bereits durch die Schulausbildung vor Eintritt in die Hochschulen, was bei unseren Berechnungen berücksichtigt wird.) Zudem wurden 1994 und 1997 nicht mehr 100% des Durchschnittseinkommens – wie dies noch 1979 der Fall war –, sondern nurmehr 75% des Durchschnittseinkommens als Grundlage des fiktiven Beitrags herangezogen. Durch die Kombination dieser Massnahmen ergibt sich *ceteris paribus* eine erhebliche Minderung des Barwerts der Rentenansprüche von Akademikern. Da darüber hinaus jeweils diejenigen Institutionen zugrundegelegt werden, die beim Beginn des Rentenbezugs gelten – und nicht diejenigen, die beim Eintritt in das Studium gültig waren – trägt eine solche Änderung den Charakter einer nachträglichen Konfiskation von Vermögen.

b. Die Aufteilung der Produktionskosten – abzüglich der Verwaltungseinnahmen der Kliniken, die nahezu ausschließlich Entgelte für medizinische Dienstleistungen darstellen, und der gänzlich für Forschungszwecke eingesetzten Drittmittel – auf Forschung und Lehre erfolgt auf der Grundlage der FuE-Koeffizienten des Statistischen Bundesamtes (Hetmeier 1998). Das Statistische Bundesamt verwendet seit dem Berichtsjahr 1995 allerdings eine geringfügig veränderte Methodik (op.cit.), die sich insbesondere hinsichtlich der medizinischen Forschung von dem Verfahren unterscheidet, das den Koeffizienten für 1994 zugrundeliegt. Die Koeffizienten für die Fächergruppen stellen dabei mit der Studentenzahl gewichtete Durchschnitte der Fächer-Koeffizienten in den einzelnen Hochschultypen dar.

c. Lüdeke (1983) nimmt keine Aufteilung der Kosten der Hochschulproduktion auf Forschung und Lehre vor. In Tabelle 4 gehe ich deshalb hilfsweise von den FuE-Koeffizienten des Statistischen Bundesamtes für das Jahr 1987 aus. Bei der Fächergruppe Medizin kommt es dabei zu einer Überschätzung des Forschungsanteils, weil die Hochschulkliniken eine geringere Forschungsleistung erbringen als die Fachbereiche (13,5% der Grundausstattung vs. 28,7%) und die entsprechende Korrektur problembehaftet ist (Hetmeier 1998). Aus diesem Grunde wird bei der folgenden Interpretation der Tabellen weitgehend von der Fächergruppe Medizin abgesehen. So stark die Einschränkungen durch die Variation unserer Methode und die notwendigen Vereinfachungen auch sein mögen, lässt doch die Gegenüberstellung der drei Tabellen einige Schlüsse zu.

Zunächst fällt auf, dass die Kosten der Lehre – die bei marktlicher Ordnung des Hochschulsektors über eine Preiserhebung zu finanzieren wären – in allen betrachteten Perioden stark differieren (der ungewichtete Variationskoeffizient für 1997 beträgt immerhin 0,62). Diese Variabilität geht weit über das hinaus, was durch unterschiedliche Altersstrukturen, Geschlechtermix und unterschiedliche Anteile ostdeutscher Universitäten an Unterschieden bei den Entzugskosten entsteht.[11] Diese Kosten aber sind es, die in Abwesenheit von Studiengebühren die privaten Kosten der Bildungsnachfrager ganz wesentlich bestimmen. Damit ist aber eine Verzerrung der Studienentscheidungen nicht nur dem Niveau (wegen des kostenlosen Hochschulzugangs wird c.p. zu viel studiert), sondern auch der

11 Lüdeke (1983) verzichtet auf solche Differenzierungen bei den Entzugskosten, die daher auch in Tabelle 4 keine Rolle spielen.

Tabelle 3: *Ergebnisse für das Jahr 1994 (DM p.a. in laufenden Preisen)*

	ø	**Spr/Kul/Sp**	**Re/Wi/So**	**Kunst**	**Mathe/Nat**	**Agr/Fo/Ern**	**Ingen**	**Med**
Anzahl Studenten	1867346	413278	556014	80277	293644	38896	375012	110225
Produktionskosten	30.061	14.374	10.915	18.630	29.855	34.754	22.828	217.287
— ausgabenwirksam	69,0%	70,1%	72,4%	68,3%	65,3%	65,3%	62,5%	82,2%
— kalkulatorisch	31,0%	29,9%	27,6%	31,7%	34,7%	34,7%	37,5%	17,8%
Kosten der Lehre	13.910	9.606	7.753	15.083	15.114	18.989	13.112	57.958
Entzugskosten	53028	54265	52484	55720	52452	52396	53071	50780
Soziale Kosten	**66.937**	**63.871**	**60.237**	**70.803**	**67.566**	**71.385**	**66.183**	**108.738**
Kollektiv finanziert	39.609	35.242	33.473	42.138	40.416	44.691	39.214	82.495
(Anteil)	59,2%	55,2%	55,6%	59,5%	59,8%	62,6%	59,3%	75,9%
Privat finanziert	27.328	28.629	26.764	28.665	27.150	26.694	26.969	26.243
— Anteil Eltern	8,0%	8,7%	8,7%	7,1%	7,8%	7,2%	7,7%	4,6%
— Anteil Studenten	32,8%	36,1%	35,8%	33,4%	32,4%	30,2%	33,0%	19,5%

Tabelle 4: *Ergebnisse für das Jahr 1979 (DM p.a. in laufenden Preisen)*

	ø	**Spr/Kul/Sp**	**Re/Wi/So**	**Kunst**	**Mathe/Nat**	**Agr/Fo/Ern**	**Ingen**	**Med**
Anzahl Studenten	892871	231166	219085	45671	139544	23753	159464	74188
Produktionskosten	16.858	11.575	9.457	12.159	22.652	17.906	15.895	48.909
— ausgabenwirksam	71,6%	72,4%	73,3%	71,9%	66,2%	71,1%	71,0%	75,5%
— kalkulatorisch	28,4%	27,6%	26,7%	28,1%	33,8%	28,9%	29,0%	24,5%
Kosten der Lehre	12.089	7.877	7.129	9.013	14.562	12.005	13.243	34.655
Entzugskosten	32994	32994	32994	32994	32994	32994	32994	32994
Soziale Kosten	**45.083**	**40.871**	**40.123**	**42.007**	**47.556**	**44.999**	**46.237**	**67.649**
Kollektiv finanziert	33.766	29.554	28.806	30.690	36.239	33.682	34.920	56.332
(Anteil)	74,9%	72,3%	71,8%	73,1%	76,2%	74,9%	75,5%	83,3%
Privat finanziert	11.317	11.317	11.317	11.317	11.317	11.317	11.317	11.317
(Anteil)	25,6%	27,7%	28,2%	26,9%	23,8%	25,1%	24,5%	16,7%

Struktur nach zu vermuten: „Teure" Fächer werden übermässig, relativ billige Fächer vergleichsweise zu schwach nachgefragt.[12] Damit sagt man indes in der Bildungsökonomie nichts Neues und Kontroverses – auch nicht damit, dass sich die Preisverzerrung augenscheinlich in 20 Jahren nicht erheblich verändert hat.

Interessanter ist es, die Entwicklung der Kosten der Lehre zu betrachten, soweit sie sich auf der Grundlage der drei ähnlichen Studien nachvollziehen lässt (Tabelle 5). Aus den oben genannten Gründen dürften die Ergebnisse für die Fächergruppe Medizin nur eingeschränkt vergleichbar sein, so dass wir sie hier ausblenden. Für die übrigen Fächergruppen zeigt Tabelle 5 die Kosten der Lehre in Preisen von 1991 und als Anteil am mit den Studentenzahlen gewichteten Durchschnitt.

Tabelle 5: *Entwicklung der Produktionskosten der Lehre*

	Real (DM p.a., Basis = 1991)			**In % des gew. Durchschnitts**		
	1979	**1994**	**1997**	**1979**	**1994**	**1997**
Durchschnitt	14453	10041	10379			
Spr/Ku/Spo	11334	8654	8232	78,4%	86,2%	79,3%
Re/Wi/So	10258	6985	6996	71,0%	69,6%	67,4%
Kunst	12968	13588	13972	89,7%	135,3%	134,6%
Mathe/Nat	20953	13616	14652	145,0%	135,6%	141,2%
Agr/Fo/Ern	17274	17107	17340	119,5%	170,4%	167,1%
Ingen	19055	11813	13959	131,8%	117,6%	134,5%

Auf den ersten Blick frappiert, dass die Kosten seit 1979 insgesamt gesunken sind, wenn man sie um die Preisentwicklung des Bruttoinlandsproduktes bereinigt. Dies erstaunt insbesondere deshalb, weil es im Gegensatz zu einer altehrwürdigen Einsicht in der Ökonomie zu stehen scheint: dem Theorem von der *cost disease of public services*. Danach steigen die Reallöhne durch den Produktivitätsfortschritt im produzierenden Gewerbe ständig an. Bei den arbeitsintensiveren (öffentlichen) Dienstleistungen wächst die Produktivität nicht so schnell, doch

12 Damit diese Verzerrung unterbleibt, müssten die Produktionskosten streuen wie die Entzugskosten – dann verbliebe nur die Verzerrung hinsichtlich des Studienniveaus. Dass diese Bedingung (erwartungsgemäss) nicht erfüllt ist, zeigen unsere Berechnungen sehr deutlich.

muss die marginale Arbeitseffizienzeinheit im Gleichgewicht in beiden Sektoren gleich entlohnt werden. Als Folge kommt es zu einer säkularen Veränderung der relativen Preise (Kostenstrukturen) zu Lasten der Produktion von (öffentlichen) Dienstleistungen.
Wie üblich gilt die Hypothese von der *cost disease* aber höchstens unter sonst gleichen Umständen. Diese Bedingung wird aber durch das rapide Anwachsen der Studentenzahlen im Vergleichszeitraum – um insgesamt 110% (ohne Medizin) – verletzt, der keine vergleichbare Erhöhung der Kapazitäten gegenübersteht. Der wesentlich größeren Nachfrage begegnete man also nicht durch eine in gleicher Weise erhöhte Bereitstellung, sondern ließ die sogenannte Überlast entstehen – und damit fielen die Kosten der zusätzlich Ausgebildeten nicht nur als Produktionskosten, sondern (und wohl vor allem) in Form von Drängelkosten an. In der Konsequenz dürften wir die sozialen Kosten der Hochschulausbildung des Jahres 1997 relativ zu denen des Jahres 1979 unterschätzen, wenn wir die Drängelkosten vernachlässigen. Leider verfügen wir jedoch über keine Methode, die Drängelkosten über sämtliche Hochschulen hinweg mit einfachen Mitteln zu schätzen; eine entsprechende Studie wurde meines Wissens auch noch nie versucht.

In den Tabellen 2 bis 5 werden gewichtete Durchschnitte aller Hochschultypen über das gesamte Bundesgebiet betrachtet. Unsere Datenbasis lässt allerdings grundsätzlich eine Auflösung nach Hochschultypen und/oder Regionen zu. Von den vielfältigen Fragen, die sich so in Angriff nehmen lassen, will ich mich hier auf die nach einem Vergleich der Lehrkosten in Fachhochschulen und wissenschaftlichen Hochschulen beschränken. Tabelle 6 präsentiert die erforderlichen Pro-Kopf-Größen für das Jahr 1994 (zu laufenden Preisen), wobei die an Fachhochschulen nicht vertretene Fächergruppe Medizin durchgängig unberücksichtigt bleibt.

Zwar fallen in wissenschaftlichen Hochschulen im Schnitt doppelt so hohe Produktionskosten pro Student und Jahr an wie in Fachhochschulen, doch unterscheiden sich die sozialen Kosten der Lehre kaum. Das liegt daran, dass die wissenschaftlichen Hochschulen sowohl höhere F&E-Koeffizienten (über 30% versus 5%) als auch mehr Drittmittel aufweisen, die komplett der Forschung zugerechnet werden. Fachhochschüler sind auch nicht so deutlich jünger (oder mit größerer Wahrscheinlichkeit weiblichen Geschlechts) als andere Studenten, dass dadurch die Entzugskosten an Fachhochschulen deutlich unter denen an wissenschaftlichen Hochschulen lägen. Klar sollte allerdings sein, dass ein Fachhochschul*studium* (Kosten pro Absolvent) aufgrund seiner geringeren Länge zu geringeren gesellschaftlichen Kosten zu haben sein dürfte als ein Studium an einer wissenschaftlichen Hochschule.

Tabelle 6: *Fachhochschulen und wissenschaftliche Hochschulen im Vergleich (1994, lfd. Größen, ohne Fächergruppe Medizin)*

	WH (ø)	FH (ø)
Produktionskosten	20.151,00 DM	10.988,00 DM
– lfd. Ausgaben	9.506,00 DM	4.549,00 DM
– kalkulatorisch	4.731,00 DM	3.055,00 DM
– zentr. Einrichtungen	5.914,00 DM	3.384,00 DM
Nettokosten der Lehre	10.931,00 DM	9.881,00 DM
Entzugskosten	53.168,00 DM	53.037,00 DM
Öffentlich finanziert	57,2%	59,2%
Privat finanziert	42,8%	40,8%
– Eltern	7,7%	7,7%
– Studenten	35,1%	33,1%

Obwohl sie Überwälzungsvorgänge nicht berücksichtigen, lassen auch die Finanzierungsrechnungen einige Schlüsse zu.

1. Die oft gehörte Aussage, in Deutschland sei ein Hochschulstudium (nahezu) gratis, trifft sicherlich nicht zu. Als Financiers der Masse der Entzugskosten entfallen auf Eltern und Studierende zusammengenommen mindestens ein Drittel der Kosten.

2. Das deutliche Absinken des privaten Finanzierungsanteils von 1994 auf 1997 (Tabellen 2 und 3) ist in erster Linie auf die veränderte Behandlung der entgangenen Einzahlungen in die Gesetzliche Rentenversicherung im Rahmen unseres Verfahrens zurückzuführen.

3. Dagegen scheint der private Finanzierungsanteil von 1979 bis 1994/97 geringfügig gestiegen zu sein. Dies kann angesichts der oben beschriebenen Entwicklung der Lehrkosten – bei einer Erhöhung der Entzugskosten entsprechend der allgemeinen Lohnentwicklung – auch nicht überraschen.

4. Man spricht häufig von den Eltern als Trägern der privaten Kosten eines Hochschulstudiums, und eine Finanzierung durch die Eltern (außer bei den Produktionskosten) entspricht auch dem Grundgedanken des deutschen Systems (Schnitzer et al. 1998). Die Tabellen 2 bis 4 wecken gewisse Zweifel an der Angemessenheit dieser Sicht, auch wenn wir über die intrafamiliale Verteilung der Traglast so lange nichts abschließendes sagen können, wie uns nicht bekannt ist, ob und wie private finanzielle Erbschaften an Veränderungen der formalen Inzidenz angepasst werden. Immerhin genießen Eltern jedoch einige – vor allem steuerliche – Vergünstigungen, die ihren Transfers an studierende Kinder gegenübergestellt werden müssen, während der Verzicht auf das Nettoeinkommen im Beruf zunächst die Studierenden selbst betrifft (siehe auch Tabelle 8 im Anhang). Als Konsequenz finanzieren die Eltern weniger als ein Viertel der privaten Kosten.

5 Schlussbemerkung

Hauptaufgabe dieses Beitrags ist die Schilderung und Diskussion eines Verfahrens, mit dem sich auf der Grundlage einfacher ökonomischer Überlegungen eine empirische Annäherung an die sozialen Kosten der Hochschulausbildung finden lässt. Die Beschreibung der mannigfachen konzeptionellen und praktischen Probleme bei diesem Vorgehen deutet bereits an, welchen Aufwand man für eine weitere Verfeinerung des Verfahrens treiben müsste. Vor allem müsste es dabei um die Erfassung der Drängelkosten, die Korrektur der Entzugskosten bei Unterbeschäftigung und die Behandlung von Skalenerträgen gehen.

Die empirischen Ergebnisse selbst dürften in erster Linie von hochschulpolitischem und praktischem Interesse sein. Ihre idealtypische Verwendung wäre, als Ergänzung einer Schätzung von Bildungserträgen zu einer Kosten-Nutzen-Analyse im Hochschulsektor beizutragen; dabei wird ihre Aussagekraft allerdings durch die genannten Probleme eingeschränkt. Doch auch für andere Fragestellungen lassen sich aus einer Betrachtung der Kostenseite Anhaltspunkte gewinnen, so beispielsweise für die allokationspolitische Notwendigkeit und die erforderliche Höhe von Studiengebühren.

Die Diskussion der Ergebnisse, die ich hier nur in Ansätzen betrieben habe, führt neben Altbekanntem – wie der Variabilität der Lehrkosten über die Fächergruppen und die dadurch begründete Sinnhaftigkeit einer preislichen Lenkung durch *differenzierte* Studiengebühren – auch zu weniger Bekanntem. Dazu zählt erstens die Senkung der sozialen Kosten der Lehre in realen Größen, verbunden mit einer Zunahme der Drängelkosten pro Kopf, und zweitens die geringen Unterschiede zwischen den jährlichen Kosten einer Hochschulausbildung in Fachhochschulen und wissenschaftlichen Hochschulen. Auch dass der (formale) Finanzierungsanteil der Eltern recht gering ausfällt, zählt wohl noch nicht zu den Gemeinplätzen in der Hochschulpolitik.

Weitere Erkenntnisse ließen sich zum einen durch weitere Nutzung der Differenzierungsmöglichkeiten nach Region und Hochschule/Hochschultyp, zum anderen durch eine zeitliche Fortschreibung der Studie – hin zu „langen Reihen“ der Entwicklung von Kostenkomponenten – und ihre Verbindung mit hochschulstatistischen Kennzahlen gewinnen. Will man mehr, so wird man sich wohl den oben skizzierten Problemen stellen müssen. All dies sei weiteren Arbeiten überlassen.

Tabelle 7: *Kosten der Hochschulausbildung pro Student 1997, alle Hochschulen*

Kosten der Hochschulausbildung pro Student 1997	Alle	Sprach- und Kulturwissen-schaften, Sport	Rechts-, Wirt-schafts- und Sozialwissen-schaften	Kunst, Kunst-wissenschaf-ten	Mathematik, Naturwissen-schaften	Agrar-, Forst- und Ernäh-rungswissen-schaften	Ingenieurwis-senschaften	Medizin	Zentrale Ein-richtungen
Studenten	1822898	442648	565680	79237	273639	38531	318869	103885	1822898
Löhne	14.617,45 DM	5.490,51 DM	3.846,30 DM	8.967,55 DM	15.116,46 DM	15.604,42 DM	11.423,44 DM	124.591,17 DM	2.544,09 DM
Unterhalt von Gebäuden	376,29 DM	79,46 DM	128,74 DM	294,14 DM	163,61 DM	319,98 DM	245,74 DM	4.033,47 DM	991,77 DM
Andere Ausgaben	5.359,15 DM	491,54 DM	424,63 DM	828,56 DM	2.601,08 DM	2.890,35 DM	1.686,52 DM	75.878,54 DM	615,78 DM
Summe ausgabenwirksam	20.352,88 DM	6.061,51 DM	4.399,67 DM	10.090,26 DM	17.881,14 DM	18.814,75 DM	13.355,70 DM	204.503,18 DM	4.151,64 DM
Implizite Sozialabgaben	764,44 DM	450,81 DM	397,69 DM	961,85 DM	1.259,99 DM	1.415,15 DM	1.156,86 DM	1.196,08 DM	235,13 DM
Abschreibungen	1.642,62 DM	549,47 DM	261,36 DM	927,39 DM	2.522,71 DM	2.796,83 DM	2.153,08 DM	10.054,25 DM	490,48 DM
Kalkulatorische Zinsen	2.059,42 DM	688,89 DM	327,68 DM	1.162,70 DM	3.162,82 DM	3.506,50 DM	2.699,40 DM	12.605,42 DM	614,94 DM
Implizite indirekte Steuern	2.495,85 DM	948,78 DM	654,21 DM	1.587,28 DM	2.796,07 DM	2.937,28 DM	2.186,53 DM	19.803,99 DM	485,70 DM
Summe kalkulatorisch	6.962,34 DM	2.637,96 DM	1.640,93 DM	4.639,23 DM	9.741,59 DM	10.655,76 DM	8.195,86 DM	43.659,74 DM	1.826,26 DM
Umlage zentrale Einrichtungen	5.977,90 DM	5.977,90 DM	5.977,90 DM	5.977,90 DM	5.977,90 DM	5.977,90 DM	5.977,90 DM	5.977,90 DM	-5.977,90 DM
Direkte (Produktions-)Kosten	33.293,12 DM	14.677,37 DM	12.018,50 DM	20.707,38 DM	33.600,63 DM	35.448,40 DM	27.529,46 DM	254.140,81 DM	
Entgangene Brutto-Arbeitseink.	44.264,71 DM	47.237,79 DM	43.157,68 DM	44.854,57 DM	43.209,53 DM	41.912,39 DM	44.270,00 DM	40.810,46 DM	
AG-Beiträge zur Sozialvers.	11.276,44 DM	12.033,83 DM	10.994,42 DM	11.426,70 DM	11.007,63 DM	10.677,18 DM	11.277,78 DM	10.396,46 DM	
Implizite indirekte Steuern	7.947,94 DM	8.481,77 DM	7.749,16 DM	8.053,85 DM	7.758,48 DM	7.525,57 DM	7.948,89 DM	7.327,71 DM	
Arbeitseinkommen der Studente	-5.994,38 DM	-6.094,00 DM	-5.960,45 DM	-5.942,40 DM	-6.051,09 DM	-5.792,25 DM	-5.921,83 DM	-5.942,63 DM	
Implizite indirekte Steuern	-857,80 DM	-872,05 DM	-852,94 DM	-850,36 DM	-865,91 DM	-828,87 DM	-847,41 DM	-850,39 DM	
Entzugskosten	56.636,91 DM	60.787,33 DM	55.087,87 DM	57.542,36 DM	55.058,63 DM	53.494,01 DM	56.727,42 DM	51.741,61 DM	
Gesamtkosten	89.930,02 DM	75.464,70 DM	67.106,37 DM	78.249,75 DM	88.659,26 DM	88.942,41 DM	84.256,88 DM	305.882,43 DM	

Tabelle 8: *Finanzierung der Hochschulausbildung 1997, alle Hochschulen*

Finanzierung der Hochschulausbildung (pro Student) 1997

	Alle	Sprach- und Kulturwissenschaften, Sport	Rechts-, Wirtschafts- und Sozialwissenschaften	Kunst, Kunstwissenschaften	Mathematik, Naturwissenschaften	Agrar-, Forst- und Ernährungswissenschaften	Ingenieurwissenschaften	Medizin	Zentrale Einrichtungen
Studenten	1822898	442648	565680	79237	273639	38531	318869	103885	1822898
Direkte (Produktions-) Kosten	33.293,12 DM	14.677,37 DM	12.018,50 DM	20.707,38 DM	33.600,63 DM	35.448,40 DM	27.529,46 DM	254.140,81 DM	
Einnahmen Zentralber. Kliniken	524,35 DM							9.198,85 DM	
Verwaltungseinnahmen	7.937,54 DM	55,81 DM	210,28 DM	137,07 DM	142,97 DM	1.065,92 DM	347,40 DM	135.925,20 DM	177,46 DM
Drittmittel	2.189,31 DM	632,81 DM	348,24 DM	240,88 DM	4.524,45 DM	3.657,70 DM	3.619,36 DM	9.247,75 DM	326,65 DM
Drittmittel Zentralber. Kliniken	52,59 DM							922,68 DM	
Kalk. indirekte Steuern	1.504,25 DM	98,54 DM	79,92 DM	54,09 DM	667,91 DM	675,95 DM	567,64 DM	21.740,78 DM	72,14 DM
Umlage zentr. Einrichtungen	576,25 DM	576,25 DM	576,25 DM	576,25 DM	576,25 DM	576,25 DM	576,25 DM	576,25 DM	-576,25 DM
Kosten der Hochschulprod. ieS	20.508,82 DM	13.313,95 DM	10.803,80 DM	19.699,09 DM	27.689,06 DM	29.472,57 DM	22.418,80 DM	76.529,29 DM	
Forschungsanteil	6.634,86 DM	3.714,59 DM	2.646,93 DM	3.407,94 DM	10.604,91 DM	9.254,39 DM	6.142,75 DM	33.336,16 DM	
Direkte Nettokosten der Lehre	13.873,96 DM	9.599,36 DM	8.156,87 DM	16.291,15 DM	17.084,15 DM	20.218,18 DM	16.276,05 DM	43.193,13 DM	
Entzugskosten	56.636,91 DM	60.787,33 DM	55.087,87 DM	57.542,36 DM	55.058,63 DM	53.494,01 DM	56.727,42 DM	51.741,61 DM	
Direkte Steuern	8.527,29 DM	9.573,79 DM	8.141,59 DM	8.711,01 DM	8.161,23 DM	7.709,62 DM	8.520,43 DM	7.316,92 DM	
Indirekte Steuern	7.090,14 DM	7.609,72 DM	6.896,22 DM	7.203,49 DM	6.892,56 DM	6.696,70 DM	7.101,47 DM	6.477,32 DM	
Kalkulatorische Beiträge zur GKV	5.862,35 DM	6.233,53 DM	5.731,17 DM	5.960,41 DM	5.694,14 DM	5.564,57 DM	5.881,68 DM	5.414,45 DM	
Kalkulatorische Beiträge zur PV	752,50 DM	803,04 DM	733,68 DM	762,53 DM	734,56 DM	712,51 DM	752,59 DM	693,78 DM	
Ansprüche/impl. Steuern GRV	7.200,56 DM	7.598,90 DM	7.052,24 DM	7.279,59 DM	7.059,19 DM	6.885,40 DM	7.201,27 DM	6.737,76 DM	
BAFöG	983,18 DM	965,74 DM	989,12 DM	992,28 DM	973,25 DM	1.018,58 DM	995,89 DM	992,24 DM	
Waisenrenten	205,33 DM	204,70 DM	205,54 DM	205,66 DM	204,97 DM	206,61 DM	205,79 DM	205,66 DM	
Kindergeld, KiF	1.832,71 DM	1.517,62 DM	1.933,85 DM	1.748,15 DM	1.914,64 DM	2.023,50 DM	1.905,04 DM	2.180,38 DM	
Ausbildungsfreibetrag	602,23 DM	498,69 DM	635,46 DM	574,44 DM	629,15 DM	664,92 DM	625,99 DM	716,47 DM	
Stipendien	205,19 DM	204,77 DM	205,33 DM	205,41 DM	204,95 DM	206,04 DM	205,49 DM	205,41 DM	
Subventionen für Studentenwerke	257,83 DM	257,83 DM	257,83 DM	257,83 DM	257,83 DM	257,83 DM	257,83 DM	257,83 DM	
Sonstige Barquellen	383,97 DM	389,02 DM	382,25 DM	381,34 DM	386,84 DM	373,73 DM	380,30 DM	381,35 DM	
Nettozahlungen durch Eltern/Verw	3.971,86 DM	4.398,15 DM	3.834,87 DM	4.080,21 DM	3.867,37 DM	3.702,80 DM	3.870,17 DM	3.505,95 DM	
Residuum	18.761,76 DM	20.531,83 DM	18.088,70 DM	19.180,01 DM	18.077,94 DM	17.471,21 DM	18.823,48 DM	16.656,08 DM	

Appendix: Detaillierte Erläuterung der Methode und Ergebnisse im Einzelnen

Auf der nächsten und übernächsten Seite findet sich eine Aufschlüsselung der 1997er Ergebnistabelle (Tabelle 2). Diese wird im Folgenden nach Art eines Glossars kommentiert. Soweit Fachserien (FS) und Reihen (R) angegeben werden, sind jeweils die Fundstellen in den Veröffentlichungen des Statistischen Bundesamtes für das Jahr 1997 gemeint. Die Kosten der zentralen Einrichtungen werden zunächst wie die einer Fächergruppe erfasst und anschliessend nach Köpfen auf die Fächergruppen umgelegt; die Kosten der zentralen Einrichtungen der Hochschulkliniken werden komplett der Humanmedizin zugerechnet und sind damit in der Spalte „Medizin" (für Human- und Veterinärmedizin) anteilig enthalten.

A1 Kostenseite

Studentenzahlen:
FS 11 R4.1, Tabelle 2: „Studenten insgesamt"

Ausgabewirksame Produktionskosten

Löhne:
FS 11 R4.5, Tabelle 2: „Personalausgaben", dividiert durch die Zahl der Studenten einer Fächergruppe

Unterhalt von Gebäuden:
FS 11 R4.5, Tabelle 2: „Unterhaltung der Grundstücke und Gebäude", dividiert durch die Zahl der Studenten einer Fächergruppe

Andere Ausgaben:
FS 11 R4.5, Tabelle 2: „Übrige sächliche Verwaltungsausgaben", dividiert durch die Zahl der Studenten einer Fächergruppe

Kalkulatorische Produktionskosten

Implizite Sozialabgaben:
Zuschlag auf die 1994er Personalausgaben nach einer Methode des Statistischen Landesamtes des Freistaats Bayern (persönliche Korrespondenz). Es wurde unterstellt, dass die Personalstruktur und die notwendigen Aufschläge auf die gezahlten Löhne im Jahr 1997 unverändert sind.

Abschreibungen:
Bruttowerte der Universitätseinrichtungen wurden ermittelt auf der Grundlage der Grobkostenrichtwerte und der Flächenansätze des 25. Rahmenplanes für den Hochschulbau. (Flächen: Sonderauswertung.) Zur Bestimmung der Abschreibungsrate wurden die Abschreibungen gemäß VGR auf das Bruttoanlagevermögen aller Sektoren ohne öffentlichen Tiefbau am Jahresanfang 1997 bezogen. (Quelle: FS 18, Hauptbericht.)

Kalkulatorische Zinsen:
Wertansätze wie bei den Abschreibungen. Verhältnis von Netto- zu Bruttoanlagevermögen aller Sektoren ohne öffentlichen Tiefbau am Jahresbeginn 1997 gemäß VGR. Zinssatz: Einkommen aus Unternehmertätigkeit und Vermögen nach dem Inlandskonzept abzüglich des kalkulatorischen Unternehmerlohnes dividiert durch das Nettoanlagevermögen der Unternehmen (incl. Wohnungswirtschaft) am Jahresanfang.

Implizite indir. Steuern:
Indirekte Steuern als Anteil des Volkseinkommens auf der Grundlage des Statistischen Jahrbuches 1998, S. 670: 14,31% für Gesamtdeutschland. Eine Trennung nach Ost und West, die noch für 1994 vorgenommen wurde, fehlt aufgrund der Tatsache, dass das Statistische Bundesamt seit 1995 keine entsprechende Disaggregation mehr veröffentlicht. Da der errechnete Steuersatz auf die Summe aller Faktoreinkommen bezogen ist, müssen wir folgerichtig implizite indirekte Steuern auf alle Lohneinkommen – einschließlich der kalkulatorischen Pensionsrückstellungen – und alle Zinsen berechnen.

Umlage zentrale Einrichtungen:
Nach der Zahl der Studierenden.[13]

Entzugskosten

Brutto-Arbeitseinkommen:
Auf der Grundlage einer Sonderauswertung der Beschäftigtenstatistik des IAB wurden die Einkommen von sozialversicherungspflichtig Beschäftigten mit Abitur sowie mit und ohne Hochschulzugangsberechtigung nach Lebensalter, Geschlecht und alten/neuen Bundesländern ermittelt. (Zu beachten ist dabei die „Zensur" dieser Daten: Einkommen jenseits der Beitragsbemessungsgrenze zur GRV gehen mit dieser Beitragsbemessungsgrenze ein. Bei den Abiturienten im Alter von 20 bis 28 Jahren scheint mir dies allerdings keine allzu große Einschränkung zu sein.) Eine Sonderauswertung der Studentenstatistik erlaubt es, die Alters- und Geschlechtsstruktur der Studierenden in den verschiedenen Fächergruppen bis hin auf die Ebene der Einzeluniversitäten aufzulösen. Aus diesen Daten ermitteln wir das entgangene Einkommen der Studierenden in den Fächergruppen als gewichtete Durchschnitte.
Die Lohndaten liegen bislang nur für das Jahr 1994 vor. Wir schreiben diese mit der Wachstumsrate der Bruttolohn- und Gehaltssumme fort. Lohnwachstumsfaktor: 1,06274.

AG-Beiträge zur Sozialversicherung:
Der Lohnnebenkostenfaktor beträgt 1,25475 und kann aus der VGR errechnet werden. (Arbeitgeberbeiträge einschließlich der unterstellten laut VGR 387,17 Mrd. DM, Bruttolohn- und Gehaltssumme 1519,81 Mrd. DM) Eine Unterscheidung von Ost und West findet ab 1995 nicht mehr statt.

---

13 Alternativ kommt eine Zurechnung nach den Ausgaben der einzelnen Fächergruppen in Betracht, was insbesondere hinsichtlich der unmittelbaren Verwaltungskosten nicht einer gewissen Plausibilität entbehrt. Alles in allem erscheint mir eine Aufteilung nach Köpfen jedoch als zweckmäßiger.

Implizite indirekte Steuern:
wie vor.

Arbeitseinkommen der Studenten:
nach der 15. Sozialerhebung des Dt. Studentenwerks (Schnitzer et al. 1998, S. 205). Gewichteter Durchschnitt über die verschiedenen Studententypen hinweg. Angegeben wird das Produkt aus dem Anteil der Studenten, die Mittel eines bestimmten Typs beziehen, und dem Durchschnittswert für diese Gruppe, zusammengefasst als gew. Durchschnitt aus den Resultaten für Ost und West.

Implizite indirekte Steuern:
wie vor.

A2 Finanzierungsseite

Die im folgenden vorgestellte Aufteilung der Kosten auf die verschiedenen Financiers (Eltern, Studierende und die Gemeinschaft/Staat) ist im Sinne einer gesetzlichen Inzidenz – die auf die reine Zahlung abstellt – zu verstehen. Soweit das zugrundeliegende Muster der Zahlungen der Absicht des Gesetzgebers entspricht, kann man sie bestenfalls im Sinne einer formellen Inzidenz deuten. Eine Aussage über die Lastverteilung (materielle Inzidenz) liegt aber nicht vor, weil keine Aussagen über Überwälzungsvorgänge gemacht werden. Beispielsweise könnten Eltern bei Vorliegen eines wirksamen Erbschaftsmotivs auf zusätzlich zu zahlende Ausbildungskosten reagieren, indem sie die finanziellen Erbschaften entsprechend kürzen. Und von „dem Staat" als Financier zu reden, ist günstigenfalls unvollständig: Nicht Organisationen, nur Personen können Lasten in letzter Konsequenz tragen. Damit wäre zu prüfen, auf wen die Last der Aufbringung der (zusätzlichen) Mittel nach Abschluss aller Überwälzungsvorgänge fällt. Für die vorliegende Studie wäre dies jedoch zu viel.

Bereinigung der direkten Produktionskosten

Hier erfolgt die Berücksichtigung der Forschungsausgaben. Grundsätzlich werden dabei Forschungsanteile an den Grundmitteln (gemäß Hetmeier 1998) angesetzt. Zuvor müssen jedoch die Gesamtkosten um sonstige Einnahmen der Hochschulen, die aus der „Vermarktung" von Leistungen – über Grundlagenforschung und Lehre hinaus – und aus drittmittelfinanzierter Forschung resultieren, bereinigt werden. Neben den schon angesprochenen Drittmitteln sind hier insbesondere die Vergütungen für medizinische Leistungen (Heilbehandlungen etc.), die an den Hochschulkliniken oder medizinischen Fachbereichen erbracht werden, zu berücksichtigen.

Einnahmen der Zentralbereiche der Kliniken:
FS 11 R4.5, Tabelle 3: „Verwaltungseinnahmen", dividiert durch die Zahl der Studenten der Human- und Veterinärmedizin.

Verwaltungseinnahmen:
FS 11 R4.5, Tabelle 3: „Verwaltungseinnahmen", dividiert durch die Zahl der Studierenden einer Fächergruppe.

Drittmittel:
FS 11 R4.5, Tabelle 3: „Drittmittel", dividiert durch die Zahl der Studierenden einer Fächergruppe.

Drittmittel der Kliniken (Zentralbereiche):
FS 11 R4.5, Tabelle 3: Drittmittel", dividiert durch die Zahl der Studenten der Human- und Veterinärmedizin.

Indirekte Steuern:
Wie vor. Bei sämtlichen Fächergruppen mit Ausnahme der Medizin werden die impliziten indirekten Steuern auf sämtliche Verwaltungs- und Drittmitteleinnahmen berechnet. Bei der Medizin spielen die sonstigen Sachmittelausgaben, die man als Vorleistungen interpretieren kann, eine weit größere Rolle. Darum findet hier zuvor eine anteilige Bereinigung um diese Kosten statt.

Umlage zentrale Einrichtungen:
nach Köpfen.

Forschungsanteil:
Berechnung auf der Grundlage von Hetmeier (1998). Für jeden Fachbereich ermitteln wir einen nach den Grundausstattungen gewichteten Durchschnitt der FuE-Koeffizienten von wissenschaftlichen Hochschulen, Kunsthochschulen und Fachhochschulen; bei der Medizin ebenso gewichteter Durchschnitt von Veterinär- und Humanmedizin. Insgesamt stellt dies eine erhebliche Vereinfachung gegenüber dem für 1994 verwendeten Verfahren (Lüdeke und Beckmann 1998) dar.

Finanzierung der Entzugskosten

Direkte Steuern:
Lohnsteuer, Solidaritätszuschlag und 8% Kirchensteuer gemäss der Lohnsteuertabelle für das Jahr 1996 für einen ledigen Beschäftigten ohne besondere Abzüge.

Indirekte Steuern:
wie vor.

Kalkulatorische Beiträge zur GKV:
Gewichteter Durchschnitt der Beiträge in Ost und West, bezogen auf das Brutto-Arbeitseinkommen,[14] abzüglich der Ausgaben der Studierenden für medizinische Versorgung gemäß der 15. Sozialerhebung des Deutschen Studentenwerkes (Schnitzer et al. 1998), wieder als gewichteter Durchschnitt ermittelt.

Kalkulatorische Beiträge zur PV:
1,7% des Brutto-Arbeitseinkommens. Eine im Vergleich zu 1994 neue Kategorie.

Ansprüche und Beiträge im Rahmen der GRV: Anders als bei den bisherigen Studien wird nicht mehr unterstellt, dass die Einzahlungen in die GRV einen äquivalenten Zu-

---

14 Alle Beitragssätze zu den Sozialversicherungen gemäß Lampert (1998, S. 234).

wachs der Rentenansprüche begründen. Vor dem Hintergrund von Arbeiten wie Beckmann (2000) erscheint dies nicht mehr als angemessen.

Vielmehr wird hier veranschlagt:

(a) Der implizite jährliche Steueranteil an den Beiträgen nach dem Verfahren aus Beckmann (op.cit.) für ein 24-jähriges Individuum (r=4%, n=0,5%, m=1,35%): etwa 66%

(b) Der Wert des Rentenversicherungsanspruchs (1 von 3 Jahren, verteilt über die durchschnittliche Studiendauer aller Studenten in 1994, 75% implizite Einzahlung – Daten von 1994 hochgerechnet auf 1997 mit der Wachstumsrate der Bruttolohnsumme.

BAföG:

Gewichteter Durchschnitt Ost/West gem der 15. Sozialerhebung des Deutschen Studentenwerkes wie vor.

Waisenrenten:

Gewichteter Durchschnitt Ost/West gem der 15. Sozialerhebung des Deutschen Studentenwerkes wie vor.

Kindergeld und -freibetrag:

Projektierte Gesamtausgaben für 1997 gem. Generalsekretär (1996), verteilt nach den Anteilen der unter 27jährigen Studenten an den Studierenden in den einzelnen Fächergruppen.

Ausbildungsfreibetrag:

Projektierte Gesamtausgaben für 1997 gem. Generalsekretär (op.cit.), verteilt nach den Anteilen der unter 27jährigen Studenten an den Studierenden in den einzelnen Fächergruppen.

Stipendien:

Gewichteter Durchschnitt Ost/West gem der 15. Sozialerhebung des Deutschen Studentenwerkes (Schnitzer et al. 1998).

Subventionen für Studentenwerke:

Gesamtausgaben für 1994 (Schätzung) gemäss Generalsekretär (1996), dividiert durch die Gesamtzahl der Studierenden.

Sonstige Barquellen:

Gewichteter Durchschnitt Ost/West gem der 15. Sozialerhebung des Deutschen Studentenwerkes (Schnitzer et al. 1998).

Nettozahlungen durch Eltern und Verwandte:

Gewichteter Durchschnitt Ost/ West gem der 15. Sozialerhebung des Deutschen Studentenwerkes (op.cit.). Davon werden abgezogen die hier erfassten steuerlichen und sonstigen Erleichterungen für Eltern im Rahmen des Familienlastenausgleichs.

Literaturverzeichnis

Beckmann, K. (2000), A note on the tax rate implicit in contributions to pay-as-you-go public pension systems, in: *Finanzarchiv* N.F.57.

Card, D. (1995), Earnings, schooling, and ability revisited, in: *Research in Labor Economics* 14, S. 23–48

Deutsch, A. (1975), On the taxation of life income, in: *Public Finance Quarterly* 3(4), S. 299–319

Griliches, Z. (1997),Education, human capital, and growth: a personal perspective, in: *Journal of Labor Economics* 15 (1.2), S. S330–S344

Generalsekretär der Ständigen Konferenz der Kultusminister der Länder in der Bundesrepublik Deutschland (1996). *Reform der Ausbildungsförderung für Studierende – Zwischenbericht –*. Vervielfältigt, Bonn

Grüske, K.-D. (1994), Verteilungseffekte der öffentlichen Hochschulfinanzierung in der Bundesrepublik Deutschland, in: R. Lüdeke (Hg.), *Bildung, Bildungsfinanzierung und Einkommensverteilung II*. Berlin: Duncker & Humblot

Håkonsen, L. (1998), An investigation into alternative representations of the marginal cost of public funds, in: *International Tax and Public Finance* 5, S. 329–343

Hetmeier, H.-W. (1998), Methodik der Berechnung der Ausgaben und des Personals der Hochschulen für Forschung und experimentelle Entwicklung ab dem Berichtsjahr 1995, in: *Wirtschaft und Statistik* 2/98, S. 153–163

Holtzmann, H.-D. (1994), *Öffentliche Finanzierung der Hochschulausgaben in der Bundesrepublik Deutschland*. Volkswirtschaftliches Institut: Nürnberg

Lampert, Heinz (1998), *Lehrbuch der Sozialpolitik*. 5. Aufl. Berlin: Springer

Lüdeke, R. (1983), Fiskalische Systeme bei der Hochschulausbildung. Realtypen in den Vereinigten Staaten, der Bundesrepublik, Japan und der DDR im Vergleich, in: K. Häuser (Hg.), *Finanzsysteme: Ideal- und Realtypen – Gesundheitswesen und Hochschulbildung*. Berlin: Duncker & Humblot

Lüdeke, R. und K. Beckmann (1998), Social costs of higher education. *Passauer Diskussionsbeiträge* V-8-98

Murphy, K.M. und F. Welch (1998), Perspectives on the social security crisis and proposed solutions, in: *American Economic Review* 88, S. 142–150

Sandmo, A. (1976), Optimal taxation. An introduction to the literature, in: *Journal of Public Economics* 6, S. 37–54

Schnitzer, K., D. Dohmen und K. Schwensen (1996), *Costs and Benefits of Internationalised Higher Education*. National Report for the Federal Minister of Education, Science, Research and Technology (BMBF). HIS Projektbericht, Hannover

Schnitzer, K., W. Isserstedt, J. Schreiber, M. Schröder (1995), *Das soziale Bild der Studentenschaft in der Bundesrepublik Deutschland. 14. Sozialerhebung des Deutschen Studentenwerks durchgeführt durch HIS Hochschul-Informations-System.* Bonn: BMBF

Schnitzer, K., W. Isserstedt, P. Müßig-Trapp, J. Schreiber (1998), *Das soziale Bild der Studentenschaft in der Bundesrepublik Deutschland. 15. Sozialerhebung des Deutschen Studentenwerks durchgeführt durch HIS Hochschul-Informations-System.* Bonn: BMBF

Schöb, R. (1994), On marginal costs and marginal benefits of public funds, in: *Public Finance* 49, S. 87–106

o.V. (1995), *25. Rahmenplan für den Hochschulbau nach dem Hochschulbauförderungsgesetz 1996--1999.* Vom Planungsausschuss für den Hochschulbau beschlossen am 14. September 1995. ISSN 0173-717

Heinz-Werner Hetmeier

Methodische Probleme der Ermittlung von Ausgaben je Schüler

1 Vorbemerkung

Das Statistische Bundesamt berechnet seit 1994 jährlich Ausgaben je Schüler. Der Hauptgrund hierfür sind die Anforderungen der internationalen Organisationen auf dem Gebiet der Bildungsfinanzen. So erheben die OECD, die UNESCO und die Europäische Union die Bildungsausgaben der Mitgliedstaaten in einer Gliederung nach Bildungsstufen. Aufgrund der spezifischen Ausgestaltung des deutschen Bildungssystems und des unterschiedlichen Nachweises der Schulausgaben in den einzelnen Haushaltsrechnungen (Länder- und kommunale Ebene) sind zur Erfüllung dieser Aufgaben umfangreiche Berechnungen erforderlich, in deren Rahmen auch die Ausgaben je Schüler ermittelt werden. Da die Schulsysteme der einzelnen Länder der Bundesrepublik Deutschland landesspezifische Besonderheiten aufweisen, ist es erforderlich, die Berechnungen für jedes Bundesland gesondert durchzuführen, um einen hinreichenden Genauigkeitsgrad für die internationale Berichterstattung zu erreichen. Hierdurch wird auch der Vergleich der Schulausgaben der einzelnen Bundesländer erleichtert, denn der Vergleich der absoluten Schulausgaben ist wegen der unterschiedlichen Größe der Länder wenig aussagefähig.

Das Statistische Bundesamt hat in Zusammenarbeit mit dem Unterausschuss Schuldaten der Kultusministerkonferenz und der Arbeitsgruppe Bildungsfinanzen der Bund-Länder-Kommission für Bildungsplanung und Forschungsförderung ein Schätzverfahren entwickelt, mit dem Finanzdaten und Schülerdaten auf der Ebene der einzelnen Schularten der Schulstatistik in Bezug gesetzt werden können. Dabei wurden auch die Vorarbeiten des Deutschen Instituts für Internationale Pädagogische Forschung berücksichtigt (Haug 1997).[1] Ausgangspunkt der Berechnungen sind die Ergebnisse der amtlichen Finanzstatistik, in der die Ausgaben und Einnahmen von Bund, Ländern und Gemeinden in einer Gliederung nach Einnahme- und Ausgabearten sowie Aufgabenbereichen erfasst werden. Im Mit-

---

1 Das Verfahren der amtlichen Statistik lehnt sich zwar an das Haugsche Verfahren an, weist jedoch eine Reihe von methodischen Weiterentwicklungen auf. Eine Übersicht über die methodischen Unterschiede kann beim Statistischen Bundesamt angefordert werden.

telpunkt des Referates stehen die methodischen Probleme, die bei der Berechnung der Ausgaben je Schüler auftreten. Bevor das Berechnungsverfahren selbst vorgestellt wird, ist es jedoch erforderlich, einige definitorische Grundlagen darzustellen. Schließlich soll auch auf die Ergebnisse der Berechnungen kurz eingegangen werden.

2 Anforderungen an das Berechnungsverfahren

Hauptziel der Berechnungen ist es, Daten für die Meldung der Bildungsausgaben an internationale Organisationen zu erhalten. Da die Bildungsfinanzen in einer Gliederung nach Bildungsstufen der ISCED zu melden sind, ist es erforderlich die Berechnung der Ausgaben je Schüler auf der Ebene der Schularten der Schulstatistik vorzunehmen. Eine Anpassung der Schülerdaten an die Aufgabenbereiche der Finanzstatistik, wie sie von Haug vorgenommen wird, wäre dabei wenig hilfreich. Aufgrund der Zielsetzung der Berechnungen sind die methodischen Vorgaben der internationalen Organisationen bei der Ausgestaltung des Verfahrens zu beachten. Da die Berechnungen jährlich durchzuführen sind, sollten die dafür erforderlichen Basisdaten aus zuverlässigen Datenquellen stammen und jährlich verfügbar sein. Wegen des hohen Stellenwertes des Indikators in der bildungspolitischen Diskussion wurde auf die Transparenz des Berechnungsverfahrens Wert gelegt (Lünnemann 1998). Die Basisdaten der Berechnungen sind veröffentlicht bzw. werden auf Anforderung Interessenten zur Verfügung gestellt. Dies ermöglicht den Nutzern, zumindest Eckdaten und die Berechnung der Hauptkenngröße (Ausgaben je Schüler eines Bundeslandes) nachzuvollziehen. Das Berechnungsverfahren soll ebenfalls der Haushaltswirklichkeit folgen (Hetmeier/Brugger 1997). Aufgrund der Heterogenität der Schulsysteme und der im Haushaltswesen üblichen schwerpunktmäßigen Zuordnung von Haushaltstiteln zu den Aufgabenbereichen wird lediglich angenommen, dass die Schulausgaben insgesamt für die einzelnen Länder in vergleichbarer Form in den Finanzstatistiken dargestellt werden. Es ist ebenfalls darauf hinzuweisen, dass das Berechnungsverfahren nicht für alle Zeiten festgelegt ist, sondern nach der Reform der Haushaltssystematiken verfeinert werden soll.

3 Basisdefinitionen und Konzepte[2]

3.1 Die Abgrenzung des Schulbereichs

Die deutschen öffentlichen Schulen sind zur Zeit keine selbständig wirtschaftenden Einheiten, die unmittelbar Einnahmen erzielen und die Ausgaben eigenverantwortlich tätigen. Für die öffentlichen Schulen leisten Länder und Kommunen mehr oder weniger unabhängig voneinander Ausgaben, ohne dass diese auf der Ebene der einzelnen Schule zusammengeführt werden. Der Regelfall ist, dass niemand die Gesamtausgaben einer einzelnen Schule kennt. Daran ändert auch die Budgetierung bestimmter Schulausgaben durch einzelne Kommunen relativ wenig, da über drei Viertel der Schulausgaben vom Land getätigt werden.

Aufgrund dieser Gegebenheiten muss auf die Daten der Gemeinde- und Staatsfinanzstatistik zurückgegriffen werden, um die Ausgaben je Schüler zu berechnen. In der Finanzstatistik werden die Ausgaben und Einnahmen der öffentlichen Haushalte nach Aufgabenbereichen dargestellt. In die Berechnung einbezogen werden die Ausgaben des Aufgabenbereichs Schulen. Dieser umfasst im staatlichen Bereich die Funktionen der Oberfunktion 12 „Schulen" (ohne 126 „Kindergärten"), im kommunalen Bereich die Gliederungen 21 bis 29 (ohne 290). Der Aufgabenbereich umfasst grundsätzlich die Schulen, die im Zuständigkeitsbereich der Kultusministerien liegen. Das bedeutet, dass beispielsweise die Ausgaben der Schulen des Gesundheitswesens, die in der Regel den Krankenhäusern angeschlossen sind, grundsätzlich unberücksichtigt bleiben. Nicht einbezogen werden auch die Ausgaben für Unterrichtsverwaltung, für Schülerbeförderung oder für Stipendien. Ausgaben für die Schülerbetreuung außerhalb des Unterrichts (z.B. während der Kernzeiten) sind grundsätzlich nur dann in den Schulausgaben enthalten, wenn die Betreuungsleistungen von der Schule erbracht werden. Betreuungsleistungen durch außerschulische Kinderhorte zählen dagegen nicht zu den Schulausgaben.

Zu beachten ist auch, dass bestimmte Leistungen für die Schulen von anderen Aufgabenbereichen der öffentlichen Verwaltung erbracht werden (z.B. Verwaltungsleistungen der Kultusministerien, Nutzung von allgemeinen Sporteinrichtungen für den Schulsport, Leistungen der Besoldungsstellen, von Bauhöfen, Grünflächenämtern usw.). Deren Ausgaben werden in der Regel nicht in die Schulausgaben einbezogen. Allerdings werden Schuleinrichtungen teilweise auch

2 Die Ausführungen dieses Abschnitts lehnen sich eng an Lünnemann/ Hetmeier (1996) an.

für andere Zwecke (z.B. für die Erwachsenenbildung, durch Sportvereine außerhalb der Unterrichtszeiten) genutzt, ohne dass die Ausgaben entsprechend bereinigt werden.

Eine präzisere Zuordnung der Ausgaben kann vielfach nur in einer Kostenrechnung erfolgen, die zur Zeit von einer Reihe von Gemeinden eingeführt wird.[3] Eine verbesserte Datengrundlage für die Berechnung der Ausgaben je Schüler ist jedoch nur dann zu erwarten, wenn die Kostenrechnungssysteme in vergleichbarer Form ausgestaltet werden.

3.2 Der Ausgabenbegriff

Grundsätzlich erfolgt die finanzstatistische Erfassung der Schulausgaben auf der Basis des kameralistischen Rechnungswesens. Das bedeutet, dass Ausgaben und Einnahmen erfasst werden. Zu den Ausgaben für öffentliche Schulen zählen die Personalausgaben und der laufende Sachaufwand. Die Ausgaben für Baumaßnahmen und andere Investitionsgüter werden ebenfalls im vollen Umfang in die Schulausgaben der Rechnungsperiode einbezogen. Unberücksichtigt bleiben Zins- und Tilgungsausgaben. In Anlehnung an die methodischen Vorgaben der internationalen Organisationen und zur Verbesserung der Vergleichbarkeit der Schulausgaben der alten Bundesländer mit den Schulausgaben der neuen Länder werden den Personalausgaben Zuschläge für die Alters- und die Krankenversorgung der Beamten hinzugerechnet.

Angaben zu den Beihilfezahlungen an aktive Beamte macht die Jahresrechnungsstatistik nur in aggregierter Form für alle Aufgabenbereiche. Die anteilig auf den Schulbereich entfallenden Beihilfeleistungen können daher nur geschätzt werden. Dabei wird davon ausgegangen, dass sich die Beihilfezahlungen proportional der Volumina der Beamtenbezüge bzw. der Angestelltenvergütungen auf die Aufgabenbereiche verteilen lassen[4].

3 Zu beachten ist, dass eine Reihe von Gemeinden die Ausgaben in das kamerale Rechnungswesen entsprechend der finalen Zweckbestimmung näherungsweise mittels geeigneter Schlüssel auf die einzelnen Aufgabenbereiche verteilt.

4 Auch Angestellte sind teilweise beihilfeberechtigt. Eine Umfrage bei Landesministerien hat ergeben, dass etwa 90% der Beihilfezahlungen auf die Beamten entfallen.

Die Jahresrechnungsstatistik enthält auch Angaben zu den für alle Aufgabenbereiche geleisteten Versorgungsausgaben. Die effektiv an pensionierte Beamte bzw. deren Angehörigen geleisteten Zahlungen entsprechen allerdings nicht dem auf internationaler und nationaler Ebene der Bildungsstatistik gewünschten Maß. Die OECD fordert ausdrücklich, dass die in der Beobachtungsperiode durch die im Schulbereich tätigen Lehrkräfte verursachten Versorgungsleistungen ermittelt werden. Wie in den Volkswirtschaftlichen Gesamtrechnungen wird davon ausgegangen, dass die (zukünftigen) Versorgungszahlungen an derzeit aktive Beamte durch fiktive Beitragsleistungen finanziert werden. Die Dienstbezüge der aktiven Beamten werden deshalb um einen fiktiven „Beamtensozialversicherungssatz" erhöht. Die Höhe dieses Prozentsatzes orientiert sich an den Beiträgen für die Rentenversicherung (einschl. der Beiträge für die Zusatzversicherung) für die Angestellten im öffentlichen Dienst (vgl. im einzelnen LÜNNEMANN 1997)

Bei der Berechnung der Ausgaben je Schüler der öffentlichen Schulen werden die Zuschüsse an Privatschulen nicht einbezogen. Eine gewisse Unschärfe entsteht aber dadurch, dass in einigen Bundesländern verbeamtete Lehrkräfte an private Schulen oder andere Einrichtungen unter Fortzahlung der Bezüge abgeordnet werden. Deren Personalausgaben werden in der Finanzstatistik grundsätzlich nicht gesondert dargestellt und können daher zur Zeit nicht eliminiert werden. Mittelfristig wird angestrebt, eine Bereinigung der Personalausgaben für die Berechnung der Ausgaben je Schüler vorzunehmen.

Die Ausgaben je Schüler werden mit Hilfe der Ist-Ausgaben der öffentlichen Haushalte berechnet. Bei einem Vergleich der von der amtlichen Statistik berechneten Kennzahl mit denen anderer Institutionen ist zu beachten, dass diese die Ausgaben je Schüler u.U. auf der Basis von Soll-Ausgaben oder Plankosten (z.B. Bewertung der erteilten Unterrichtsstunden oder Lehrerstellen mit Haushaltsplanansätzen) berechnen.

3.3 Ausgaben für den Bildungsprozess und Ausgaben für den Lebensunterhalt der Bildungsteilnehmer

Die Ausgaben für den Bildungsprozess (Bildungsausgaben 1. Grades) stellen die Hauptkomponente der Schulausgaben dar. In Deutschland sind grundsätzlich die Länder für die Unterrichtsversorgung zuständig, während die Kommunen die Schulträger sind (z.B. Bereitstellung und Unterhaltung der Schulgebäude). Die quantitativ bedeutsamsten Bestandteile der Schulausgaben sind die Ausgaben für das Lehrpersonal, die Beschaffung von Lehr- und Lernmittel , Ausgaben für Heizung, Elektrizität, die Reinigung und Erhaltung des Schulgebäudes sowie die Ausgaben für den Bau von Schulgebäuden und für andere Investitionsgüter.

Aber auch andere Einrichtungen und die Bildungsteilnehmer bzw. deren Eltern bestreiten einen Teil der Ausgaben für den Bildungsprozess. Hierbei handelt es sich z.B. um die von den Lernenden zu Zwecken der Vorbereitung, dem Verfolgen und der Nachbereitung des besuchten Unterrichts geleisteten Ausgaben (z.B. für Nachhilfeunterricht, zur Anschaffung von Taschenrechnern, Büchern, Schreibwaren). Ob und inwiefern Bildungsteilnehmer die zur Realisation des Lernerfolgs erforderlichen Ausgaben selbst zu leisten haben, ist je nach Bildungseinrichtung und Bundesland verschieden. So ist z.B. ein Anspruch auf Lehrbücher nur in bestimmten Einrichtungen und Bundesländern gegeben. Unterschiedlich sind auch die von Elternvereinen, Unternehmen oder anderen Organisationen für den Bildungsprozess geleisteten Ausgaben (z.B. Kauf von Schulbüchern, Computerspenden).

Die Teilnahme am Bildungsprozess ist nur dann möglich, wenn die Grundbedürfnisse der Lernenden befriedigt werden. Die Ausgaben für den Lebensunterhalt der Bildungsteilnehmer (Bildungsausgaben 2. Grades) sind daher eine zwingende Voraussetzung für die Partizipation am Bildungsprozess. Sie umfassen in erster Linie die Ausgaben für Ernährung, Wohnraum, Bekleidung, den Transport zur Schule sowie zur Befriedigung kultureller und/oder freizeitbezogener Bedürfnisse. Bei Schülern werden die Ausgaben für den Lebensunterhalt üblicherweise von den Eltern getragen.

In die Berechnungen der Ausgaben je Schüler werden nur die Ausgaben für den Bildungsprozess einbezogen, soweit sie von Ländern und Kommunen geleistet werden. In Ausnahmefällen sind in einem geringen Umfang Ausgaben für den Lebensunterhalt enthalten (z.B. bei Bildungseinrichtungen mit angeschlossenen Internaten oder Schulen mit Ganztagsbetreuung). Aufgrund der geringen Bedeutung beeinträchtigen diese Ausgaben jedoch nicht die Vergleichbarkeit der berechneten Kennzahlen.

3.4 Schulausgaben nach dem Finanzierungskonzept und dem Durchführungskonzept

Bei der Berechnung der Ausgaben je Schüler steht die Frage im Vordergrund, wieviel Mittel stehen den öffentlichen Bildungseinrichtungen für den Bildungsprozess zur Verfügung. Angaben nach dem Durchführungskonzept sind erforderlich, wenn in Verbindung mit nichtmonetären Daten (z.B. Zahl der Absolventen,

Zahl der Studierenden) die Effizienz der Mittelverwendung bzw. die Ausgaben verschiedener Bildungsgänge miteinander verglichen werden sollen. Wer diese Ausgaben finanziert, ist von untergeordneter Bedeutung.

Angaben nach dem Finanzierungskonzept geben insbesondere Aufschluss über die Verteilung der finanziellen Lasten zwischen dem öffentlichen und privaten Bereich einerseits und zwischen Bund, Ländern und Gemeinden andererseits. Die Ausgaben je Schüler werden nicht in einer Orientierung nach dem Finanzierungskonzept berechnet. Hierfür müssten die Zahlungsverflechtungen zwischen den öffentlichen Haushalten und die Zahlungen der privaten Haushalte an die öffentlichen Haushalte berücksichtigt werden.

3.5 Angleichung von Schülerdaten und Finanzdaten

Bei der Berechnung der Ausgaben je Schüler werden Finanzdaten und schulstatistische Daten zueinander in Beziehung gesetzt. Dies wirft eine Reihe von Problemen auf.

Die Schülerdaten werden in der Schulstatistik zu einem Stichtag am Anfang des Schuljahres erhoben. Sie gelten grundsätzlich für das **Schuljahr**, während sich die Finanzdaten auf das **Haushaltsjahr** beziehen. Entsprechend der methodischen Vorgaben der OECD werden die Schülderdaten auf das Haushaltsjahr umgerechnet, in dem die Schülerdaten mit den Faktoren 2/3 bzw. 1/3 gewichtet werden (2/3 x Anzahl der Schüler des Schuljahres 1996/1997 + 1/3 x Anzahl der Schüler des Schuljahres 1997/1998 = Anzahl der Schüler des Haushaltsjahres 1997).

Ein weiteres Problem stellt die Abgrenzung der Schülerdaten nach Schularten dar. Finanzstatistische Daten lassen sich in einem kameralen Rechnungswesen nur für Organisationseinheiten erfassen. Schüler können dagegen auch dann nach Schularten gegliedert werden, wenn sie eine Schule (Organisationseinheit) besuchen, die mehrere Bildungsgänge anbietet (z.B. eine berufliche Schule mit Fachoberschule, Berufsschule, Fachschule). Da die Finanzdaten nicht für einzelne Schulen vorliegen und die Schulartengliederung eine bessere Verzahnung mit den Bildungsstufen der ISCED ermöglicht, werden die Finanzdaten grundsätzlich auf die Schularten der Schulstatistik verteilt. Im Grunde genommen setzt dies eine detaillierte Kostenträgerrechnung voraus. Da es diese zur Zeit nicht gibt, kann das von der amtlichen Statistik entwickelte Berechnungsverfahren nur Näherungswerte für die Ausgaben je Schüler liefern.

3.6 Homogenität der Bezugszahl Schüler

Da die Kennzahl für einzelne Schularten berechnet wird, kann davon ausgegangen werden, dass die Bezugszahl auf der Ebene der Schulart relativ homogen ist. Bei Grund- und Hauptschülern ist jedoch zu beachten, dass im Rahmen des integrativen Unterrichts auch Schüler mit einem besonderen Förderbedarf enthalten sind, die im traditionell gegliederten Schulwesen Sonderschulen besuchen würden. Die Sonderschüler dürften ebenfalls aufgrund des zum Teil recht unterschiedlichen Förderbedarfs hinsichtlich des Ausgabevolumens relativ inhomogen sein. Berufsschüler sind wiederum grundsätzlich Teilzeitschüler, Gymnasiasten in der Regel Vollzeitschüler. Ganztags- und Abendschüler sind in Bezug zur Gesamtzahl der Schüler einer Schulart relativ unbedeutend. Lediglich bei den Fachschülern finden wir bedeutende Teilmengen von Teilzeit- und Vollzeitschülern. Bei der Berechnung der Ausgaben je Schüler werden die Teilzeitschüler nicht in Vollzeitschüler umgerechnet. Deshalb erreichen die Ausgaben je Berufsschüler nicht einmal die Hälfte des Ausgabevolumens eines Fachoberschülers. Die Vergleichbarkeit der Kennzahlen für berufliche Schulen und für alle Schüler wird jedoch eingeschränkt, wenn der Anteil der Teilzeitschüler in den einzelnen Bundesländern unterschiedlich ist. Für Kontrollzwecke berechnet das Statistische Bundesamt aber auch die Ausgaben je Vollzeitschüler, bei der die Teilzeitschüler mit dem Faktor 0,4 in Vollzeitschüler umgerechnet werden.

4 Das Verfahren der amtlichen Statistik zur Berechnung der Ausgaben je Schüler

Aufgrund der Unterschiede in der Veranschlagungspraxis sind die Ergebnisse der Jahresrechnungsstatistik auf Länderebene gegenwärtig nur für den gesamten Schulbereich vergleichbar.[5] Da außerdem die Schulsysteme in den einzelnen Ländern recht unterschiedlich sind, erfolgt die Verteilung der Ausgaben auf die einzelnen Schularten auf der Ebene des einzelnen Bundeslandes. Die Berechnun-

5 In Anlehnung an Tabelle 1 wird der Schulbereich hier grundsätzlich definiert als Oberfunktion 12 abzüglich Funktion 126 „Kindergärten". Auf der kommunalen Ebene werden die Ausgaben für die Gliederungsnummern 21 bis 28 und 292 einbezogen. Grundsätzlich nicht einbezogen werden hingegen die Ausgaben für die zentrale Verwaltung (insbesondere Ausgaben für die Unterrichtsverwaltung, Funktionskennziffer 111), da nicht bekannt ist, zu welchem Teil derartige Leistungen privaten Einrichtungen zugute kommen und zu welchen Anteilen sie auf die einzelnen Schularten zurückzuführen sind.

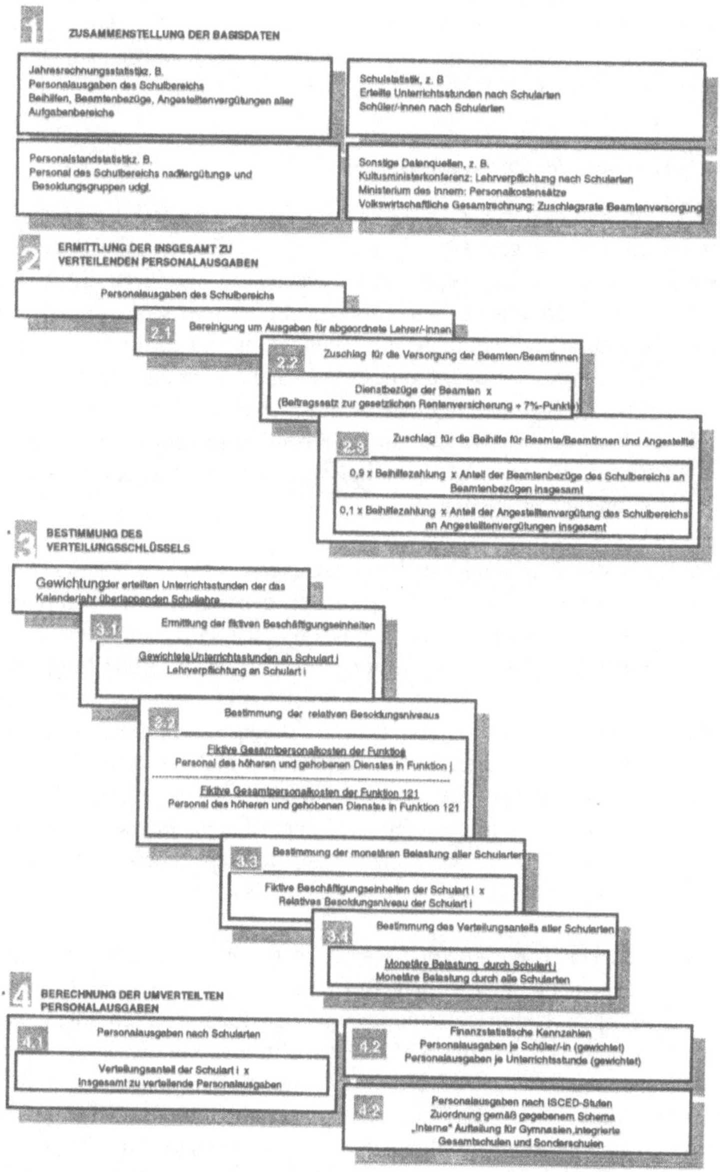

Schaubild 1: Verfahren zur Verteilung der Personalausgaben und zur Berechnung der Personalausgaben je Schüler und je Unterrichtsstunde

gen werden jeweils für 16 allgemeinbildende Schularten und 11 berufliche Schularten durchgeführt. Die Verteilung der Ausgaben auf Schularten und Bildungsstufen wird dabei für die drei Ausgabearten Personalausgaben, laufender Sachaufwand und Investitionsausgaben gesondert vorgenommen.

4.1 Die Verteilung der Personalausgaben

Basis für die Verteilung der Personalausgaben sind die im Rahmen der Jahresrechnungsstatistik für den gesamten Schulbereich nachgewiesenen Personalausgaben. Wie bereits dargestellt, werden diese vervollständigt durch die Zusetzungen für die Altersversorgung der verbeamteten Lehrkräfte sowie für Beihilfen. Bereinigt werden müssten die Personalausgaben um die Ausgaben für Lehrkräfte, die - unter Fortzahlung der Bezüge durch das Land - beurlaubt und zur Unterrichterteilung privaten Schulen zugewiesen oder aber an Hochschulen und Ministerien abgeordnet wurden. Da allerdings Informationen zur Höhe dieser Ausgaben nur im Einzelfall vorliegen, kann bei derzeitigem Informationstand keine Bereinigung vorgenommen werden.

Hauptvariable für die Verteilung der Personalausgaben sind die erteilten Unterrichtsstunden. Sie sind angesichts der zwischen den Schularten differierenden Lehrverpflichtungen und Klassenstärken sowie des schularten- und klassenspezifischen Unterrichtsumfangs ein geeigneteres Merkmal für die Verteilung der Personalausgaben als die ebenfalls durch die Schulstatistik bereitgestellten Angaben zur Anzahl der Schüler, Klassen und Lehrer. Entgegen den finanzstatistischen Daten liegt die Zahl der erteilten Unterrichtsstunden nicht in einer Abgrenzung nach Kalenderjahren sondern nach Schuljahren vor. Um die Kompatibilität der Finanz- und Realdaten in zeitlicher Hinsicht herzustellen, müssen zunächst die Unterrichtsstunden der beiden das Kalenderjahr überlappenden Schuljahre entsprechend ihrer Anteile am Kalenderjahr gewichtet werden.

Diese gewichteten Unterrichtsstunden werden darüber hinaus mit den schulartspezifischen Lehrverpflichtungen und Besoldungsniveaus gewichtet. Die Gewichtung der erteilten Unterrichtsstunden mit den Lehrverpflichtungen erfolgt unter Zugrundelegung der von der KMK durch Umfrage bei den Ländern ermittelten Regelstundenmaße von Vollzeitlehrern. Auf diesem Wege lassen sich für alle Schularten fiktive Beschäftigungseinheiten ermitteln. Die Gewichtung mit den relativen Besoldungsniveaus dient dazu, die monetären Auswirkungen der zwischen den Schularten differierenden Besoldung zu erfassen. Die relativen Besoldungsniveaus werden länderspezifisch für jede Funktion auf der Grundlage der im Rahmen der Personalstandstatistik nachgewiesenen Personalausstattung (nach Besoldungs- und Vergütungsgruppen) sowie Kostensätzen der Personalkostentabellen berechnet. Da zur Gewichtung der in einem Bundesland erteilten Unterrichtsstunden allein die Kostenrelationen, nicht aber die absoluten Kosten von Bedeutung sind, entspricht das relative Besoldungsniveaus einer Schulart eines Bundeslandes dem Verhältnis (Wert in Prozent) der durchschnittlichen Kosten je Lehrkraft[6] dieser Schulart zu den durchschnittlichen Kosten einer Lehrkraft an Grund- und Hauptschulen dieses Landes.

Die umverteilten Personalausgaben nach Schularten der Schulstatistik ergeben sich für jedes Land durch Multiplikation der einzelnen Elemente des landesspezifischen Verteilungsschlüssels mit den insgesamt zu verteilenden Personalausgaben dieses Bundeslandes.

4.2 Die Verteilung des laufenden Sachaufwands und der Investitionsausgaben

Zur Verteilung gelangen unmittelbar die Angaben der Jahresrechnungsstatistik zum laufenden Sachaufwand und zu den Investitionsausgaben. Zwar wären auch bei diesen Ausgabearten vor der Verteilung noch Ergänzungen (z.B. wenn schulfremde Sporthallen im Rahmen des Schulsports genutzt werden) und Bereinigungen (z.B. bei Nutzung von Schulgebäuden bzw. -einrichtungen für kulturelle Veranstaltungen) der Daten der Jahresrechnungsstatistik notwendig. Aufgrund der Datenlage lässt sich aber die sachbezogene Verflechtung von Serviceleistungen derzeit nicht monetär erfassen.

Die Auswahl des Verteilungsschlüssels ist sowohl beim laufenden Sachaufwand als auch bei den Investitionsausgaben mit erheblichen Problemen verbunden. Für den laufenden Sachaufwand lassen sich zwar theoretisch ausgabenrelevante Variablen herleiten. Diese sind aber aufgrund der Heterogenität der einzelnen Komponenten des laufenden Sachaufwands keineswegs durchweg signifikant. So gibt es beispielsweise für Lehr- und Lernmittelzuweisungen schularten- und zum Teil

6 Die relativen Besoldungsniveaus beziehen die fiktiven Kosten des gesamten Personals auf die Unterrichtskräfte. Hierzu wird grundsätzlich die Annahme getroffen, dass sämtliche Beschäftigten des gehobenen und des höheren Dienstes dem Lehrkörper zuzurechnen sind. Die Höhe der relativen Besoldungsniveaus ist daher nicht allein zurückzuführen auf die Besoldung des unterrichtenden Personals, sondern auch abhängig von der Relation zwischen dem nichtunterrichtenden zum unterrichtenden Personal. Auf diesem Wege lassen sich z.B. schulartbedingte Differenzen im Verwaltungs- und Betreuungsaufwand (z.B. bei Sonderschulen) implizit monetär erfassen.

jahrgangsspezifische Richtsätze je Schüler. Andere Komponenten des laufenden Sachaufwands aber, wie z.B. die Unterhaltung der Grundstücke und Gebäude, dürften primär durch die Anzahl der Klassen bzw. Klassenräume unter Berücksichtigung der schulartspezifischen Gemeinschaftsräume (z.B. Werk-, Musik- sowie Physik- und Chemieräume und Lehrwerkstätten) beeinflusst werden. Das Statistische Bundesamt hat sich in Abstimmung mit den Fachgremien der BLK für eine Umverteilung nach Maßgabe der erteilten Unterrichtsstunden entschieden.

Bei den Investitionsausgaben ist die Auswahl eines Verteilungsschlüssels noch problematischer. Die Investitionsausgaben einer Schulart können durch kein Merkmale der Schulstatistik hinreichend genau geschätzt werden, da insbesondere Baumaßnahmen nicht regelmäßig durchgeführt werden. Analog zur Verteilung des laufenden Sachaufwandes sollen daher auch die Investitionsausgaben nach Maßgabe der erteilten Unterrichtsstunden umverteilt werden. Eine verlässliche Gliederung der Investitionsausgaben nach den einzelnen Schularten ist nur im Wege einer Revision der Haushaltssystematiken in Verbindung mit einer verbesserten Veranschlagungspraxis zu erreichen.

Für die Verteilung von laufendem Sachaufwand und Investitionsausgaben sind - analog zu den Personalausgaben - die über die beiden das jeweilige Kalenderjahr überlappenden Schuljahre an öffentlichen Schulen erteilten gewichteten Unterrichtsstunden maßgeblich.

Die laufenden sächlichen bzw. investiven Ausgaben der Schulart eines Bundeslandes ergeben sich durch Multiplikation des länderspezifischen Anteils der an der betreffenden Schulart erteilten Unterrichtsstunden an den insgesamt erteilten Unterrichtsstunden dieses Landes mit den laufenden bzw. den investiven Ausgaben des gesamten Schulbereichs in dem betreffenden Bundesland.

5 Berechnungsergebnisse

In die Berechnung der Ausgaben je Schüler wurden 1997 Personalausgaben in Höhe von 65,9 Mrd. DM, laufender Sachaufwand von 9,7 Mrd. DM und Investitionsausgaben in Höhe von 8,1 Mrd. DM einbezogen. Davon entfielen laut Jahresrechnungsstatistik 62,4 Mrd. DM auf die Länder und 21,4 Mrd. DM auf die kommunalen Haushalte. Die Zusetzungen für Beihilfen bzw. die Altersversorgung der im Schulbereich tätigen Beamten beliefen sich 1997 auf 14,2 Mrd. DM. Laut Schulstatistik besuchten im Schuljahr 1996/97 11,9 Mill. Schüler und im

Schuljahr 1997/1998 12,0 Mill. Schüler die öffentlichen Schulen. Auf der Basis dieser Ausgangsdaten errechneten sich für das Haushaltsjahr 1997 Ausgaben je Schüler in Höhe von 8 200 DM. Dabei machten die Personalausgaben mit 6 700 DM den weitaus größten Teil der Aufwendungen aus. Der laufende Sachaufwand belief sich auf 800 DM, die Investitionsausgaben auf 700 DM je Schüler.

Die Ausgaben je Schüler sind in den einzelnen Bundesländern unterschiedlich hoch. Sie beliefen sich 1997 in Hamburg auf 11 700 DM. In Sachsen wurden dagegen je Schüler nur 6 500 DM aufgewendet. Während 1997 der laufende Sachaufwand zwischen 600 DM in Bremen und 1 300 DM in Hamburg betrug, beliefen sich die Investitionsausgaben zwischen 400 DM im Saarland und 1 500 DM in Hamburg. Die Personalausgaben je Schüler lagen in den Stadtstaaten durchschnittlich bei 8 100 DM. Dies entsprach dem 1,7fachen der neuen Bundesländer, die mit 5 500 DM je Schüler die niedrigsten Personalausgaben aufwiesen.

Die Unterschiede zwischen den einzelnen Ländern lassen sich auf eine Reihe von Faktoren zurückführen: unterschiedliche Struktur nach Schularten, höhere Eingangsbesoldung für die Lehrer in den Stadtstaaten, Unterschiede in der Altersstruktur der Lehrkräfte, niedrigeres Lohn-, Besoldungs- und Vergütungsniveau in den neuen Ländern, unterschiedliche Höhe der Lehrverpflichtungen bzw. der je Schüler erteilten Unterrichtsstunden, Unterschiede hinsichtlich der Investitionstätigkeit bzw. des Erhaltungsaufwands, Abweichungen in der Bedeutung nichtunterrichtender Tätigkeiten (z.B. zusätzliche Betreuung an Sonderschulen bzw. zusätzliche Verwaltungsaufgaben). Zu bedenken ist auch, dass die Ausgaben für Reparaturen an Schulgebäuden und der Umfang der Neubautätigkeit im Zeitverlauf größeren Schwankungen unterliegen. Außerdem dürften zwischen den einzelnen Bundesländern Unterschiede hinsichtlich der Realisierung der Lernmittelfreiheit bestehen.

Tabelle 1: *Ausgaben für öffentliche Schulen[1] im Haushaltsjahr 1997 je Schüler sowie Personalausgaben je Unterrichtsstunde nach Ländern in DM*

Land	Ausgaben je Schüler (Vollzeit- und Teilzeitschüler)			Personalausgaben[2] je wöchentliche Unterrichtsstunde
	Allgemeinbildende Schulen	Berufliche Schulen	alle Schularten	
Baden-Württemberg	8 800	7 500	8 600	5 200
Bayern	9 300	6 300	8 700	5 400
Berlin	9 600	6 500	9 100	5 500
Brandenburg	7 400	4 000	6 800	3 800
Bremen	11 300	7 400	10 300	6 200
Hamburg	12 500	9 200	11 700	5 900
Hessen	8 400	6 400	8 000	5 400
Mecklenburg-Vorpommern	7 300	4 100	6 700	4 000
Niedersachsen	8 800	6 600	8 300	5 300
Nordrhein-Westfalen	8 500	6 000	8 100	5 400
Rheinland-Pfalz	8 800	6 500	8 300	5 400
Saarland	8 400	6 400	8 000	5 300
Sachsen	7 100	4 300	6 500	3 700
Sachsen-Anhalt	8 400	4 700	7 700	4 600
Schleswig-Holstein	9 000	6 300	8 500	5 400
Thüringen	8 800	5 400	8 100	4 600
Deutschland	8 700	6 200	8 200	5 100
Flächenländer:				
Früheres Bundesgebiet	8 800	6 500	8 300	5 400
Neue Länder	7 700	4 500	7 100	4 100
Stadtstaaten	10 500	7 500	9 900	5 700

1) Ohne Schulverwaltung

2) Ausgaben für das Lehr-, Verwaltungs- und sonstige Personal (einschl. Zuschläge für Beihilfen und Versorgung)

Tabelle 2: *Ausgaben für öffentliche Schulen[1] im Haushaltsjahr 1997 je Schüler nach Ländern und Ausgabearten in DM*

Land	alle Schularten			
	Personal-ausgaben[2]	Laufender Sachaufwand	Investitions-ausgaben	Gesamtausga-ben[3]
Baden-Württemberg	7 000	800	700	8 600
Bayern	6 900	900	900	8 700
Berlin	7 600	800	700	9 100
Brandenburg	5 200	700	900	6 800
Bremen	9 000	600	600	10 300
Hamburg	8 900	1 300	1 500	11 700
Hessen	6 700	800	500	8 000
Mecklenburg-Vorpommern	5 100	800	800	6 700
Niedersachsen	7 100	800	500	8 300
Nordrhein-Westfalen	6 800	800	500	8 100
Rheinland-Pfalz	6 900	700	700	8 300
Saarland	6 800	700	400	8 000
Sachsen	5 000	800	800	6 500
Sachsen-Anhalt	6 100	800	800	7 700
Schleswig-Holstein	6 900	900	600	8 500
Thüringen	6 500	900	800	8 100
Deutschland	6 700	800	700	8 200
Flächenländer:				
Früheres Bundesgebiet	6 900	800	600	8 300
Neue Länder	5 500	800	800	7 100
Stadtstaaten	8 100	900	900	9 900

1) Ohne Schulverwaltung

2) Ausgaben für das Lehr-, Verwaltungs- und sonstige Personal (einschl. Zuschläge für Beihilfen und Versorgung)

3) Abweichung durch Rundungsdifferenzen

Werden die jährlichen Personalausgaben durch die Anzahl der pro Woche erteilten Unterrichtsstunden an öffentlichen Schulen dividiert, so können Unterschiede in der Unterrichtsversorgung ausgeschaltet werden. Bundesweit ergaben sich 1997 Personalausgaben je wöchentlich erteilter Unterrichtsstunde in Höhe von 5 100 DM. Die Bandbreite reicht von 3 700 DM in Sachsen bis 6 200 DM in Bremen.

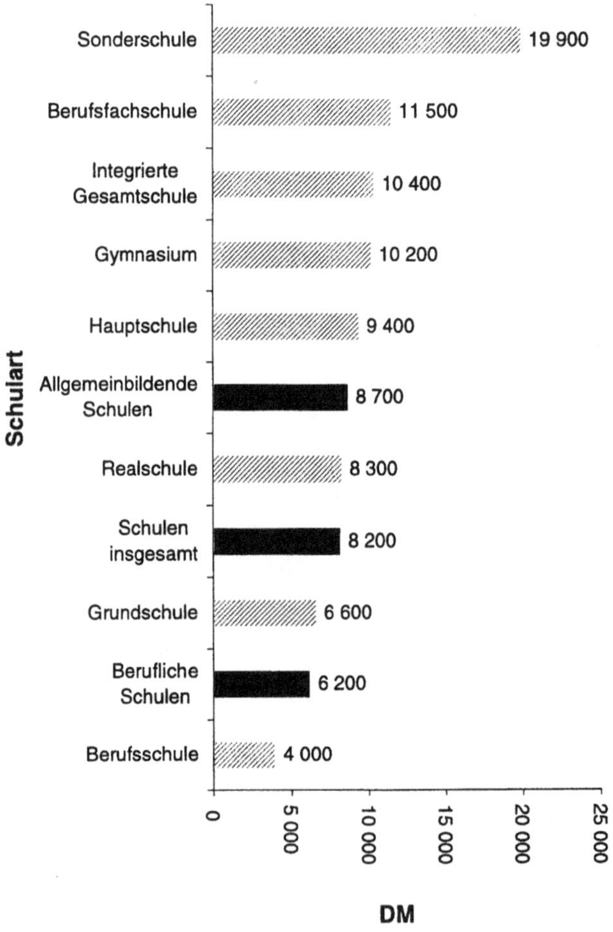

Schaubild 2: Ausgaben je Schüler 1997 in DM

Die Ausgaben je Schüler hängen ebenfalls stark von der Schulart ab. Während 1997 bei den Allgemeinbildenden Schulen die Grundschulen mit 6 600 DM und die Realschulen mit 8 300 DM die bundesweit niedrigsten Ausgaben aufwiesen, wurden für Gymnasien mit 10 200 DM erheblich mehr Mittel aufgewendet. Die Ausgaben je Schüler sind an Sonderschulen mit 19 900 DM aufgrund der vergleichsweise personalintensiven Betreuung der Schüler besonders hoch. Ein Schüler, der 1997 eine Allgemeinbildende Schule besuchte, kostete im Bundesdurchschnitt 8 700 DM, an Beruflichen Schulen hingegen wurden über den gleichen Zeitraum 6 200 DM je Schüler aufgewendet, weil der überwiegende Teil der Schüler auf Berufsschulen entfällt und dort überwiegend Teilzeitunterricht stattfindet. So wurden 1997 je Berufsschüler 4 000 DM von der öffentlichen Hand zur Verfügung gestellt, für einen Fachgymnasiasten oder einen Berufsfachschüler waren es aber 11 500 DM.

6 Aussagefähigkeit und Weiterentwicklung

Das Schätzverfahren arbeitet mit einer Reihe von Annahmen, die mit Sachverständigen erörtert wurden und zu mehreren Anpassungen der Berechnungsmethodik geführt haben. Dennoch ist insbesondere die Verteilung des laufenden Sachaufwands und der Investitionsausgaben mit Hilfe der Unterrichtsstunden auf die Schularten mit erheblichen Unsicherheiten verbunden. Von der Revision der Haushaltssystematiken sowie von der Einführung von Budgetierungs- und Kostenrechnungssystemen im kommunalen Bereich werden wichtige Impulse zur Verfeinerung der Berechnungsmethodik erwartet. Durch die Differenzierung der Haushaltssystematiken wird es künftig möglich sein, relative Besoldungsniveaus für weitere Schularten zu berechnen. In Verbindung mit einem präziseren Nachweis der laufenden Ausgaben ist davon ferner zu erwarten, dass sich zumindest relative Ausgabenniveaus für die Verteilung des laufenden Sachaufwands ermitteln lassen.

Die im vorherigen Abschnitt dargelegten Rechenergebnisse dürfen nicht darüber hinwegtäuschen, dass in die Berechnung der Ausgaben je Schüler nicht alle für die Schulbildung aufgewendeten Ressourcen eingehen. In der amtlichen Finanzstatistik werden nur die Ausgaben von Bund, Ländern und Gemeinden erfasst. Diese Ausgaben sind aber nicht identisch mit den Ressourcen, die Schülern und Lehrern für Bildungsprozesse effektiv zur Verfügung stehen. So lässt die Höhe der Personalausgaben nur bedingt Rückschlüsse auf den Umfang der Unterrichtsleistungen zu. Unterrichtsausfälle durch Krankheit, der Umfang der Lehrverpflichtungen, die Zahl der Freistunden für administrative Tätigkeiten etc.

spiegeln sich in den Finanzdaten nicht wieder. Andererseits wird die Höhe der Personalausgaben stark beeinflusst durch die Besoldungsstruktur des Personals (z.B. Eingruppierung, Altersstruktur, Familienstand), die wiederum nur bedingt mit den tatsächlichen Unterrichtsleistungen etwas zu tun hat.

Die Finanzstatistiken können auch nicht zeigen, wie viele Güter und Dienstleistungen Dritte für den Bildungsprozess beisteuern. So dürfte heute ein großer Teil der Lehrerschaft private Computer, Fotokopierer etc. für die Unterrichtsvorbereitung verwenden, während dies vor 15 Jahren sicherlich die Ausnahme war. Auch die Veränderung der finanziellen Belastung der Bildungsteilnehmer oder deren Eltern bleibt unberücksichtigt (z.B. Umfang der Lernmittelfreiheit, Hausaufgabenbetreuung, Nachhilfeunterricht). In den letzten Jahren wurden zunehmend Fördervereine gegründet, die einen Teil der Lehrmittel, der sozialen Aktivitäten oder der Investitionen finanzieren. Eine Steigerung erfahren haben im letzten Jahrzehnt vermutlich auch die Sachspenden der Unternehmen. Bei der Interpretation der Finanzdaten ist ferner zu berücksichtigen, dass die Verlagerung von Kosten in andere Aufgabenbereiche (z.B. bei der Frühpensionierung von Lehrern) sowie die Verlagerung von Ausgaben in die Zukunft (z.B. Leasing statt Investition, Erhöhung der Lehrverpflichtung jetzt, Ermäßigung später) den Umfang der für den Bildungsprozess effektiv zur Verfügung stehenden Ressourcen beeinflusst. Auch ist zu beachten, dass die gesellschaftlichen Kosten durch schlechte Ausbildung (z.B. soziale Kosten für Resozialisierungsmaßnahmen, weniger Wirtschaftswachstum durch Mangel an qualifiziertem Personal) in den finanzstatistischen Daten unberücksichtigt bleiben müssen. Betont werden muss ferner, dass die Finanzindikatoren keine Aussage über die Ausbildungsqualität zulassen. Für den weitverbreiteten Glaubenssatz, jedes Mehr an Ressourcen sei identisch mit einem Mehr an Qualität, findet sich keine Forschungsevidenz (Weiß 1997). Zu beachten ist schließlich, dass die Lebenshaltungskosten der Schüler nicht bei der Berechnung der Ausgaben je Schüler berücksichtigt werden.

Das Statistische Bundesamt arbeitet zur Zeit im Auftrag des Bundesministeriums für Bildung und Forschung und in Kooperation mit der "Arbeitsgruppe Bildungsfinanzen" der Bund-Länder-Kommision für Bildungsplanung und Forschungsförderung und dem Bundesministerium für Bildung und Forschung an der Neukonzeption eines Bildungsbudgets nach dem Finanzierungs- und Durchführungskonzept. Mittelfristig sollen auch Datenlücken (z.B. hinsichtlich des Nachhilfeunterrichts, der Käufe der privaten Haushalte von Lernmitteln etc.) geschlossen werden. Aufgrund fehlender Basisstatistiken wird es aber in absehbarer Zeit weder möglich sein, das Bildungsbudget vollständig und nach einem einheitlichen methodischen Konzept zu erstellen, noch sämtliche Ausgaben je Schüler in die Berechnung der hier diskutierten Kennzahl einzubeziehen.

Literaturverzeichnis

Haug, Rüdiger, Schulausgaben im Vergleich VII, 1986 bis 1994. Frankfurt am Main 1997

Hetmeier, H.-W., Brugger, P.: Auswirkungen der Flexibilisierung und Globalisierung der Haushalte auf die Darstellung der Ausgaben für Bildung, Wissenschaft und Kultur in den Finanzstatistiken. In: Wirtschaft und Statistik, (1997)11, S.775-784.

Lünnemann, P.: Methodik zur Darstellung der öffentlichen Ausgaben für schulische Bildung nach Bildungsstufen sowie zur Berechnung finanzstatistischer Kennzahlen für den Schulbereich. In: Wirtschaft und Statistik, (1998)2, S.141-152.

Lünnemann, P., Hetmeier, H.-W.: Methodik zur Abgrenzung, Gliederung und Ermittlung der Bildungsausgaben in Deutschland. In: Wirtschaft und Statistik, (1996)3, S. 166-180.

Lünnemann, P.: Ansatz für einen vollständigeren Nachweis der öffentlichen Bildungsausgaben in Deutschland: Verfahren zur Schätzung der Altersversorgung der Beamten. In: Wirtschaft und Statistik, (1997)12, S. 857ff.

Schmidt, P.: Methodik zur Berechnung der Bildungsausgaben Deutschlands im Rahmen der internationalen Bildungsberichterstattung. In: Wirtschaft und Statistik, (1999)5, S. 406-414.

Statistisches Bundesamt: Ausgaben je Schüler an öffentlichen Schulen 1997 (Pressemitteilung vom 5. Januar 2000).

Statistisches Bundesamt: Rechnungsergebnisse der öffentlichen Haushalte für Bildung, Wissenschaft und Kultur 1997.

UNESCO: International Standard Classification of Education. Paris 1997.

UNESCO, OECD, Eurostat: UOE Data Collection on Education Statistics. Definitions, Explanations and Instructions. Paris 1996.

Weiß, M.: Mehr Ressourcen = mehr Qualität? In: Böttcher, W.; Weishaupt, H.; Weiß, M.: Wege zu einer neuen Bildungsökonomie. Weinheim u. München 1997, S. 101-170.

Kathrin Bock-Famulla

Finanzierung von Tageseinrichtungen für Kinder – Perspektiven für bildungsökonomische Studien in der Elementarbildung im Spannungsfeld zwischen Pädagogik und Ökonomie –

1. Einleitung – Kindertageseinrichtungen sind nicht nur ein Kostenfaktor, sondern auch ein Bildungsfaktor

Tageseinrichtungen für Kinder als Institutionen der Elementarbildung sind wie alle öffentlichen Bereiche vom gegenwärtigen Sparkurs betroffen. Hinzu kommt, dass Kindertageseinrichtungen spätestens seit der Einführung des Rechtsanspruchs auf einen Kindergartenplatz verstärkt dem Vorwurf ausgesetzt sind, die öffentlichen Haushalte durch die Umsetzung dieser Pflichtleistung mit zu hohen Ausgaben zu belasten. So forderte denn auch Anfang 1998 ein Beigeordneter des Deutsche Städte- und Gemeindetages, dass die Abschaffung des Rechtsanspruchs kein Tabu mehr sein dürfe (Lübking 1998, S. 15). Vor dem Hintergrund dieser Diskussion kann man den Eindruck gewinnen, dass Kindertageseinrichtungen seit geraumer Zeit fast ausschließlich als Kostenfaktor, jedoch kaum als Bildungs- und Erziehungseinrichtungen in der öffentlichen Debatte behandelt werden. Damit wird der Rechtsanspruch auf einen Kindergartenplatz weitgehend auf den Betreuungsauftrag reduziert und sichert allenfalls die Verwahrung der Kinder, jedoch kaum eine qualitativ hochwertige pädagogische Arbeit.

Der Bildungs- und Erziehungsauftrag von Kindertageseinrichtungen, der auf Bundesebene im Kinder- und Jugendhilfegesetz (Kinder- und Jugendhilfe Achtes Buch VIII 1995) sowie in den einzelnen Ländergesetzen festgeschrieben ist, scheint in Vergessenheit geraten zu sein. Bei politischen Debatten über die Gestaltung des Elementarbereichs ist der Bildungsauftrag kaum eine entscheidungsrelevante Größe. Finanziert werden nur die für die Gewährleistung der Betreuung erforderlichen Ressourcen, z.B. spezifische Öffnungszeiten. Hingegen bleibt meist unberücksichtigt, welche Ressourcen, z.B. wieviel pädagogisches Personal, eingesetzt werden müssen, um während dieser Öffnungszeiten den Bildungs- und Erziehungsauftrag zu erfüllen, damit u.a. „die Entwicklung des Kindes zu einer eigenverantwortlichen und gemeinschaftsfähigen Persönlichkeit gefördert werden“ kann (KJHG § 22 (1)).

Auch in der aktuellen Debatte über Reformen im deutschen Bildungswesen fehlt die Anerkennung des Elementarbereichs als Segment des Bildungssystems. Weder im vom Bundesministerium für Bildung und Forschung eingerichteten „Forum Bildung“ noch vom Sachverständigenrat Bildung der Hans-Böckler-Stiftung wird der Elementarbereich bisher explizit als Diskussionsgegenstand, geschweige denn als Bildungsbereich, wahrgenommen und diskutiert.

Diese Ignoranz wiegt um so schwerer, als bereits der Deutsche Bildungsrat 1970 die Elementarbildung als erste Stufe des deutschen Bildungswesens eingeordnet und mit dieser Festlegung eines eigenständigen Bildungs- und Erziehungsauftrags die öffentliche, institutionelle Tagesbetreuung von Kindern in ihrer Legitimation von der Betreuung in der Familie abgekoppelt hat. Zudem besucht die Mehrheit der Kinder heute einen Kindergarten und verbringt damit einen Teil ihrer Kindheit in dieser „ersten“ öffentlichen Sozialisations- und Bildungseinrichtung. Warum werden aber dennoch der Elementarbereich sowie Tageseinrichtungen für Kinder kaum als Teil des Bildungssystems von der Öffentlichkeit wahrgenommen, politisch gefördert oder ausreichend erforscht? Die forschungs- und bildungspolitische Aufmerksamkeit, die anderen Bildungsbereichen, wie der Berufs- und Hochschulbildung geschenkt wird, signalisiert deutlich, dass Bildung in Deutschland erst in der Schule beginnt (vgl. Hocke 1999, S. 5).

Diese Vernachlässigung der Ziele und Aufgaben von Kindertageseinrichtungen als Bildungsinstitutionen überrascht vor allem, wenn man die Vielzahl der entwicklungspsychologischen Kenntnisse über Kleinkindentwicklung betrachtet (Oerter/Montada 1998). Insbesondere vor dem Hintergrund des Gewichts, das den Entwicklungsprozessen in der vorschulischen Lebensphase für die gesamte Persönlichkeitsentwicklung und Bildungsbiographie zugewiesen wird, ist erstaunlich, dass die Gestaltung dieser Lebensphase in öffentlichen Einrichtungen vergleichsweise selten im Blickpunkt der Diskussion steht.

Aus humankapitaltheoretischer Perspektive wäre zu prüfen, ob frühzeitige, d.h. vorschulische, Investitionen in Humankapital gewissermaßen eine Präventionsfunktion übernehmen und auf diese Weise kompensatorische Bildungsaktivitäten abgebaut werden könnten. Ob die durch die Vermeidung von kompensatorischen Maßnahmen nicht anfallenden Ausgaben höher sind als die Ausgaben, die für vorschulische Investitionen erforderlich sind, müsste genauer geprüft werden. Gleichwohl sollte entscheidendes Kriterium für Allokationsentscheidungen sein, Benachteiligungen bei der Bildungspartizipation abzubauen. Zudem ist zu fragen, ob die Zeitpunkte für Humankapitalinvestitionen im Lebensverlauf optimiert werden können und wie sich dies auf die Gestaltung des Bildungswesens auswirken müsste.

Legitimiert wird die mangelnde Aufmerksamkeit, die Tageseinrichtungen für Kinder gewidmet wird, mit der – oftmals unausgesprochenen – Einschätzung, dass die Förderung von Kindern vor dem Schuleintritt überwiegend in der privaten Verantwortung von Eltern liegen sollte. Ökonomisch könnte man argumentieren, dass auf diese Weise die Erbringung der Elternleistungen (Betreuung und Erziehung von Kindern) für die Gesellschaft kostenneutral ist und damit mögliche Effekte von der Gesellschaft kostenlos internalisiert werden können.

Die primäre Verantwortungszuweisung dieser Aufgaben an die Eltern beruht allerdings auch auf der Annahme, dass Eltern über die Kompetenz verfügen, diese Anforderungen erfüllen zu können. Dass diese Einschätzung einem spezifischen gesellschaftspolitischen Blickwinkel geschuldet sein kann, zeigt eine Veröffentlichung des damaligen Bundesministeriums für Jugend, Familie und Gesundheit aus dem Jahre 1973, aus der eine genau gegenteilige Position deutlich wird. Dort wurde das „dilettanische, unkontrollierte Erziehungsverhalten der Eltern" (zitiert nach Notz 1999, S. 34) bemängelt und kritisiert, dass Eltern als Laien ohne Qualifikation verantwortungsvolle Erziehungsaufgaben bewältigen sollen (Notz 1999, S. 51). Die Kleinfamilie wird damals nur bedingt als geeigneter Sozialisationsort für Kinder angesehen und deshalb nach zusätzlichen Lebensräumen für Kinder gesucht, um ihnen weitere Erfahrungsräume zu bieten.

Diese Position wird in Zeiten leerer Kassen vermutlich nicht mehr reklamiert, da ohnehin nach mehr individueller Verantwortung und weniger Staatsleistungen gerufen wird. Deshalb ist Skepsis angebracht, ob ein weiterer Ausbau der öffentlichen Verantwortung, beispielsweise durch eine Verbesserung der Finanzierung institutioneller Kinderbetreuung, zu erwarten ist. Zumal die Ausweitung der öffentlichen Unterstützung bei der Kinderbetreuung zu einer Steigerung der Erwerbsbeteiligung von Frauen führen könnte. In Zeiten hoher Arbeitslosigkeit wird jedoch ohnehin versucht, das Erwerbspersonenpotential zu reduzieren. Müttern werden deshalb wenig Unterstützungsangebote gemacht, um erwerbstätig zu sein. Frauen sehen sich ideologisch auf ihre Mütterrolle verbannt, d.h. Kinder unter drei Jahren sollen auf jeden Fall „Vollzeit" von ihrer Mutter betreut werden und bis zum Eintritt in die Schule auch nur stundenweise einen Kindergarten besuchen[1].

Gegenwärtig ist in vielen Bundesländern überwiegend die Umsetzung von Strategien zur Ausgabenminimierung für Kindertageseinrichtungen zu beobachten, indem Leistungen (wie Öffnungsdauer) und Standards (Personalausstattung) abgebaut werden. Da dem Verlangen der Länder und Kommunen nach Abschaffung des bundesweit geltenden Rechtsanspruchs auf einen Kindergartenplatz und damit der Chance zur Ausgabensenkung bisher nicht entsprochen wurde, beschreiten die Länder somit eigene Wege: sie verändern die landesrechtlichen Grundlagen für Kindertageseinrichtungen. Handlungsleitendes Ziel scheint dabei primär die Minimierung der Ausgaben zu sein, da vor allem ausgabenintensive Standards wie Personalschlüssel, Qualifikationsanforderungen an pädagogisches Personal, Öffnungszeiten etc. eingeschränkt bzw. völlig abgeschafft werden. Möglicherweise besteht auch die Hoffnung, dass dieser „Qualitätsverlust" zu einer Verringerung der Nachfrage von Eltern nach Kinderbetreuung führt, wenn sie negative Auswirkungen auf ihre Kinder befürchten, so dass auf diese Weise eine Verringerung der Ausgaben erzielt werden soll.

„Beispielhaft" ist hier das Land Niedersachsen. Dort ist das „Kita-Gesetz" zum 1.8.99 so verändert worden, dass keine landeseinheitlichen Mindeststandards mehr für die pädagogische Arbeit in Kindertageseinrichtungen gelten. Mit dieser Neuregelung sollen den Kommunen mehr Gestaltungsspielraum und Einsparoptionen gegeben werden. Darüber hinaus wurde für die Kommunen die Option der Ausgabenminimierung für diesen Bereich verbessert, indem die Landeszuschüsse nicht zweckgebunden in den kommunalen Finanzausgleich gegeben werden. Auf diese Weise wird die Verantwortung für Tageseinrichtungen deutlich kommunalisiert, da jede Kommune entscheiden kann, wieviele Mittel in Tageseinrichtungen für Kinder oder andere Bereiche fließen. Diese Regelung ermöglicht zwar grundsätzlich eine regional ausgerichtete Bedarfsorientierung, gleichzeitig ist zumindest eine Diskrepanz zwischen der Qualität der Angebote einzelner Kommunen möglich. Zu kritisieren ist vor allem, dass Überlegungen darüber fehlen, welche Auswirkungen ein solcher Abbau auf die pädagogische Arbeit und damit auch auf die Kinder haben könnte.

---

1 Angemerkt sei, dass der Versuch, Frauen aus dem Arbeitsmarkt zu verdrängen, eher als kontraproduktiv eingeschätzt werden kann. So weist Bosch auf Untersuchungen hin, die zeigen, dass höhere Frauenerwerbstätigkeit die Nachfrage nach sozialen und privaten Dienstleistungen steigert und damit letztlich beschäftigungssteigernde Wirkungen hat (Bosch 1999, S. 868).

Legitimiert werden diese und in anderen Bundesländern vorgenommenen gesetzlichen Veränderungen häufig mit dem Ziel, bessere Rahmenbedingungen für Effizienz- und Effektivitätssteigerungen in den Einrichtungen zu schaffen. Diese ausschließlich ökonomisch[2] und kurzfristig motivierten Strategien ignorieren weitgehend die pädagogischen Aufgaben und Funktionen von Kindertageseinrichtungen. Generell gilt, dass bei Entscheidungen über Ausgabevolumen pädagogische Aspekte bisher nicht systematisch berücksichtigt werden.

Parallel zu dem „Ökonomiediskurs" gibt es einen „Qualitätsdiskurs", der sich primär auf Konzeptionen zur Qualitätsentwicklung in Kindertageseinrichtungen auf der Institutionenebene konzentriert. Zumindest bei einem Teil dieser Konzepte stehen neben Effizienz- und Effektivitätszielen auch die pädagogische Arbeit bzw. die Umsetzung des Bildungs- und Erziehungsauftrags im Vordergrund.

Festzustellen ist allerdings, dass der ökonomische und pädagogische Diskurs weitgehend unverknüpft nebeneinander geführt werden und zu befürchten ist, dass das nicht zu leugnende Spannungsverhältnis zwischen kurzfristigen ökonomischen und langfristigen pädagogischen Zielen zuungunsten der Pädagogik aufgelöst und die Suche nach produktiven Vereinbarungen zwischen beiden vorzeitig beendet wird.

Mit dieser Skizze der Debatte über Kindertageseinrichtungen soll gezeigt werden, dass ökonomische Ziele in Konflikt zu pädagogischen Zielen stehen können. Deshalb ist zu fragen, ob und unter welchen Bedingungen sich gegebenenfalls Zielübereinstimmungen finden lassen und wo bei Gegensätzlichkeiten politische Grundsatzentscheidungen zu treffen sind. Hier wird die These vertreten, dass die gegenwärtig praktizierten Sparmaßnahmen in der Sozial- und Bildungspolitik überwiegend zur kurzfristigen Ausgabensenkung dienen sollen. Weder eine betriebswirtschaftliche Perspektive wird eingenommen, um zumindest festzustellen, welche Kosten zur Erbringung der Leistungen tatsächlich entstehen, noch wird die umfassendere und auch langfristig angelegte volkswirtschaftliche Perspektive bei den aktuellen Allokationsentscheidungen gewählt. Ebenso fehlt die pädagogische Perspektive. Die ausschließliche Fokussierung auf kurzfristige Zeiträume kann in der Gegenwart zu einer Senkung der Aufwendungen führen, indem zwar notwendige, aber kostenwirksame Maßnahmen unterbleiben; langfristig können

2 Der Begriff ökonomisch wird hier zwar theoretisch verkürzt, jedoch im aktuell primär verwendeten Verständnis benutzt. Ökonomisch meint damit die Konzentration auf quantitative, kurzfristige Ziele.

auf diese Weise jedoch unerwünschte Wirkungen auftreten, welche wiederum zu erheblichen finanziellen Belastungen der öffentlichen Haushalte in der Zukunft führen können, da kompensatorische Maßnahmen ergriffen werden müssen.

Ziel der nachfolgenden Ausführungen ist es, für den Bereich der Kindertageseinrichtungen das Verhältnis von Pädagogik und Ökonomie in verschiedenen Facetten zu reflektieren und konstruktiv für politische Handlungsempfehlungen zur Finanzierung dieser Einrichtungen zu wenden. Im Mittelpunkt steht dabei die gegenwärtig weitgehend vernachlässigte Frage, welche Elementarbildung in Deutschland finanziert werden soll. Dabei geht es an dieser Stelle weniger um eine inhaltliche Konkretion der Elementarbildung, als vielmehr um die Vorstellung der Grundzüge eines Modells, welches hilfreich für eine Bestimmung der Ressourcen für die Elementarbildung sein könnte.

2 Tageseinrichtungen für Kinder aus dem statistischen Blickwinkel

2.1 Anzahl und Versorgungsquoten

Da Tageseinrichtungen für Kinder sowohl von der Wissenschaft als auch von der Politik eine weitgehend vernachlässigte Spezies sind, erscheint es sinnvoll, die Landschaft der Kindertageseinrichtungen[3] mit einigen Daten zu skizzieren.

Im Jahr 1994 gab es im früheren Bundesgebiet insgesamt 34.171 und in den neuen Bundesländern 12.452 Tageseinrichtungen für Kinder (Grund- und Strukturdaten 1998/99, S. 33). Ein Blick auf die Anzahl der Plätze zeigt, dass in den alten Bundesländern der Schwerpunkt des Betreuungsangebotes für die Altersgruppe der Dreijährigen bis zum Eintritt in die Schule besteht. Während das Angebot für die unter dreijährigen Kinder minimal ist, sind etwa 7% der angebotenen Plätze Hortplätze. Im Zeitraum von 1991 bis 1994 erhöhte sich zwar absolut die Anzahl der Plätze, jedoch blieb der Anteil der Platzarten am Gesamtangebot unverändert. Die Situation in den neuen Bundesländern zeichnet sich hingegen durch eine Verringerung des Platzangebotes insgesamt aus und zudem verlagerte sich das Betreuungsangebot, d.h. der Anteil der Kindergartenplätze am Gesamtangebot blieb gleich, es halbierte sich jedoch der Anteil der Plätze für unter dreijährige Kinder und der Anteil der Hortplätze stieg auf über 30%.

---

3 Die Bezeichnung Tageseinrichtungen für Kinder umfasst alle Einrichtungen der Tagespflege für Kinder wie Kindergarten, Kindertagesstätte, Hort usw., in denen Kinder im Alter zwischen 4 Monaten und 14 Jahren betreut werden.

Tabelle 1: *Anzahl der Plätze differenziert nach Platzarten und alte bzw. neue Bundesländer*

	Alte Bundesländer				**Neue Bundesländer**			
	1990		**1994**		**1991**		**1994**	
	absolut	**in %**	**absolut**	**in %**	**absolut**	**in %**	**absolut**	**in %**
Plätze für unter 3jährige	38.153	2,2	47.064	2,2	255.280	21	103.689	11
Kindergarten-plätze*)	1.583.622	90,5	1.918.823	90,9	713.306	58,7	552.865	58,7
Hort (6-14 Jahre)	128.789	7,3	145.775	6,9	246.860	20,3	284.505	30,2
insgesamt	1.750.564	100	2.111.662	100	1.215.446	100	941.059	100

(eigene Zusammenstellung nach den Grund- und Strukturdaten 1995/96, S. 35 und 1996/97, S. 35)

*) Kindergartenplätze sind Betreuungsplätze für Kinder ab dem vollendeten dritten Lebensjahr bis zum Schuleintritt

1) Die Hortplätze an Grundschulen in Sachsen-Anhalt und Thüringen werden von der Jugendhilfestatistik nicht erfasst. Sie sind in den Zahlen nicht enthalten.

Seit der Einführung des Rechtsanspruchs auf einen Kindergartenplatz ist von besonderer politischer Brisanz, wie hoch die Versorgungsquoten für die 3 bis 6,5jährigen Kinder sind. In Tabelle 2 werden zusätzlich auch die Versorgungsquoten für die 3-6jährigen Kinder ausgewiesen, welche häufig in politischen Diskursen verwendet werden, da sie suggerieren, dass wesentlich mehr Kinder mit einem Kindergartenplatz versorgt sind als es tatsächlich der Fall ist. Diese Quote vernachlässigt, dass auch Kinder, die älter als 6 Jahre alt sind noch in den Kindergarten gehen.

In Westdeutschland konnten bis Ende der 80er Jahre nur etwa 70% der Kinder dieser Altersgruppe einen Kindergartenplatz beanspruchen und 1993 sogar nur knapp 61%. Durch einen erheblichen Platzausbau erreichte die Versorgungsquote im Jahr 1994 dann wieder knapp 79%. In Tabelle 2 kann man weiterhin erkennen, dass die Versorgungsquote für die unter dreijährigen Kinder in Westdeutschland sehr niedrig ist, während sie in Ostdeutschland immerhin 41% beträgt.

Die im Rahmen der Kinder- und Jugendhilfestatistik erhobenen Daten liefern lediglich in Vierjahresabständen Angaben über die Anzahl der vorhandenen Plätze, so dass gegenwärtig nur Daten bis 1994 vorliegen (Statistisches Bundesamt 1996a). Nur vor dem Hintergrund dieser unbefriedigenden Datenlage wird z.B. verständlich, warum für die öffentliche Debatte über den Platzausbau keine verlässlichen Daten vorliegen, so dass zum gegenwärtigen Zeitpunkt z.B. unklar bleibt, wieviele Kindergartenplätze zwischen 1992 und 1998 neu eingerichtet worden sind. Die Angaben gehen hier sehr weit auseinander. So spricht der Deutsche Städte- und Gemeindebund von 1 Million (Lübking 1998, S. 14), während die Arbeiterwohlfahrt lediglich von 400.000 neuen Plätzen ausgeht (Diller 1998, S. 103).

Beschäftigt man sich näher mit Kindertageseinrichtungen, so erweist sich sehr schnell, dass die verfügbaren statistischen Informationen eine Vielzahl von Lücken und Defiziten aufweisen. Es ist zu vermuten, dass sich das aus dieser Situation faktisch ergebende Informationsdefizit bzw. dadurch bedingte falsche Informationen auch auf politische Entscheidungsprozesse auswirken können, indem es beispielsweise zu Fehlplanungen kommt.

Tabelle 2: *Anzahl der Kinder, Platzangebot und Versorgungsquote differenziert nach Altersgruppen und regionalem Gebiet (31.12.1994)*

	Deutschland	**Früheres Bundesgebiet**	**Neue Länder & Berlin-Ost**	**Nordrhein-Westfalen**	**Sachsen**	**Niedersachsen**
Zahl der Kinder im Alter						
Unter 3 Jahren	2.394.792	2.143.927	250.865	579.568	71.897	254.885
3-6 Jahren	2.724.620	2.251.448	473.172	613.074	132.733	265.623
3-6,5 Jahren	3.201.576	2.627.102	574.474	715.401	160.640	309.869
Krippenplätze	150.753	47.064	103.689	8.884	23.592	3.909
Kindergartenplätze	2.471.688	1.918.823	552.865	450.615	157.245	198.741
Versorgungsquote für 3-6Jährige a)	90,7%	85,2%	116,8%	73,5%	118,5%	74,8%
Versorgungsquote für 3-6,5Jährige a)	83,4%	78,7%	105,5%	67,8%	107,2%	69,1%
Versorgungsquote für unter 3 Jahre a)	6,3%	2,2%	41,3%	1,5%	32,8%	1,5%

(Statistisches Bundesamt 1996a:134,135,136,137)
a) Eigene Berechnungen

2.2 *Öffentliche Ausgaben für Tageseinrichtungen für Kinder*

Auch die Datenlage über die Ausgaben für Tageseinrichtungen für Kinder ist sehr dünn; gleichwohl ermöglichen die vorliegenden Informationen interessante Aussagen. Denn die Entwicklung der reinen öffentlichen Ausgaben[4] für Tageseinrichtungen für Kinder in Gesamtdeutschland weist im Zeitraum von 1992 bis 1996 durchaus unterschiedliche Bewegungen auf und zeigt nicht – wie die allerorts zu vernehmenden Klagen suggerieren – eine stetige Ausgabensteigerung. Zwischen 1992 und 1993 nahmen die öffentlichen Ausgaben um mehr als 22% zu. Bis zum Jahr 1994 ist eine weitere leichte Zunahme zu beobachten, während für 1995 sogar eine Ausgabensenkung von etwa 200 Millionen DM erkennbar ist. Erst im Jahr 1996 erhöhen sich die öffentlichen Ausgaben wieder und zwar auf mehr als 17 Milliarden DM; gegenüber 1995 beträgt die Steigerung etwa 2,5% und entspricht damit der normalen Haushaltsentwicklung (vgl. Tabelle 3).

Diesen Werten zufolge ist lediglich unmittelbar nach der Einführung des Rechtsanspruchs auf einen Kindergartenplatz eine deutliche Ausgabensteigerung zu erkennen. Zwischen 1992 und 1993 erhöhten sich die reinen öffentlichen Ausgaben in den alten Bundesländern um fast 26% und in den neuen Ländern um mehr als 16%. Während in den alten Bundesländern diese Steigerung auf die Einlösung des Rechtsanspruchs zurückzuführen ist, könnte das Ausgabenwachstum im Osten „...auf Investitionskosten zur Verbesserung der schlechten Bausubstanz sowie der Ausstattung der Tageseinrichtungen für Kinder zurückzuführen“ sein (KomDat 1998, S. 3). In den folgenden Jahren stabilisieren sich die Ausgaben eher. Setzt man die Ausgaben für Tageseinrichtungen für Kinder in Beziehung zu den Ausgaben für die Jugendhilfe insgesamt, so zeigt sich sogar, dass der Anteil für Kindertageseinrichtungen nach 1993 langsam sinkt. Zumindest angesichts der vorliegenden Daten müssen die vielfachen Klagen über die dramatischen und permanenten Haushaltssteigerungen für Tageseinrichtungen für Kinder hinsichtlich ihrer empirischen Basis hinterfragt werden (vgl. z.B. Lübking 1998).

Zu bemängeln ist, dass die verfügbaren Daten keine Unterscheidung der Ausgaben nach Betreuungsarten ermöglichen. Damit verknüpft ist auch der Mangel von Angaben zu den finanzierten Standards. So sind z.B. keine Daten über die Ausgabehöhe differenziert nach Platzarten verfügbar. Ein Vergleich der Ausgaben

4 Es handelt sich um reine Ausgaben, da Einnahmen, beispielsweise durch Elternbeiträge, bereits abgezogen sind.

Tabelle 3: *Entwicklung der reinen öffentlichen Ausgaben [1] für Tageseinrichtungen für Kinder und Jugendhilfe insgesamt (1992-1996; Index = 1992); Deutschland insgesamt in DM – in 1000 –*

	1992	Index	1993	Index	1994	Index	1995	Index	1996	Index
Tageseinrichtungen für Kinder	13.872.326	100,0	16.950.203	122,2	16.978.894	122,4	16.789.468	121,0	17.218.328	124,1
Anteil an Jugendhilfe insgesamt in %	58,2		60,3		60,4		58,9		56,6	
Jugendhilfe insgesamt	23.831.383	100,0	28.109.397	118,0	28.832.422	121,0	29.530.036	123,9	30.447.198	127,8

(Quelle: Statistisches Bundesamt (1995; 1996; 1997; 1998 (Arbeitsunterlagen)): Ausgaben und Einnahmen der Jugendhilfe: zur Verfügung gestellt von Dortmunder Arbeitsstelle Kinder- und Jugendhilfestatistik 1998.

1) Ohne Angaben der obersten Jugendbehörde; Angaben für Ost- und West-Berlin geschätzt

Tabelle 4: *Reine Ausgaben für Tageseinrichtungen für Kinder für die alten und neuen Bundesländer von 1992 bis 1996 in DM – in 1000 –*

	1992	1993	1994	1995	1996	Veränderungen zum Vorjahr in %			
						92/93	93/94	94/95	95/96
Alte Länder	8.767.776	11.014.400	11.468.754	11.712.400	12.200.635	25,6	4,1	2,1	4,2
Neue Länder	5.103.621	5.933.877	5.506.314	5.073.273	5.014.135	16,3	-7,2	-7,9	-1,2

Quelle: Statistisches Bundesamt 1995; 1996; 1997 übernommen von KomDat 1998, S. 3)

der Bundesländer oder auch Kommunen ohne diese Angaben ist jedoch nur bedingt aussagekräftig, da lediglich eingeschätzt werden kann, welche Ausgaben für Tageseinrichtungen für Kinder getätigt werden, jedoch nicht, welche Ausstattungen mit diesen Mitteln finanziert und zur Verfügung gestellt werden.

Zu beachten ist zudem, dass die ausgewiesenen Werte nur die öffentlichen Ausgaben wiedergeben. Nicht enthalten sind in den Angaben hingegen die Ausgaben der freien Träger von Tageseinrichtungen für Kinder, die je nach Bundesland nicht unbeträchtlich sind.

3 „Kosten und Finanzierung von Tageseinrichtungen für Kinder" – Ergebnisse einer Studie

Vor dem Hintergrund der desolaten Daten über Tageseinrichtungen für Kinder sowie den überwiegend „weißen" Flecken der Forschungslandschaft in diesem Bereich ergeben sich für ein Projekt über die „Kosten und Finanzierung von Tageseinrichtungen für Kinder" vielfältige Fragestellungen. Als erste Annäherung an dieses Feld sind folgende Untersuchungsbereiche in den Mittelpunkt des durchgeführten Projektes[5] gestellt worden:

Im Vordergrund stand die Institutionenperspektive, aus der die Betriebskosten für einen Platz sowie für eine Öffnungsstunde pro Platz erfasst werden sollten. Angestrebt wurde vor allem eine Ermittlung dieser Kosten in Relation zu den erbrachten Leistungen, wie z.B. den Betreuungsformen oder den Personalschlüsseln. Weiterhin wurde versucht, die Betriebskosten differenziert nach verschiedenen Kostenarten zu erfassen.

Außerdem sollte die Finanzierungsperspektive eingenommen werden. Da in allen Bundesländern Mischfinanzierung praktiziert wird, sollte die Beteiligung der „Finanzierungspartner" im Bundesländervergleich festgestellt werden.

Ebenfalls durchgeführt wurden Elternbefragungen mittels Fragebogen zu verschiedenen Themenkomplexen. Obwohl Kinder einen Rechtsanspruch auf einen Kindergartenplatz haben, müssen Eltern in der Regel einen Beitrag zahlen, damit ihr Kind einen Kindergarten besuchen kann. Im Rahmen des Projektes sollte er-

5 Im Auftrag des Bundesministeriums für Bildung und Forschung unter der Leitung von Prof. Dr. Dieter Timmermann.

hoben werden, wie hoch die Ausgaben der Eltern für die Inanspruchnahme dieser Leistung sind. Neben diesen monetären Aufwendungen müssen Eltern oftmals zusätzlich nicht-monetäre Leistungen erbringen, beispielsweise ehrenamtliche Arbeit für bzw. in der Einrichtung. Auf diese Weise werden vielfach wichtige Leistungen für den Betrieb der Einrichtung erbracht. Ziel war es zunächst, den zeitlichen Aufwand der Eltern festzustellen. Darüber hinaus interessierte, ob Eltern mit dem Betreuungsangebot sowie der pädagogischen Arbeit zufrieden sind, warum sie ihr Kinder institutionell betreuen lassen etc. Weiterhin wurde im Elternfragebogen nach der Nutzung von außerinstitutioneller Betreuung, die beispielsweise Großeltern, Nachbarn, Freunde oder auch bezahlte Babysitter leisten, gefragt. Hierbei interessierte primär, welche monetären und nicht-monetären Kosten den Eltern hierdurch entstehen.

Auf dem Hintergrund der unbefriedigenden Forschungssituation über Betriebskosten bzw. Ausgaben von Kindertageseinrichtungen musste forschungsmethodisch nach dem Prinzip der „Grounded Theory" dem zu untersuchenden Feld Priorität gegenüber theoretischen Annahmen bzw. Forschungshypothesen eingeräumt werden. Dieses Vorgehen war verbunden mit der Erwartung, dass durch die Forschungsarbeit Erkenntnisse gewonnen werden können, die eine Hypothesenbildung ermöglichen.

Zu diesem Zweck sind verschiedene Wege der Annäherung an das Forschungsfeld beschritten worden, um ein möglichst breites Spektrum im Feld erfassen zu können. Da von den Trägern oder Kommunen die Daten für jede einzelne Einrichtung abgefragt werden sollten, kristallisierte sich sehr schnell heraus, dass die Bereitschaft, Daten zur Verfügung zu stellen, stieg, wenn kein vorgefertigtes Erhebungsinstrumentarium eingesetzt wurde, wie z.B. ein Fragebogen, sondern den Trägern und Kommunen die Entscheidung überlassen wurde, in welcher Form sie Daten zur Verfügung stellen wollten. Auf diese Weise verringerte sich der Arbeitsaufwand für die Träger, da sie nicht für jede Einrichtung einen Fragebogen ausfüllen mussten. Tatsächlich händigten die Träger bzw. Kommunen beispielsweise Haushaltspläne der einzelnen Einrichtungen aus. Die Daten jeder Einrichtung wurden dann im Rahmen des Projektes detailliert erfasst.

Im Rahmen dieser Ausführungen kann nicht auf die Vielzahl der Ergebnisse der Studie eingegangen werden[6], sondern es werden lediglich einige zentrale Ergebnisse zum Untersuchungsteil der Betriebskostenanalyse vorgestellt.

3.1 Betriebskosten

Der Begriff Betriebskosten wird im Kontext von Kindertageseinrichtungen nicht im betriebswirtschaftlichen, sondern in einem sehr spezifischen Verständnis verwendet. Die meisten Bundesländer haben in ihren gesetzlichen Regelungen für Tageseinrichtungen für Kinder definiert, wie die Betriebskosten dieser Einrichtungen zu berechnen sind, auf deren Grundlage die öffentlichen Zuschüsse festgelegt werden. Für Nordrhein-Westfalen gilt beispielsweise, dass die tatsächlichen Personalkosten, die Miete sowie eine Sachkostenpauschale die Betriebskosten ergeben. Zwar ist davon auszugehen, dass die Träger über differenzierte Aufschlüsselungen der Betriebskosten zum internen Gebrauch verfügen; diese wollte jedoch bis auf eine Ausnahme kein Träger zur Verfügung stellen. Die Daten der sächsischen Einrichtungen beruhen auf vom Sächsischen Staatsministerium für Soziales, Gesundheit und Familie vorgegebenen Kategorien zur Betriebskostenerfassung, die detaillierter sind als die nordrhein-westfälischen, jedoch weniger disaggregiert als die niedersächsischen Daten.

Da die erhobenen Betriebskostendaten keine Kosten im betriebswirtschaftlichen Verständnis als bewerteter Ressourcenverbrauch zur Erstellung der Leistung Kinderbetreuung sind, erlauben die Daten entweder nur eine Aussage darüber, mit welcher Ausgabehöhe kalkuliert wird oder welche Ausgaben getätigt worden sind.

Das Projekt „Kosten und Finanzierung von Tageseinrichtungen für Kinder“ ist in zwei Phasen durchgeführt worden. Zunächst wurden im Sommer 1996 (insgesamt fünf Monate Projektlaufzeit) die Daten von 218 Einrichtungen in drei Kommunen erfasst, und zwar die anerkannten Betriebskosten von 1994. Erweitert wurde das Projekt im Sommer 1997 um die Bundesländer Sachsen und Niedersachsen. Innerhalb von insgesamt sechs Monaten wurden die Betriebskosten für das Jahr

6 Veröffentlichung des Gesamtberichtes im Frühjahr 2000: Kathrin Bock; Dieter Timmermann: „Wie teuer sind unsere Kindergärten“? Kosten, Ausstattung und Finanzierung von Tageseinrichtungen für Kinder. Luchterhand.

Tabelle 5: *Betriebskosten pro Platz sowie pro Platz pro bereitgestellter Öffnungsstunde für NRW, Sachsen und Niedersachsen*

Kosten pro Monat	NRW 1994	Sachsen 1995	Niedersachsen 1995	
			Pro Platz	Pro Kind
BK pro Platz	700 DM [1] (286) [2] v=12362, m=1415	542 DM (228) v=51781, m=22	674 DM (201) v=5794	587 DM (178) v=6691
PK pro Platz	544 DM (187) v=12362, m=1415	411 DM (157) v=51595, m=208	493 DM (145) v=5794	430 DM (121,5) v=6691
SK pro Platz	116 DM (38) v=1170, m=2075	133 DM (104) v=51730, m=73	113 DM (52) v=5794	99 DM (47) v=6691
BK pro bereitgestellter Öffnungsstunde pro Platz	4,20 DM (1,0) (2,8 – 8,70) v=4789, m=5803	3,- DM (1,5) v=164110 m=2688	6,60 DM (2,7) v=567702	6 DM (2,5) v=567702

1) gewichteter Mittelwert; 2) = Standardabweichung
(Eigene Berechnungen)

1995 von 100 niedersächsischen Einrichtungen sowie von 850 sächsischen Einrichtungen erhoben und analysiert. In beiden Projektabschnitten wurde jeweils parallel die Elternbefragung in allen drei Bundesländern durchgeführt.

Die Interpretation der in Tabelle 5 ausgewiesenen Werte muss mit entsprechenden Hintergrundinformationen erfolgen, denn bewertet man beispielsweise ausschließlich die Mittelwerte, so könnte man zu dem Ergebnis kommen, dass die Plätze in Nordrhein-Westfalen im Vergleich zu denen in Niedersachsen und Sachsen zu teuer sind. Diese Schlussfolgerung kann aus den vorliegenden Daten jedoch nicht gezogen werden. Die Werte zeigen zunächst, dass Nordrhein-Westfalen die höchsten Ausgaben für einen Platz hat. Die Mittelwerte ermöglichen jedoch keine Rückschlüsse auf die eingesetzten Ressourcen; vor allem wird die Kosteneinflussgröße „Öffnungszeit" ausgeklammert. Aus diesem Grund sind die Betriebskosten für eine bereitgestellte Öffnungsstunde pro Platz errechnet worden (Tabelle 5). Die ermittelten Werte zeigen, dass die Höhe der anerkannten Betriebskosten pro Platz für eine bereitgestellte Öffnungsstunde der untersuchten nordrhein-westfälischen Einrichtungen im Vergleich zu Sachsen und Niedersachsen im Mittelfeld liegen. Damit zeigt sich der verfälschende Eindruck, der entstehen kann, wenn nur die durchschnittlichen Kosten pro Platz betrachtet werden. Erforderlich ist es deshalb für eine Analyse der durchschnittlichen Betriebskosten pro Platz, Informationen über die jeweils angebotenen Leistungen bzw. die verbrauchten Ressourcen zu haben, da erst identische Leistungen einen Vergleich der Mittelwerte erlauben.

Die Differenzen in den Betriebskosten der verschiedenen Platzarten zeigen die Daten, die in Kommune A in Nordrhein-Westfalen ermittelt werden konnten (Tabelle 6). Damit wird auch deutlich, dass die Ausgabendifferenzen nicht mit den Eigenschaften „teuer" oder „billig" charakterisiert werden können, sondern die erbrachten Leistungen bzw. die verbrauchten Ressourcen mit in die Beurteilung einbezogen werden müssen. Die vergleichsweise hohen Kosten für einen Platz in einer kleinen altersgemischten Gruppe resultieren denn u. a. auch aus einem sehr günstigen Personalschlüssel sowie der ganztägigen Betreuung.

3.2 *Finanzierung*

In allen drei Bundesländern wird Mischfinanzierung praktiziert, an der jeweils das Land, die Kommunen, die freien Träger sowie die Eltern beteiligt sind. Ein-

Tabelle 6: *Kommune A: Kosten für einen Platz pro Monat differenziert nach Gruppenarten und Trägern in DM*

	Alle Einrichtungen **N=8747 a)**	**Nur Kindergärten** **N= 3057**	**Nur gemischte Einrichtungen** **N=5690**	**Elterninitiativen Alle Einrichtungen** **N=565**	**Elterninitiativen Nur gemischte Einrichtungen** **N=355**	**Elterninitiativen Nur Tagesstätten-Einr.** **N=145**	**Elterninitiativen Nur kleine altersgemischte Einr.** **N=210**
anerkannte Betriebskosten	668 (231) n= 8657 b)	534 (82)	742 (253) n=5600	1168 (376) n=515	916 (267) n=305	828 (207) n=95	1534,5 (127)
anerkannte Personalkosten	547 (191) n= 8657	436 (65)	608 (209) n=5600	861 (401) n=565	734 (219) n=305	639 (179) n=95	1248 (115)
Sachkostenpauschale (19%)	148 (77) n=545	91 (28) n=145	170 (79) n=385	179 (59,5) n=320	142 (48) n=140	121,5 (34) n=95	240 (19,5) n=180
Sachkostenpauschale (22%)	120 (37) n=8112	95 (12) n=2897	128 (34) n=5215	161 (35) n=195	152 (30) n=165	/	210 (,0) n=30
Miete	57,5 (36) n=545	37 (15) n=160	66 (39) n=385	72 (39) n=320	72,5 (24) n=140	67 (20) n=95	71 (48) n=180
Personalschlüssel Mit Leitung	1:8,6 c) n=5872	1:10,5 n=2712	1:7 n=3160	1: 5	1:5	1:6	1:3,7 (0,4)
Personalschlüssel Ohne Leitung	1:10 (4) 3-25 100 EN d)	1:13 (3,7) 6,7 – 25 43 EN	1:10 (4) 5-20 56 EN	1:6,5 (2,6) 3,5 – 13 19 EN	1:8 (2,5) 4–13 11 EN	1:9 (2) 6,7-13 6 EN	1:4,5 (1) 3,5 – 6 8 EN

a) N= Anzahl der Plätze

b) Zellenbesetzung: Mittelwert (Standardabweichung)

c) Mitarbeiterin : Kinder

d) EN = Einrichtung

drucksvoll ist, dass das Land Sachsen im Vergleich mit den beiden anderen Ländern den höchsten Finanzierungsanteil übernimmt, während das Land Niedersachsen einen sehr niedrigen Anteil finanziert[7]. Der Anteil der freien Träger von 25% in Niedersachsen gilt für einen konfessionellen Träger; Daten für andere freie Träger, wie beispielsweise die Arbeiterwohlfahrt, liegen nicht vor. Außerdem zeigen die Werte, dass die Eltern in Niedersachsen einen höheren Anteil der Betriebskosten finanzieren als in den anderen Bundesländern. Der ausgewiesene Anteil für Nordrhein-Westfalen entspricht dem gesetzlich vorgesehenen Anteil, der jedoch oftmals deutlich unterschritten wird, da der Beitrag einkommensabhängig bestimmt wird. Nach mündlichen Aussagen werden deshalb faktisch durchschnittlich nur etwa 10 bis 12% der Betriebskosten durch Elternbeiträge finanziert. Von den im Projekt untersuchten Einrichtungen liegen jedoch keine Angaben hierzu vor, so dass dies empirisch nicht bestätigt werden konnte.

Zusammenfassung der Ergebnisse der Betriebskostenuntersuchung

Im Rahmen des durchgeführten Projektes konnten keine betriebswirtschaftlichen Kostenrechnungen durchgeführt werden. Vielmehr musste erst festgestellt werden, welche Daten über die Aufwendungen im „Feld" verfügbar sind. Dabei bezieht sich „Verfügbarkeit" nicht auf das Vorhandensein, sondern vielmehr auf den Zugang zu den Daten für die ProjektmitarbeiterInnen. Im Verlauf des Projektes musste oftmals detektivischer Spürsinn eingesetzt werden, um Daten zu erhalten. Denn obwohl die Mehrzahl der freien Träger öffentliche Zuschüsse erhält und zum Teil auch zu 100% bezuschusst wird, waren viele Träger keinesfalls bereit, Daten zur Verfügung zu stellen. Insbesondere in Nordrhein-Westfalen bestand eine erhebliche „Verweigerungshaltung". Zu lernen wäre hier von Sachsen, wo der Landeszuschuss an die Weiterleitung der Ergebnisse ans Sächsische Staatsministerium für Soziales, Gesundheit und Familie gebunden ist.

Im Verlauf der Forschungsarbeit sowie nach ihrem Abschluss kristallisierten sich weitere Fragestellungen heraus, deren Dringlichkeit insbesondere aus der Perspektive des gegenwärtigen politischen Handlungsdrucks gesehen werden muss. Diese Fragestellungen müssten in weiteren Projekten bearbeitet werden. Die aktuellen Bemühungen der Länder und Kommunen, die Ausgaben für diesen Bereich zu senken, lassen z.B. die Beantwortung der Frage immer dringender wer-

7 Seit dem 1.8.99 zahlt das Land Niedersachsen diesen Zuschuß insgesamt in den kommunalen Finanzausgleich, allerdings nicht zweckgebunden, so dass die Kommunen entscheiden können, ob sie die Gelder tatsächlich für diesen Bereich verwenden.

den, welche Ressourcen Tageseinrichtungen für Kinder benötigen und wie diese bestimmt werden können. Diese Fragen dienen als Ausgangspunkt für ein Modell, welches im folgenden skizzenhaft dargestellt werden soll und die theoretische Basis für weitere empirische Arbeiten liefern könnte.

Das entwickelte Modell beruht auf einigen grundlegenden Überlegungen, die dahingehend zusammengefasst werden können, dass die derzeitigen Klagen über zu hohe Ausgaben weder einer betriebswirtschaftlichen noch einer volkswirtschaftlichen und kaum einer pädagogischen Perspektive folgen. Deshalb wird versucht, diese Perspektiven im folgenden zu integrieren.

4 Politische Entscheidungsprozesse zur Gestaltung von Tageseinrichtungen für Kinder unter Berücksichtigung von pädagogischen und ökonomischen Kriterien– ein Modell

Eine erweiterte ökonomische Perspektive erlaubt pädagogisch verantwortliches Handeln auch in Zeiten knapper öffentlicher Kassen

Die bei Ländern, Kommunen und auch Trägern anzutreffende Konzentration auf Ausgabe-Einnahme-Rechnungen für den Betrieb von Kindertageseinrichtungen lässt die tatsächliche Verwendung der Ressourcen kaum in den Blick geraten. Im Gegensatz zu diesem kameralistischen Verfahren könnten durch eine betriebswirtschaftliche Analyse die Kosten (der „verbrauchten Produktionsfaktoren") ermittelt werden, die für die Erbringung der Leistungen tatsächlich eingesetzt werden. Allerdings befindet sich die Definition von Leistungen im Bildungs- und Sozialbereich noch weitgehend im Experimentierstadium – zumindest, wenn es um qualitative Leistungen geht. In der Praxis wird deshalb vielfach auf quantitative Leistungen – wie z.B. die Anzahl der bereitgestellten Plätze – zurückgegriffen. Auf diese Weise werden allerdings die komplexen Eigenschaften der Bildungs- und Sozialleistungen negiert. Wollte man deren Komplexität angemessen berücksichtigen, müsste zudem die kurz- und mittelfristige Perspektive durch eine langfristige Perspektive ergänzt werden. Erst dadurch würden die besonderen Eigenschaften von Aktivitäten im Bildungs- und Sozialbereich zum Ausdruck gebracht werden. Für den Elementarbereich wäre beispielsweise zu überprüfen, welche Auswirkungen er auf den Schulerfolg hat. Die hier zu untersuchenden langfristigen Wirkungen können als „externe Effekte" verstanden und in einer volkswirtschaftlichen Analyse kostenmäßig erfasst werden.

In den USA sind Längsschnittstudien durchgeführt worden, mit denen gezeigt werden konnte, dass durch besondere Programme in der Elementarbildung für sozial schwache Familien die Kriminalitätsraten dieser Kinder im Erwachsenenalter relativ niedriger sind (siehe unten). In einer ökonomischen Analyse könnten den Kosten für diese Elementarbildungsprogramme, jene Kosten gegenübergestellt werden, die durch steigende Kriminalitätsraten entstehen. Die daraus eventuell folgenden langfristig ausgerichteten Handlungsempfehlungen würden die eher kurzfristig orientieren politischen Handlungszyklen durchbrechen. So würden in der Gegenwart ergriffene Maßnahmen zwar die Ausgaben der öffentlichen Haushalte erhöhen, doch langfristig käme es zu niedrigeren Ausgaben, da keine oder zumindest weniger kompensatorische Programme erforderlich wären.

Diese Argumentationsfigur erfreut sich zunehmender Beliebtheit, allerdings steckt die Wirkungsforschung in Deutschland – auch für den Elementarbereich – noch in den Kinderschuhen. Notwendig sind mehr Erkenntnisse über die Wirkungen von Bildungsmaßnahmen. Dass solche Untersuchungen durchführbar sind und durchaus verwertbare Ergebnisse liefern, zeigt eine Vielzahl von Wirkungsstudien aus der internationalen Forschung, die zumindest Hinweise auf mögliche Effekte der Elementarbildung bzw. frühkindlicher Förderung geben.

4.1 Wirkungen der Elementarbildung

Zusammenfassend dargestellt werden nachfolgend einige Ergebnisse von Studien, die z.T. in einer Veröffentlichung des Kinderbetreuungsnetzwerkes auf EU-Ebene ausgewertet worden sind[8] (Die Vorschulerziehung in der Europäischen Union 1995). Da die Wirkungsforschung in Deutschland im Hinblick auf ihre Umsetzbarkeit durchaus skeptisch beurteilt wird, sollen diese Ergebnisse zeigen, dass die internationale Forschung im Elementarbereich durchaus aufschlussreiche Erkenntnisse für politische Handlungsempfehlungen liefern kann. Weiterhin sollen sie als Hinweis auf die mittel- und langfristigen Wirkungen von vorschulischer institutioneller Betreuung zitiert werden, um zu zeigen, dass auf die oben aufgeworfenen Fragen durchaus Antworten gegeben werden können.

Eine französische Studie kommt zu dem Ergebnis, dass der Anteil der Grundschüler, die die erste Klasse wiederholen müssen, mit steigender Besuchsdauer der Elementarbildung abnimmt. Weiterhin zeigte sich, dass sich die Verlänge-

8 Es kann in diesem Zusammenhang weder detailliert auf die einzelnen Untersuchungen noch auf die jeweilige Art der untersuchten vorschulischen Förderung eingegangen werden.

rung der Besuchsdauer bei Kindern, deren Mutter nicht berufstätig ist, besonders positiv auf die Entwicklung der Kinder auswirkt (Die Vorschulerziehung in der Europäischen Union 1995).

Die Besuchsdauer scheint insgesamt einen positiven Einfluss zu haben. So kommt das Kinderbetreuungsnetzwerk zu dem Ergebnis: „Je länger die Kinder eine anspruchsvolle Einrichtung besucht haben, umso besser sind ihre Leistungen“ (Die Vorschulerziehung in der Europäischen Union 1995).

Bestätigt wird dieses Ergebnis durch eine schwedische Untersuchung, die u. a. zu folgendem Resultat kommt: „Kinder, die bereits ab dem Alter von einem Jahr institutionell betreut werden, erzielen im Alter von 8 Jahren bessere schulische Leistungen und fallen durch größere verbale und nicht-verbale Fähigkeiten auf. Im Alter von 13 Jahren halten diese Unterschiede an“ (Die Vorschulerziehung in der Europäischen Union 1995; vgl. auch Andersson 1992).

Hervorzuheben ist, dass nicht nur Einflüsse auf schulische Erfolge, sondern vielfältige Effekte beobachtet werden, die z.B. die Integration in die Gesellschaft betreffen. So zeigen Untersuchungen aus den USA, dass spezifische Programme der Elementarbildung zu einer Verringerung der Straftaten von Heranwachsenden führen können (vgl. Barnett 1992; Schweinhart / Weikart 1985). Gleichwohl dürfen bei der Skizze dieser Erfolgsbilanz – die für den deutschen Raum noch zu erbringen ist – zwei Bedingungen nicht vernachlässigt werden: Elementarbildung ist nicht der alleinige Einflussbereich für die vorschulische Entwicklung von Kindern, d.h. u.a.: Die Entfaltung der positiven Auswirkungen der Elementarbildung muss auch in Abhängigkeit von der Funktionsweise und der Qualität der Grundschulbildung sowie einer Vielzahl weiterer Einflussfaktoren gesehen werden.

Weiterhin dürfen die Effekte der Elementarbildung nicht unabhängig von ihrer Qualität betrachtet werden. Die Untersuchungsergebnisse zu dieser Fragestellung sind zwar noch rar. Die EU-Kommission kommt allerdings insgesamt zu dem Ergebnis, dass sich ein anspruchsvolles Betreuungsangebot nachhaltig auf die sozialen und kognitiven Fähigkeiten der Kinder auswirkt. Vor dem Hintergrund der Ergebnisse verschiedener Studien kommt die EU-Kommission deshalb u. a. zu folgenden Einschätzungen: Je günstiger die Betreuungsrelation von Kindern zur Erzieherin, desto größer der Anteil der pädagogischen Aktivitäten und desto geringer der Anteil der rein pflegerischen Tätigkeiten. Zudem steigt bei vorteilhafter Betreuungssituation die Zahl der Kinder in Kleingruppen und damit der Anteil der komplexeren Spielformen und sprachlichen Interaktionen zwischen Kindern und Erwachsenen. D.h., wenn als Wirkungsziel die Förderung sprachlicher Kompetenzen angestrebt wird, dann ist eine wesentliche Voraussetzung dafür ein entsprechender Personalschlüssel. Denn bei mehr Kindern pro Betreuungsperson sinkt bei der Interaktion zwischen Erwachsenen und Kindern die Zahl der sprachlichen Interaktionen, die von den Kindern ausgeht; hingegen nimmt die Zahl der verbalen Initiativen der Erwachsenen gegenüber den Kindern zu (Die Vorschulerziehung in der Europäischen Union 1995).

Auch der Beständigkeit des Betreuungsteams wird eine positive Wirkung auf die kindliche Entwicklung zugewiesen. Praktisch heißt dies, dass die materiellen Rahmenbedingungen in den Einrichtungen und die Arbeitsbedingungen des pädagogischen Personals, wie z.B. auch die Entlohnung, so gestaltet sein sollten, dass Arbeitsplatzwechsel minimiert werden.

Erstmals ist eine deutsche Studie zu diesem Themenkomplex durchgeführt worden. Sie kommt u.a. zu dem Ergebnis, dass die pädagogische Qualität in Kindergartengruppen Einfluss hat auf die Bewältigung von Lebenssituationen sowie auf die soziale Kompetenz im Kindergarten wie auch die Sprachentwicklung (Tietze 1998, S. 355). Die Autoren der Studie kommen außerdem zu der Einschätzung, dass „die erfassten Qualitätsmerkmale (...) einen klaren Einfluss auf die Entwicklung von Kindern (haben). Die Kindergartenqualität macht im Extrem über ein Jahr Entwicklungsunterschied bei den Kindern aus.“ (Tietze 1998, S. 361) Damit stellen die Autoren einen Zusammenhang zwischen der Qualität der pädagogischen Betreuung und der Entwicklung der Kinder her, der ebenfalls in die Diskussion über die Ausstattung und Finanzierung von Tageseinrichtungen für Kinder einbezogen werden müsste.

Die skizzierten Ergebnisse der Projekte zeigen, dass Elementarbildung Einfluss auf die Entwicklung der Kinder in unterschiedlichen Bereichen hat. Zu den vorliegenden Untersuchungsergebnissen finden sich z.T. auch Hinweise für Gestaltungsempfehlungen der pädagogischen Arbeit.

Darüber hinaus interessiert hier vor allem der Aspekt, dass möglicherweise durch „qualitativ schlechte“ Elementarbildung die Entwicklung der Kinder in den verschiedenen Effektbereichen zu unerwünschten Konsequenzen führen kann, wie z.B. geringem Schulerfolg oder häufige Klassenwiederholung. Da z.B. die zuletzt genannten Folgen zu einer Erhöhung der Schulausgaben führt, bedeutet aus volkswirtschaftlicher Perspektive eine unzureichende Investition in Elementarbildung mittel- und langfristige Ausgabeerhöhungen.

Diese verschiedenen Einzelergebnisse dienen als Anregung für die Entwicklung eines systematischen Analysemodells, welches Entscheidungsprozesse für die Gestaltung von Tageseinrichtungen für Kinder transparent und fachlich begründbar machen soll. Grundlegende Annahme ist hier, dass Ausstattungs- und Qualitätsstandards in Relation zu den Bildungs- und Erziehungszielen zu begründen sind und damit fundierte Finanzentscheidungen getroffen werden können, so dass diese nicht ausschließlich den quantitativen Kriterien der Ausgabenhöhe überlassen werden müssen.

4.2 Politische Entscheidungsprozesse zur Gestaltung von Tageseinrichtungen für Kinder – ein Modell

Bisher wird bundesweit eine Form der Finanzierung in öffentlichen Einrichtungen und auch in Tageseinrichtungen für Kinder praktiziert, die Inputfinanzierung genannt wird. Das heißt, es werden jene Ressourcen finanziert, die ohne Überprüfung der damit geleisteten Arbeit und ihrer Resultate für die Arbeit in Tageseinrichtungen für Kinder bereitgestellt werden. Praktisch heißt dies, dass bisher aufgrund gesetzlicher Bestimmungen festgelegt wurde, wieviel Personal zum Beispiel finanziert wird. Allerdings bleibt unklar, wie diese gesetzlichen Regelungen entstanden sind und warum z.B. dieser und kein anderer Personalschlüssel finanziert wird. Eine Beziehung zwischen den im Auftrag der jeweiligen Bundesländergesetze formulierten Zielen und der finanzierten Ausstattung kann nicht festgestellt werden.

Auf der Grundlage der bisherigen Überlegungen sowie den Grundannahmen des „Neuen Steuerungsmodells" (vgl. Eichmann 1996) wird nachfolgend ein Modell (s. Grafik) vorgestellt, welches einen anderen Weg für die Festlegung von Inputs und damit für die Bestimmung von Finanzmitteln für Tageseinrichtungen für Kinder vorsieht.

Ausgehend von der Absicht, *die pädagogischen Ziele* von Tageseinrichtungen für Kinder als Ausgangsbasis für die Festlegung von Qualitätsstandards sowie für ihre Finanzierung zu verwenden, müssen diese Ziele zunächst näher bestimmt werden. Es soll hier kein Zielkatalog vorgelegt werden, da sich dieser nur als Ergebnis demokratischer Prozesse unter Beteiligung von Eltern, Ländern, Kommunen, Trägern und Experten ergeben kann. Vielmehr wird nachfolgend ein Rahmen für die Prozesse einer solcher Zielbestimmung skizziert. Ausgangspunkt ist dabei der Versuch einer analytischen Deskription von Elementarbildung in Anlehnung an die Prinzipien des Neuen Steuerungsmodells (Eichmann 1996).

Grafik 1: Modell zur Entscheidungsfindung zwischen pädagogischen, ökonomischen und politischen Zielen

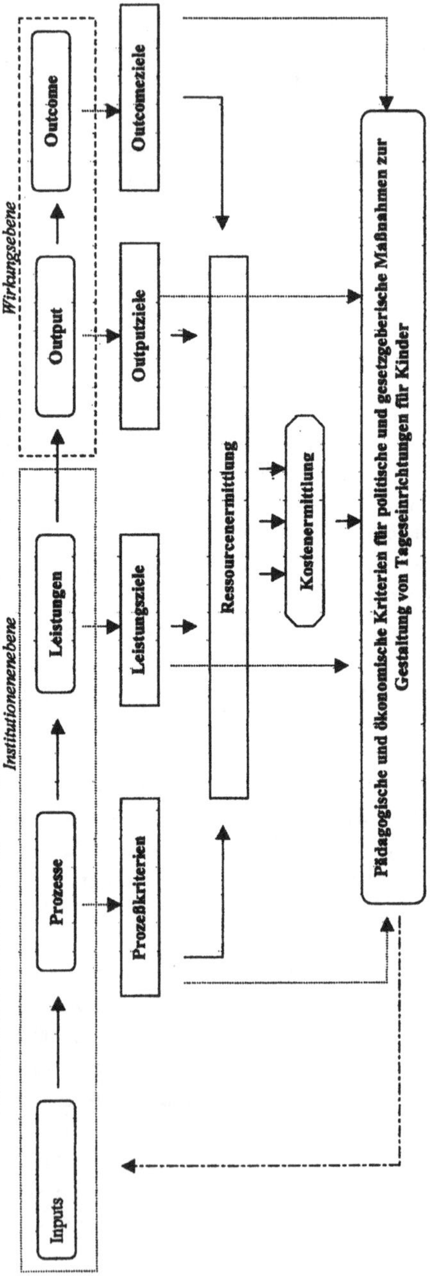

Für die Arbeit in Tageseinrichtungen für Kinder ist eine Vielzahl von Ressourcen erforderlich, wie pädagogisches Personal, ein Gebäude, Energie, Spielmaterialien etc., die im folgenden als Inputs bezeichnet werden sollen. Diese *Inputs* sind Voraussetzung für die in einer Einrichtung stattfindenden Prozesse, zu denen nicht nur die pädagogische Arbeit, sondern auch Verwaltungstätigkeiten, Öffentlichkeitsarbeit, Kontakt mit Behörden etc. zählen. Im Rahmen dieser *Prozesse* werden diverse *Leistungen* erzeugt, die gewissermaßen das Produkt der Prozesse bilden. Solche Leistungen sind beispielsweise Öffnungszeiten, ein Angebot für Elternberatung, ein spezifisches pädagogisches Konzept. Eine Differenzierung in Prozesse und Leistungen ermöglicht eine Präzisierung der Inputs, die für die Umsetzung dieser Zielebenen erforderlich sind. Soll beispielsweise in einer Einrichtung Elternberatung als Leistung angeboten werden, kann zunächst festgestellt werden, welche Ressourcen, z.B. Personalstundenvolumen, erforderlich sind. Allerdings ist damit keine Aussage über die Qualität der Elternberatung getroffen. Dazu wäre festzulegen, wie die Gespräche (Prozesse) auf der Grundlage von Gesprächsführungskriterien gestaltet werden sollen. Ganz allgemein würde durch eine entsprechende Differenzierung von Prozessen und Leistungen der Betrachtungsschwerpunkt auf die Qualität der Leistungserstellung gelegt. Diesen Überlegungen liegt die Annahme zugrunde, dass ein Zusammenhang zwischen der Qualität der Prozesse und den Rahmenbedingungen, d.h. den Inputs, besteht. Tietze (1998, S. 367) kommt zu dem Ergebnis, dass das Zusammenspiel insbesondere von verschiedenen Strukturbedingungen (z.B. Qualifikationsniveau der Erzieherinnen, lange Verweildauer im Beruf, ein Mehr an Vorbereitungszeit etc.) auch für die Prozessqualität bedeutsam ist.

Da die Mehrzahl der Inputs durch politische Rahmenbedingungen gestaltet werden kann, bestehen einerseits direkte Einflussmöglichkeiten auf die Qualität der Prozesse und Leistungen. Andererseits sind die direkten Interventionsmöglichkeiten auf dieser Ebene begrenzt. So garantiert die formale Qualifikation einer Erzieherin noch nicht deren Umsetzung in pädagogische Handlungsprozesse. Möglicherweise kann hier allerdings durch spezifische Maßnahmen indirekt versucht werden, Unterstützung zu leisten. Für die Einflussnahme auf der Prozessebene sind gegebenenfalls weitere Ressourcen erforderlich, um z.B. Supervision anzubieten.

Von dieser „Institutionenebene" wird die „Wirkungsebene" abgegrenzt, wodurch eine Differenzierung zwischen den erbrachten Prozessen und Leistungen sowie den eventuell erzeugten Wirkungen hergestellt werden soll. Grundsätzlich lassen sich die Effekte dabei nach verschiedenen Zeiträumen sowie nach den Gruppen, für die diese Effekte entstehen können, differenzieren. Als Zielgruppen vorstellbar sind neben den Kindern und Eltern auch die Träger, die Gesellschaft, die Kommunen und die Arbeitgeber.

Mittelfristige Effekte sollen als *Output* bezeichnet werden, wobei diese Effekte während der Zeit auftreten können, in der ein Kind eine Tageseinrichtung besucht. Eine Outputdimension wäre z.B. die entwickelten sozialen Fähigkeiten der Kinder. Für die Gruppe der Mütter könnte geprüft werden, wie sich das Erwerbsverhalten durch bestimmte Betreuungszeiten verändert. Außerdem können Effekte unmittelbar nach der Kindergartenzeit betrachtet werden, z.B. die Gestaltung der Schulbesuche, die Entwicklung kognitiver, verbaler und sozialer Fähigkeiten. Auf der *Outcome-Ebene* werden die langfristigen Wirkungen der Elementarbildung in den Blick genommen, z.B. Ausbildungserfolg, Erwerbstätigkeit und soziale Integration.

Für Output und Outcome gilt, dass sie das Ergebnis von mehreren Einflussfaktoren sind, da Elementarbildung zum einen nur *ein* Erfahrungsraum von mehreren ist und zudem mit zunehmendem Alter der Kinder ein kumulativer Effekt eintritt. Es ist zu vermuten, dass die Wirkungen der Elementarbildung im Verlauf der Lebensjahre verstärkt, abgeschwächt oder überlagert werden. Deshalb wird das Bild einer Wirkungskette für die Analyse vorgeschlagen.

Dem skizzierten Modell liegt die Annahme zugrunde, dass für jede der genannten Ebenen (Prozesse, Leistungen, Outputs, Outcomes) Kriterien bzw. Ziele formuliert werden können, zu deren Umsetzung sich dann handlungsorientierende Maßstäbe entwickeln und Richtwerte für erforderliche Inputs bestimmen lassen. Geht es beispielsweise um das Ziel, die Erwerbstätigkeit von Müttern durch Kinderbetreuung zu ermöglichen, so ist die Dauer der Betreuung entscheidender Maßstab für die Bestimmung der notwendigen Ressourcen (Leistungsebene). Sollen hingegen die sprachlichen Fähigkeiten der Kinder (Outputebene) gefördert werden, so ist hierzu nach den Ergebnissen der skizzierten Untersuchungen ein günstigerer Personalschlüssel erforderlich. Dieses Beispiel verdeutlicht, dass je nach Zielqualität sehr unterschiedliche Ressourcen zu veranschlagen sind.

5. Perspektiven für die Gestaltung von Tageseinrichtungen für Kinder

Die Verwendung von Kostenrechnungen als Ergänzung oder Ersatz für die bisher praktizierte kameralistische Buchführung ist vor allem mit der Hoffnung verbunden, dass durch den Einsatz betriebswirtschaftlicher Instrumente im Management sozialer Dienstleistungen ein wirtschaftlicherer bzw. effizienterer Einsatz öffentlicher Ressourcen für ein qualitativ hochwertiges Angebot, z.B. im Bereich institutioneller Kinderbetreuung, gewährleistet werden kann. Ein grundlegendes Problem bei der Anwendung des Wirtschaftlichkeitsprinzips auf Kindertageseinrichtungen kann allerdings in der systematischen Vernachlässigung sozial- und bildungspolitischer sowie pädagogischer Ziele bestehen. Das vorgestellte Modell geht deshalb zunächst von pädagogischen Fachzielen aus und setzt damit einen anderen Ausgangspunkt für finanzpolitische Entscheidungen.

Zusammenfassend wird hier die These vertreten, dass durch die Bereitstellung institutioneller Kinderbetreuung die gesellschaftliche Wohlfahrt verbessert werden kann, und zwar insbesondere hinsichtlich sozial- und bildungspolitischer Effekte. Die humankapitalfördernde Wirkung von Bildung ist inzwischen ebenso unbestritten wie die damit assoziierten Vorteile für die Wirtschaft eines Landes. Allerdings wird Elementarbildung bisher kaum als humankapitalfördernde Größe bildungs- und wirtschaftspolitisch anerkannt. Die ökonomischen Vorteile, die durch Bildungs- und Sozialpolitik erzielt werden können, werden bisher ebenfalls weitgehend vernachlässigt. Sozialpolitik wird vor allem als ein Kostenfaktor angesehen, der sich negativ auf die Wettbewerbsfähigkeit eines Landes auswirkt. Dagegen wird hier die These vertreten, dass sich sozial- und bildungspolitische Effekte institutioneller Kinderbetreuung auch gesamtwirtschaftlich förderlich auswirken. Wenn zum Beispiel durch institutionelle Kinderbetreuung langfristig soziale Folgekosten vermieden werden können, so hat dies finanzielle Auswirkungen auf die öffentlichen Kassen[9]. Das hier skizzierte Modell dient zunächst als analytisches Konstrukt, welches helfen soll, die beschriebenen Phänomene systematisch einzuordnen. Im Weiteren wäre zu prüfen, wie das Modell oder einzelne Elemente empirisch umgesetzt werden könnte.

6. Literatur

Andersson, Bengt-Erik (1992), „Effects of day-care on cognitive and socioemotional competence of thirteen-year-old swedish schoolchildren, in: Child Development, 63, S. 20-36

Barnett, W. Steven (1992), „Benefits of compensatory preschool education", in: The Journal of Human Resources. 2, S. 279-312

Bosch, Gerhard (1999): Niedriglöhne oder Innovation – Überlegungen zur Zukunft der Erwerbsarbeit, in: WSI Mitteilungen, 12, S. 861-869

9 Die US-amerikanische Diskussion ist an dieser Stelle bereits weiter fortgeschritten, vgl. Barnett (1992); Barnett (1995); Frede (1995).

Diller, Angelika (1998), „Der Rechtsanspruch als trojanisches Pferd – Von der Kindertageseinrichtung zurück zur Verwahranstalt?“, in: Theorie und Praxis der Sozialen Arbeit, 3, S. 103- 108

Eichmann, Rainer (1996), „Neue Steuerung im Bereich Jugend und Soziales: Der KGST-Ansatz“, in: Forum Jugendhilfe, 3, S. 41- 47

Grund- und Strukturdaten 1998/99 (1998), Bundesministerium für Bildung und Forschung (Hrsg.) Bonn

Grund- und Strukturdaten 1996/97 (1996), Bundesministerium für Bildung und Forschung (Hrsg.) Bonn

Grund- und Strukturdaten 1995/969 (1995), Bundesministerium für Bildung und Forschung (Hrsg.) Bonn

Hocke, Norbert (1999), „Vorwort. Zum Bildungsauftrag der Tageseinrichtungen für Kinder – eine längst überfällige Debatte für Deutschland“, in: Qualität in Kindertageseinrichtungen. Schlagwort, Zauberformel oder was? Gewerkschaft Erziehung und Wissenschaft (Hrsg.). Gewerkschaft Erziehung und Wissenschaft: Frankfurt am Main: S. 5-6

Kinder- und Jugendhilfe Achtes Buch (VIII) Sozialgesetzbuch (SGB), in der Fassung der Bekanntmachung vom 3. Mai 1993 (BGBI. I S. 637), zuletzt geändert durch das Zweite Gesetz zur Änderung des Achten Buches Sozialgesetzbuch vom 12. Dezember 1995 (BGBI I. S. 1775)

KomDat Jugendhilfe (1998), „Kostenexplosion in der Jugendhilfe“, 1, S. 2-3

Lübking, Uwe (1998), „Kinder: nicht nur lieb, auch teuer“, in: Welt des Kindes, 2, S. 14-15.

Notz, Gisela (1999), „Gleiche Verteilung er Arbeiten in Familien und Beruf auf Frauen und Männer“, in: Denk-Anstösse. Zehn Plädoyers für Kinder und Familien. Beiträge zur Sicherung und Entwicklung von Qualität in Tageseinrichtungen für Kinder zur Diskussion gestellt vom Paritätischen Wohlfahrtsverband in Nordrhein-Westfalen. Wuppertal. S. 44-53

Oerter, Rolf/Montada, Leo (Hrsg.) (1998), „Entwicklungspsychologie“. 4. Auflage. Weinheim: Beltz PsychologieVerlagsUnion

Schweinhart, Lawrence J./Weikart, David P. (1985), „Evidence that good early childhood programs work“, in: Phi Delta Kappa, 66. S. 545-551

Statistisches Bundesamt (1995; 1996; 1997; 1998), Arbeitsunterlagen: Ausgaben und Einnahmen der Jugendhilfe: zur Verfügung gestellt von Dortmunder Arbeitsstelle Kinder- und Jugendhilfestatistik 1998.

Tietze, Wolfgang (Hrsg.) (1998), „Wie gut sind unsere Kindergärten?: eine Untersuchung zur pädagogischen Qualität in deutschen Kindergärten“. Neuwied; Berlin: Luchterhand.

Die Vorschulerziehung in der Europäischen Union (1995), „Allgemeine und Berufliche Bildung Jugend“. Studien Nr. 6. Brüssel: Europäische Kommission.

Autorenverzeichnis

Beckmann, Klaus, Dr.
Universität Passau, Lehrstuhl für Finanzwissenschaft

Bock-Famulla, Kathrin
Universität Bielefeld, Fakultät für Pädagogik

Bodenhöfer, Hans-Joachim, Prof. Dr.
Universität Klagenfurt, Institut für Wirtschaftswissenschaft

Fickermann, Detlef
Pädagogische Hochschule Erfurt, Institut für Allgemeine Erziehungswissenschaft und Empirische Bildungsforschung

Gundlach, Erich, Dr.
Institut für Weltwirtschaft, Kiel

Harms, Jens, Dr.
Hessischer Rechnungshof, Darmstadt

Healy, Thomas, Dr.
Centre for Educational Research and Innovation, OECD, Paris

Hetmeier, Heinz-Werner
Statistisches Bundesamt, Wiesbaden

Koetz, Axel G., Dr.
Koetz Partner International, Köln

Levačić, Rosalind, Prof. Dr.
University of London, Institute of Education

Levin, Henry M., Prof. Dr.
National Centre for the Study of Privatization in Education,
Columbia University, New York

Schulzeck, Ursula
Pädagogische Hochschule Erfurt, Institut für Allgemeine Erziehungswissenschaft und Empirische Bildungsforschung

Weishaupt, Horst, Prof. Dr.
Pädagogische Hochschule Erfurt, Institut für Allgemeine Erziehungswissenschaft und Empirische Bildungsforschung

Weiß, Manfred, Prof. Dr.
Deutsches Institut für Internationale Pädagogische Forschung,
Frankfurt am Main

Wößmann, Ludger
Institut für Weltwirtschaft, Kiel

Woods, Philip A., Dr.
The Open University, School of Education, Milton Keynes, England

BEITRÄGE ZUR BILDUNGSPLANUNG UND BILDUNGSÖKONOMIE

Begründet von Armin Hegelheimer †
Herausgegeben von Dieter Timmermann

Band	1	Frank Strikker: Staatliche Maßnahmen gegen Jugendarbeitslosigkeit. Eine Analyse arbeitsmarkttheoretischer Konzepte und staatlicher Maßnahmen ausgewählter Bundesländer. 1990.
Band	2	Heiko Sinnhold: Ausbildung, Beruf und Arbeitslosigkeit. Eine Strukturanalyse der Ausbildung im dualen System und der Beschäftigungschancen junger Fachkräfte. 1990.
Band	3	Kathrin Bock: Der 2. Berufsbildungsweg. Kriterien für die Gestaltung von Berufsbildungsangeboten mit Berufsbildungsabschluß für nicht formal qualifizierte Arbeitnehmerinnen und Arbeitnehmer. 1993.
Band	4	Klaus Keßler: Strukturprobleme beruflicher Weiterbildung in der Region. Eine empirische Untersuchung staatlich geförderter beruflicher Weiterbildung im Kontext der regionalen Arbeitsmarkt- und Beschäftigungsentwicklung von 1980 bis 1988, dargestellt am Beispiel der Region Ostwestfalen-Lippe. 1993.
Band	5	Dieter Dohmen: Neuordnung der Studienfinanzierung. Eine kritische Bestandsaufnahme des heutigen Systems und der vorliegenden Reformvorschläge. 1996.
Band	6	Klaus Schaack / Rudolf Tippelt (Hrsg.): Strategien der internationalen Berufsbildung. Ausgewählte Aspekte. 1997.
Band	7	Wolfgang Wittwer (Hrsg.): Transfersicherung in der beruflichen Weiterbildung. Empirische Befunde – Konzepte – Transferinstrumente. 1999.
Band	8	Claudio de Moura Castro: Vocational Training at the Turn of the Century. Edited by Klaus Schaack / Rudolf Tippelt. 2000.
Band	9	Manfred Weiß / Horst Weishaupt (Hrsg.): Bildungsökonomie und Neue Steuerung. 2000.

Peter Schulz-Hageleit (Hrsg.)

Lernen unter veränderten Lebensbedingungen

Fachdidaktiken und Lehrerbildung auf dem Weg ins nächste Jahrhundert

Frankfurt/M., Berlin, Bern, Bruxelles, New York, Wien, 1999. 279 S., zahlr. Abb.
ISBN 3-631-34509-7 · br. DM 84.–*

Wenn sich die Bedingungen des Lebens radikal ändern, können die Formen des Lehrens und Lernens in der Schule nicht unverändert die alten bleiben. Zu fragen ist u.a.: Wie reagieren die Fachdidaktiken auf die Herausforderungen der Gegenwart? Macht es angesichts der Multiethnizität unserer Gesellschaft und der Internet-Geschicklichkeit vieler Jugendlicher überhaupt noch Sinn, an literarischen Texten zu arbeiten und Besinnungsaufsätze schreiben zu lassen? Wie sieht es mit der Berufsbildung angesichts einer dramatisch sich verändernden Arbeitswelt aus? Welche weltanschaulichen oder religiösen Orientierungen brauchen die Heranwachsenden von heute?
Diese und weitere Fragen sind anläßlich einer Ringvorlesung diskutiert worden, die das Institut für Fachdidaktiken der Technischen Universität Berlin organisiert hatte.

Aus dem Inhalt: Müssen die Fachdidaktiken umdenken? · Modelle der Lehrerbildung · Die gesellschaftliche Wirklichkeit der heutigen Jugend · Probleme der Werteerziehung · „Polis und Kosmopolis" (Hartmut von Hentig) · Aufgaben der beruflichen Bildung · Geschichtsdidaktik · Fremdsprachen

Frankfurt/M · Berlin · Bern · Bruxelles · New York · Oxford · Wien
Auslieferung: Verlag Peter Lang AG
Jupiterstr. 15, CH-3000 Bern 15
Telefax (004131) 9402131
*inklusive Mehrwertsteuer
Preisänderungen vorbehalten

FSC
www.fsc.org
MIX
Papier | Fördert
gute Waldnutzung
FSC® C083411

Kolibri 360 GmbH
Ferdinand-Jühlke-Straße 7
99095 Erfurt, Deutschland
produktsicherheit@kolibri360.de

Druck:
CPI Druckdienstleistungen GmbH
im Auftrag der
Kolibri 360 GmbH
Ferdinand-Jühlke-Str. 7
99095 Erfurt